駿台受験シリーズ

短期攻略 大学入学共通テスト 英語リーディング

改訂版

霜 康司 編著

駿台文庫

はじめに

共通テスト英語リーディングの試験では，速く正確に英文を読解することが求められています。最初のうちは，時間が足りなかったり，必要な情報が見つけられなかったりすることもあるでしょうが，問題のポイントと対応策を知ることで，驚くほど短期で成果が上がることが多いのです。本書をやり終えたときには，英語力が向上したと実感してほしいと願っています。

本書は，次の3つの要素で構成されています。

① **問題別の攻略法，例題とその解答解説**

② **練習問題**

③ **練習問題の解答解説（別冊）**

まずは①を熟読してください。例題には目安となる解答時間が書かれていますが，それは最終的な目標時間ですから，最初はそれ以上の時間がかかっても問題はありません。慌てて読み飛ばすより，考えたいだけ考えることが重要です。できるだけ速く解きたいという気持ちで，実際にはゆっくり解くようにしてください。心配しなくても，意識しているだけで徐々に速く解けるようになってゆきます。

解き終わった後は答え合わせで満足するのではなく，解説をじっくり読んで，設問のつくりを理解してください。また，知らなかった語句は何度も音読して，書いて覚えましょう。目で追うだけで語句を覚えることはできません。口や手を使うことが学習のコツです。

練習問題についても同様に，できるだけ速く解きたいという気持ちで，実際にはゆっくり解くようにしてください。時間をかけて正確に解答できるようになってから，徐々にペースを上げてゆくのが，効率的なトレーニング方法です。

本書にはダウンロードできる音声がついています（ダウンロード方法は「もくじ」の前頁参照）。本書の22ページから収録されている《必修 Minimal Phrases 262》は過去の共通テスト英語リーディングの本番の試験問題で出現した語句を確認するためのフレーズです。まずは音声を何度も聞いて，語彙力を増強しましょう。

また，一部ではありますが例題英文の音声も収録されています。読み上げられる音声と同じペースで英語が理解できるようになれば，どんな大学入試問題であっても時間に困ることはありません。例題を解き終わり，解答解説を読み，語句を確認してから，英文を目で追いながら音声を聞いてみてください。最初のうちは，英文を目で追っていても英語が理解できないかもしれませんが，そこで止めてはいけません。立ち止まって構文や語句を再確認しながら，少しずつでも聞き進めてください。何度も繰り返し英文を見ながら聞き，そのうちに英文を見ずに耳から英語が理解できるようになったら，次の例題に進んでください。

最初は時間がかかるように思うかもしれませんが，徐々にペースが上がってくるはずです。本書をやり終える頃には成績もワンランク上がっていますから，諦めないで最後までやり通しましょう。

最後になりましたが，本書の編集は斉藤千咲さん，石川花子さんにご担当いただきました。細部まで気を配っていただき，感謝します。

2023 年秋　　著者記す

◆練習問題の構成について◆

各問題に付けられた難易度表示で，自分の学力の到達度を判断することができます。問題の難易度は次のように表示してあります。

★　　……比較的易しい問題　［CEFR A1 程度］
★★　……標準的な問題　　　［CEFR A2 程度］
★★★……やや難しい問題　　［CEFR B1 ～］

また，試験では制限時間内（80 分）で解答することが求められます。各問題の最後に解答にかかった時間を記入する欄がありますので，記録を付けて意識するようにしてみましょう。

付録音声のダウンロード

1　下記アドレスまたは二次元コードより駿台文庫ダウンロードシステムへアクセスし，認証コードを入力して「サービスを開始する」ボタンを押してください。

https://www2.sundai.ac.jp/yobi/sc/dllogin.html?bshcd=B3&loginFlg=2

※駿台文庫サイト内の当書籍のページにもリンクがあります。

認証コード：B3 - 96123792

2　ダウンロードしたいコンテンツの選択ボタンにチェックを入れ，「ダウンロードを実行」ボタンを押してください。MP3ファイルを1つずつダウンロードしたい場合は，コンテンツを選択してから「ファイル単位選択・ダウンロード画面へ」ボタンを押してください。

コンテンツ名称	収録内容	ファイル名
短期攻略リーディング付録音声 01	必修 Minimal Phrases 262 音声	TK61361_B3.zip（ダウンロード時の圧縮ファイル）
短期攻略リーディング付録音声 02	例題英文音声	TK61362_B3.zip

【ファイル単位名称例】

ファイル単位選択･ダウンロードを実行した場合，以下のファイル名で保存されます。

01_01_tanki_reading.mp3

└音声ファイル番号（音声マーク の番号 01_01 に対応しています）

3　データはお持ちのデバイスや音楽ソフトに取り込んでご利用ください。使用方法は，「コンテンツのダウンロード」ページの「ダウンロードした音声の使い方」からご確認ください。

・音声はMP3データでご提供しております。Windows Media Player や iTunes などのソフトで再生することができます。モバイル端末でのご利用は，PC でダウンロードしていただいたうえで iTunes 等で取り込んでいただくと便利です。

・zip 圧縮形式ファイルには解凍ソフトが必要です。スマートフォンからダウンロードした場合は，ファイル管理機能の付いた解凍アプリ（一例：「ファイルマネージャー」（Android），「Documents」（iOS）等）をご利用ください。

・モバイル端末でダウンロードする際の通信料は利用者負担となります。Wi-Fi 環境下でのご利用を推奨します。iOS 端末でダウンロードする際は，ブラウザは safari をお使いください。

もくじ

PART 1　データで迫る！　共通テスト英語リーディング

共通テスト 英語リーディングの攻略法

共通テスト英語リーディング攻略のポイントは，ズバリ**「未知に備える」**ということです。共通テスト英語では，家庭や学校での日常生活におけるやり取り，社会生活に関する情報や記事，データを扱うアカデミックな小論文，体験談や伝記など，さまざまな形式や話題が登場します。当然その素材に合わせて情報を処理し，素材に沿って考える力が問われます。もちろん，「考える」プロセスでは必ず未知の情報を処理することになり，さまざまな知識や経験が要求されます。

では，「未知に備える」ためにはどのような知識が必要で，どのような経験を積めば，正しく「考える」ことができるようになるのでしょうか。また，さまざまな状況・場面に応じて，どのようなことに気を配って情報を扱えばよいのでしょうか。共通テスト英語リーディングの問題に取り組むことはそれを知るためのステップであり，それが本書のテーマでもあります。

1．共通テスト英語の配点

共通テスト英語リーディングは 80 分のテストで 100 点満点，リスニングは 30 分のテストで 100 点満点です。ただし，リーディングとリスニングの配点は，各大学の判断で異なります。たとえば，リーディングとリスニングの配点を 1：1 の比率で利用する大学もあれば，3：1 や 4：1 で利用する大学もあり得ます。

Tips!　**リーディングは 100 点満点だが，大学によっては換算されることもある。**

2．共通テスト英語リーディングの本文・設問・語数など

①　共通テスト英語リーディングでは設定が大切！

共通テスト英語リーディングの問題の特徴の１つは，設問の**状況や場面設定**が明確に書かれていることです。自分がどういう立場でこの素材文を読んでどのように利用したいのか，まずはその状況・場面をしっかり確認しましょう。

第１問を見てみましょう。

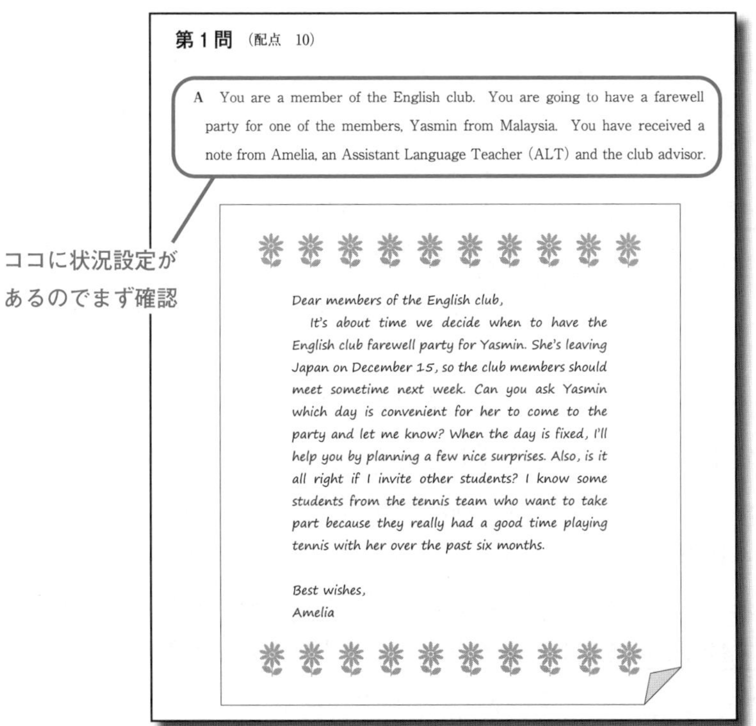

第１問　(配点　10)

A　You are a member of the English club. You are going to have a farewell party for one of the members, Yasmin from Malaysia. You have received a note from Amelia, an Assistant Language Teacher (ALT) and the club advisor.

Dear members of the English club,

It's about time we decide when to have the English club farewell party for Yasmin. She's leaving Japan on December 15, so the club members should meet sometime next week. Can you ask Yasmin which day is convenient for her to come to the party and let me know? When the day is fixed, I'll help you by planning a few nice surprises. Also, is it all right if I invite other students? I know some students from the tennis team who want to take part because they really had a good time playing tennis with her over the past six months.

Best wishes,
Amelia

(2018年プレテスト)

特に，**誰が誰に対して何を伝えたいか**，それを頭に入れておけば，設問を解き進めやすくなります。

Tips!　**状況・場面設定を確認しよう！**

②　共通テストではインターネット上の素材という設定が多い

共通テストでは，社会生活や日常生活の中から課題を発見し解決方法を構想する場面，資料やデータ等をもとに考察する場面など，**学習の過程を意識した問題の場面設定**を重視することになっています。その結果共通テスト英語リーディングのテストでは，**インターネット上の情報**を題材とした問題が数多く出題されています。

インターネットの素材文に目を通すときには，時間をかけてすべてを一字一句精読して味わうのではなく，むしろ，短時間で**大雑把に重要な情報をつまみ取る**ことが大切です。「ざっと目を通す」ことを skimming と言いますが，それができるためにはまずはどんな情報が知りたいか，そのサイトをどのように利用したいかを明確にしておくことが重要です。

インターネットのウェブサイトが素材の問題では，本文の前に書かれた設定をしっかり読んでおくのが特に効果的です。そこにはウェブサイトを見る側の立場や状況が書かれていますから，今から目を通す情報のどこに目をやれば良いかわかることが多いのです。また，ウェブサイトの問題では**問いを頭に入れてから本文を見た方が効率的であることが多いのも特徴**です。日常生活においては無目的に漠然とウェブサイトを眺めることもあるでしょうが，試験においては，何らかの情報を求めて本文を読みます。もし求める情報が最初からわかっているのであれば，それだけすばやくその情報を見つけられます。**特に本文が短い場合には設問文を先に読んでおいて，探す情報を明確にしておく**というやり方は有効な手段になるでしょう。

Tips!
1．設定は必ず読もう！
2．問いを読んでから本文の該当箇所を探すこともある！

③　共通テストには語彙・語法・文法問題が出ない？

共通テスト英語リーディングでは，センター試験のような短文空所補充問題，語句整序問題が出題されていません。これは，共通テストが実際のコミュニケーションを想定した明確な場面，目的，状況の設定を重視しており，短文の問題ではそういった設定を明確にできないからです。しかし，だからといって語彙・語法・文法の知識が必要ないわけではありません。選択肢を吟味するときには正確な知識が必要とされます。

対策　語彙・語法・文法の学習は必須！

語彙・語法・文法を学ばずに，正確なリーディングはできません。選択肢を分析するときにも，さまざまな文法的項目の理解が必須です。まずは1文1文を正しく理解できることが，長文を理解する最初の一歩であることは言うまでもありません。特に，**本文の中に該当箇所があり，それを言い換えた選択肢を選ばせるような問題においては，正確な語彙・語法・文法の知識が必要**です。

Tips!　語彙・語法・文法が英語学習の第一歩！

④　総語数は約6,100語！

共通テスト英語リーディングテストの2023年本試験の語数は，本文・設問・図・選択肢をすべて合わせると，**約6,100語**となりました。これを過去のセンター試験と比較すると右のようになります。

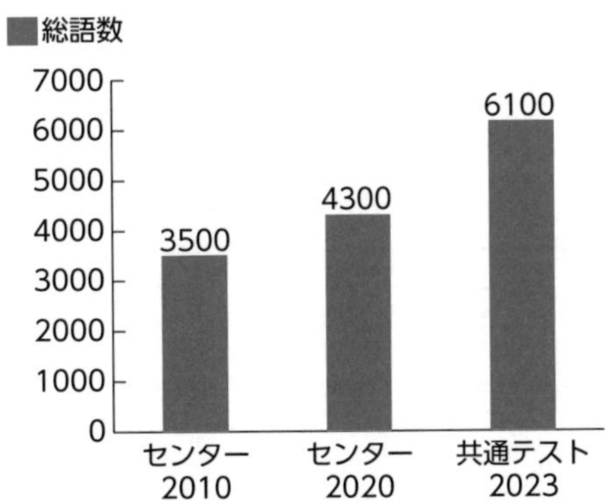

これだけ英文の量が増えると，最後まで行き着かない受験生が多く出てくるであろうことは想像に難くありません。6,100 語を 80 分で割ると，1分につき 76.25 語になりますが，実際には考えたりページをめくったり，マークを塗る時間などもあるので，最低でも**約 90 ～ 100 語／分で英文を処理すること**になります。設問を解くときには，読み返したり，考えたりして立ち止まる時間もありますから，それ以上の速さ（おそらく**1分間に 130 語程度**）で読む必要があります。時間を意識して対策をしておかないと，本番で間に合わない可能性が十分にありますから，日頃から問題を解く際には時計を見るようにしましょう。

では1分間に約 90 ～ 100 語を処理する，というのはどれくらいの速さなのか，体験してみましょう。目の前に時計を置いて，時間を意識して次のページの問題を解いてください。本文・設問文・選択肢などをいれると全部で 500 語程度あります。飛ばし読みなどしないで，まずは本文を全文読みながら設問を解いてみてください。約５～６分ぐらいで解答し終わるのが目標です。

※付録音声 02_01 では，正解の選択肢を反映した完成文を読み上げています。問題文右段の Comments (1)～(4)は音声には含まれません。

【例題ー試作 B】総語数約 500 語　02_01　5～6分

In English class you are writing an essay on a social issue you are interested in. This is your most recent draft. You are now working on revisions based on comments from your teacher.

Eco-friendly Action with Fashion	Comments
Many people love fashion. Clothes are important for self-expression, but fashion can be harmful to the environment. In Japan, about 480,000 tons of clothes are said to be thrown away every year. This is equal to about 130 large trucks a day. We need to change our "throw-away" behavior. This essay will highlight three ways to be more sustainable.	
First, when shopping, avoid making unplanned purchases. According to a government survey, approximately 64% of shoppers do not think about what is already in their closet. (1) ∧ So, try to plan your choices carefully when you are shopping.	(1) *You are missing something here. Add more information between the two sentences to connect them.*
In addition, purchase high-quality clothes which usually last longer. Even though the price might be higher, it is good value when an item can be worn for several years. (2) ∧ Cheaper fabrics can lose their color or start to look old quickly, so they need to be thrown away sooner.	(2) *Insert a connecting expression here.*
Finally, (3) <u>think about your clothes</u>. For example, sell them to used clothing stores. That way other people can enjoy wearing them. You could also donate clothes to a charity for people who need them. Another way is to find a new purpose for them. There are many ways to transform outfits into useful items such as quilts or bags.	(3) *This topic sentence doesn't really match this paragraph. Rewrite it.*
In conclusion, it is time for a lifestyle change. From now on, check your closet before you go shopping, (4) <u>select better things</u>, and lastly, give your clothes a second life. In this way, we can all become more sustainable with fashion.	(4) *The underlined phrase doesn't summarize your essay content enough. Change it.*

Overall Comment:
Your essay is getting better. Keep up the good work. (Have you checked your own closet? I have checked mine! ☺)

問1　Based on comment (1), which is the best sentence to add? [1]

① As a result, people buy many similar items they do not need.
② Because of this, customers cannot enjoy clothes shopping.
③ Due to this, shop clerks want to know what customers need.
④ In this situation, consumers tend to avoid going shopping.

問2　Based on comment (2), which is the best expression to add? [2]

① for instance
② in contrast
③ nevertheless
④ therefore

問3　Based on comment (3), which is the most appropriate way to rewrite the topic sentence? [3]

① buy fewer new clothes
② dispose of old clothes
③ find ways to reuse clothes
④ give unwanted clothes away

問4　Based on comment (4), which is the best replacement? [4]

① buy items that maintain their condition
② choose inexpensive fashionable clothes
③ pick items that can be transformed
④ purchase clothes that are second-hand

（令和７年度共通テスト　試作問題 B）

語句

- □ self-expression「自己表現」
- □ harmful「有害な」
- □ throw A away「A を捨てる」
- □ highlight「～を強調する」
- □ sustainable「持続可能な」
- □ purchase「買い物；～を購入する」
- □ survey「調査」
- □ approximately「およそ，約」
- □ item「品物」 ここでは clothes の言い換え。
- □ fabric「布（製品）」 ここでは clothes の言い換え。
- □ donate「～を寄贈［寄付］する」
- □ purpose「目的」
- □ transform A into B「A を B に変形する」
- □ outfit「衣服，衣装」
- □ quilt「キルト」
- □ in conclusion「結論として，要するに」
- □ insert「～を挿入する」
- □ summarize「～を要約する」
- □ content「内容」

解答

問1 [1]－① 問2 [2]－② 問3 [3]－③ 問4 [4]－①

全訳

英語の授業で，あなたは興味がある社会問題について小論文を書いている。これはあなたの最新版の草稿である。先生からのコメントに基づいて，今書き直しをしている。

ファッションに関する環境にやさしい行動	コメント
ファッションが好きな人は多い。服は自己表現に重要なものだが，ファッションは環境に有害になり得る。日本では毎年約48万トンの衣服が捨てられると言われている。これは1日につきおよそ130台の大型トラックに匹敵する。私たちはこの「捨てる」行動を変える必要がある。この小論文ではもっと持続可能になる3つの方法を強調しよう。	
まず第1に，買い物をするときに，計画していない買い物をするのを避けなさい。政府の調査によると，買い物客の約64%がすでにクローゼットにあるものについて考えていない。(1)∧だから，買い物をするときには選ぶものを注意深く計画するようにしなさい。	(1) ここは何か欠けています。この2文の間にそれをつなげる情報をもっと追加しましょう。
さらに，通常はより長持ちする，高品質の衣服を買いなさい。値段はより高くなるかもしれないが，衣服が何年も着られるなら十分に価値がある。(2)∧比較的安い布製品はすぐに色あせて，古びた物に見えることがあるので，より早く捨てなければならなくなる。	(2) 文をつなぐ表現をここに入れましょう。

最後に，(3)<u>自分の服について考えなさい</u>。たとえば，古着の店に売りなさい。そうすれば他の人たちがそれを着て楽しむかもしれない。また，衣服を必要とする人たちのためにチャリティに寄付することもできるだろう。他にも，服に新しい目的を見つけることもできる。衣服をキルトやバッグなど役立つ物に変える方法はたくさんある。	(3) このトピック・センテンスはこのパラグラフに合っていません。書き直しましょう。
結論として，ライフスタイルを変える時である。今後は，買い物の前にクローゼットをチェックし，(4)<u>より良い物を選び</u>，最後に自分の服に第2の用途を見つけなさい。このように，わたしたちは皆ファッションに対してより持続可能になることができるのだ。	(4) 下線部のフレーズはあなたの小論文の内容を十分にまとめていません。変えましょう。

全体に対するコメント：
あなたの小論文はよくなってきています。いい勉強を続けて。(あなたは自分のクローゼットをチェックした？　私はしました！)

設問解説

問1　「(1)のコメントに基づいて，追加するのにどれが最適な文か」 1

① その結果，人々は必要がない似たような物をたくさん買う。
② このために，客は衣服のショッピングを楽しむことができない。
③ このせいで，店員は客が必要とする物を知りたいと思う。
④ この状況では，客は買い物に行くのを避ける傾向がある。

正解は①。まず，(1)の前後の文を確認する。「政府の調査によると，買い物客の約64%がすでにクローゼットにあるものについて考えていない。(1)∧だから，買い物をするときには選ぶものを注意深く計画するようにしなさい」とある。①の similar items they do not need「必要がない似たような物」という表現を入れれば，前の「すでにクローゼットにあるもの」を受けてうまくつながる。

それぞれの選択肢の次の語句に要注意。

語句

☐ as a result「その結果」
☐ because of A「A〈原因・理由〉のために」
☐ due to A「A〈原因・理由〉のために」
☐ tend to V「Vする傾向がある」

問2 「(2)のコメントに基づいて，追加するのにどれが最適な表現か」 2

① たとえば
② 対照的に
③ それにもかかわらず
④ それゆえ

正解は②。(2)の前では高品質な，価格が高いかもしれない物について述べられている。(2)の後ろでは比較的安価な fabrics「布製品」（ここでは clothes の言い換え）について述べられている。高い製品と安い製品が対照されているので，② が正解。

問3 「(3)のコメントに基づいて，このトピック・センテンスを書き直すのにどれが最適なやり方か」 3

① 新しい衣服を買う量を減らしなさい
② 古い衣服を処分しなさい
③ 服を再利用する方法を見つけなさい
④ いらない服をただであげなさい

正解は③。この段落には，古着の店への売却，チャリティへの寄付，別の物への作り変えが述べられている。これらをまとめる言葉としては ③ の reuse が最適である。

Tips! **トピック・センテンスは段落の冒頭にあり，その段落の main idea を述べている。**

問4 「(4)のコメントに基づいて，書き換えるのに最適なのはどれか」 4

① 状態が長持ちするようなものを買い
② 高価ではないファッショナブルな服を選び
③ 作り変えることができる物を選び
④ 中古の服を買い

正解は①。(4)の直前には第２段落の First 以下の内容をまとめて check your closet ... と述べられており，(4)の直後には第４段落の Finally 以下の内容をまとめて give your clothes a second life と述べられている。よって(4)には，第３段落の内容をまとめた表現を入れればよいので，① が正解となる。

この大問は設問になっている箇所が(1)～(4)とはっきり示されているので，その前後だけを読めば解けるように思いがちだが，この問４のように，全文の構成を意識させる設問に要注意だ。特に文章の最後で，それまでの流れをまとめる設問が置かれるのは，よくある問題構成なので押さえておきたい。

Tips!　全体の構成をつかめ！

〈アカデミック・ライティング〉の基本的なパラグラフの構成を頭に入れておこう。 ➡ p.172

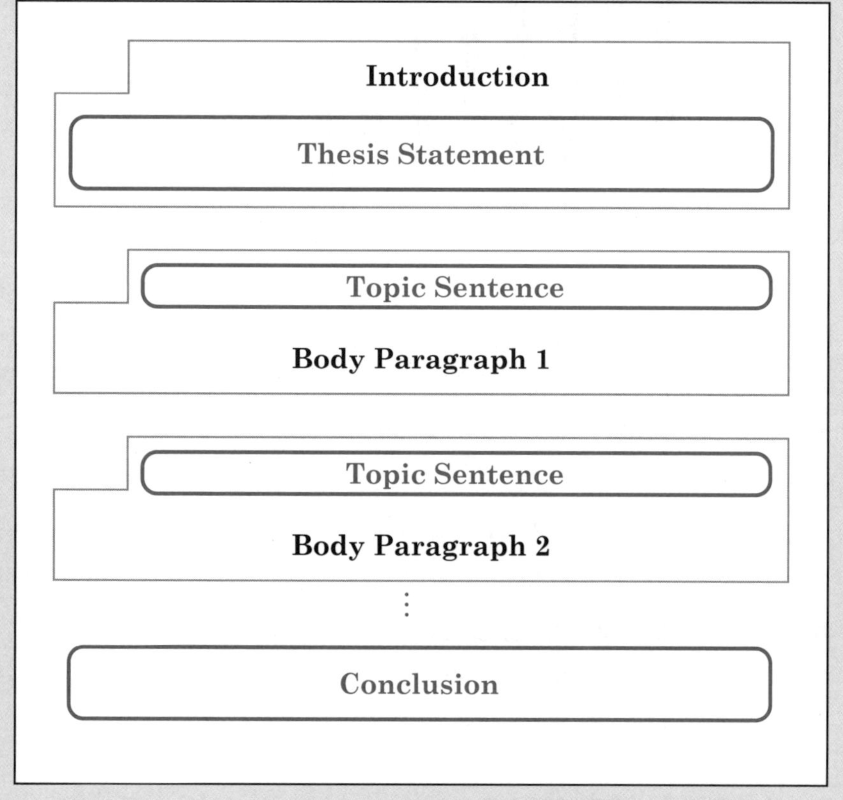

対策 速読力は音声で鍛える！

速く読めるようになるには，音声を使って学習することが何よりの近道です。

まずはセンター試験のデータを見てください。リスニング試験の得点と，筆記試験の得点の相関関係を調べてみました。

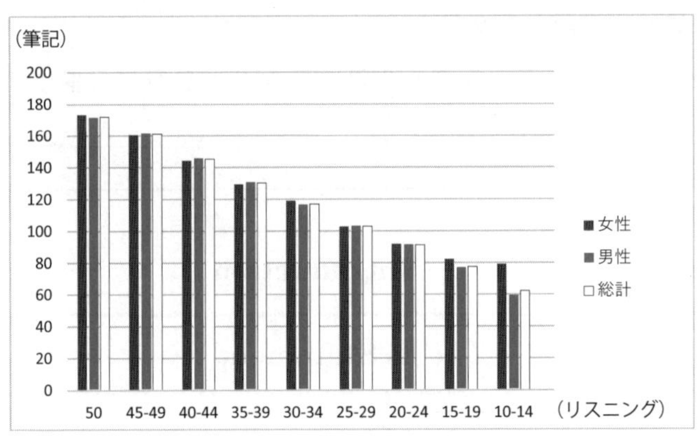

上のグラフはある年のリスニング試験（50点満点）の得点層別の筆記試験（200点満点）の平均点です。たとえばリスニングで40～44点の人の筆記試験平均点は145.3点だったということです。これを見れば一目で，リスニング試験と筆記試験のスコアは正比例していることがわかります。

実はリーディングで求められているスピードより，音声で読み上げられるスピードの方がはるかに速いのです。ほとんどの英語教材で**読み上げられるスピードは約140語／分以上**ですから，普段からリスニングしながら英文に目を通したり，シャドウイングしたり音読したりする訓練を積むことが，読む速さに直結するのです。

Tips! 速読力は音声で鍛える！

3．共通テスト英語リーディングの語彙レベル

共通テスト英語リーディングの語彙レベルを調べてみましょう。下の表は本試験及び追試験計６回分（計約３万４千語）における英単語の出現数です。

共通テスト 英語リーディング（6回分）における英単語出現数

単語	出現数
the	1,843
be	1,194
to	999
a	941
and	705
of	670
in	598
for	422
you	411
have	368
I	328
on	260
that	244
it	237
at	210
your	209
not	207
with	189
from	177
do	172
as	171
they	159
will	153
this	147
one	147
can	141
about	139

さらに下に示すのは，共通テストで使用された単語の Word Level 別の頻度データです。

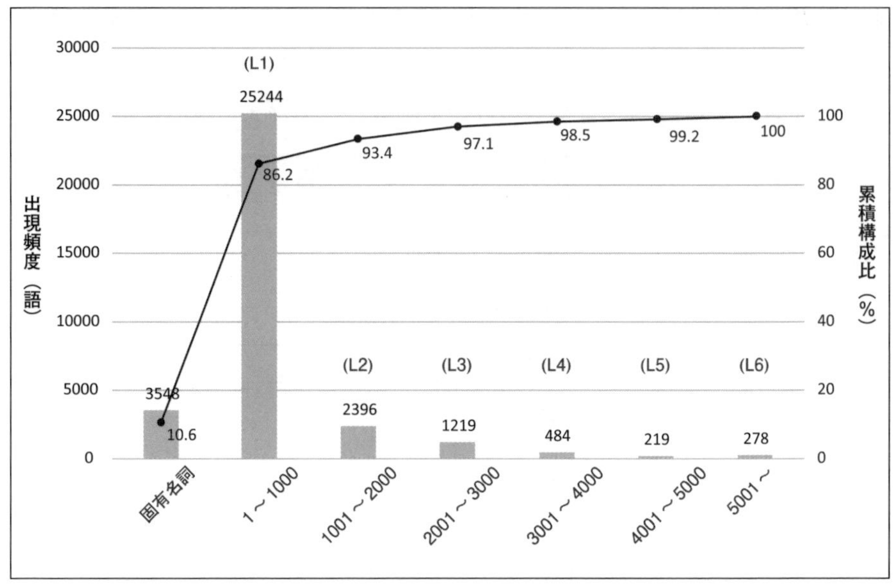

上の棒グラフの L1（レベル 1）とは，最も頻度の高い 1,000 語の単語で，最初に挙げた the，be，to などもここに含まれています。L2 はその次に頻度の高い 1,000 語です。共通テスト英語リーディングにおいて，どのレベルの単語がどれぐらいを占めているかを棒グラフで示しています。

また，折れ線グラフはそのレベル以下の単語が何％を占めているかを示しています。たとえば L3 の折れ線グラフの数字は 97.1% ですから，3,000 語レベルの語彙力があれば，共通テスト英語リーディングの 97.1% の単語を理解できることになります。

もちろん，中には難単語も登場しています。たとえば，nocturnal「夜行性の」，pharynx「咽頭」，outlive「～より長生きする」などが共通テストに登場しています。多くの受験生にはなじみがないでしょうが，前後の文脈をヒントにして読み進めればだいたいの意味は類推できるようにできていますから安心してください。英語学者の Paul Nation によると，英文の **98%以上が既知語（未知語が２% 以下）であれば，全体の文脈を無理なく把握**できると言われています。左のグラフを見ると，L4（4,000 語レベル）以下の単語が 98.5% を占めていますから，4,000 語レベルの語彙力があれば無理なく読み進められます。国公立大学の２次試験や難関の私立大学の個別試験と比べると，少しだけ扱いやすい英文と言えるでしょう。

Tips!　**4,000 語レベルの語彙力が必要！**

共通テスト英語リーディング　必修 Minimal Phrases 262

ここに挙げているのは，共通テスト英語リーディング試験問題に既出の単語の中でも，特に取りこぼしができない必修単語のフレーズです。

01_01

001	the **length** of time [léŋkθ]	時間の**長さ**
002	the family as a social **unit** [jú:nit]	社会の**単位**としての家族
003	an **electronic** book [ilèktránik]	**電子**書籍
004	the **author** of the bestseller [ɔ́:θər]	ベストセラーの**著者**
005	Read the following **passage**. [pǽsidʒ]	次の**一節**を読みなさい
006	find **shelter** from the cold [ʃéltər]	寒さから**逃れる場所**を見つける
007	make a **documentary** about French life [dàkjuméntəri]	フランスの生活に関する**ドキュメンタリー**を作る
008	write a brief **summary** of the book [sʌ́məri]	その本の簡潔な**要約**を書く
009	**artificial** materials [à:rtəfíʃəl]	**人工的な**素材
010	destroy the ozone **layer** [léiər]	オゾン**層**を破壊する
011	study English with a **tutor** [tjú:tər]	**個別指導員**と英語を学習する
012	**recommend** this restaurant to you [rèkəménd]	あなたにこのレストラン**をすすめる**

01_02

013	private **property** [prɑ́pərti]	私有**財産**
014	get a ten percent **discount** on food [dískaunt]	食べ物を 10% **割引**してもらう
015	an **alternative** to gasoline [ɔːltə́ːrnətiv]	ガソリンの**代わりになるもの**
016	attend a free **workshop** [wə́ːrkʃɑ̀p]	無料の**研修会**に出席する
017	**false** information [fɔ́ːls]	**間違った**情報
018	lack of **funds** [fʌ́nd]	**資金**不足
019	a **dental** clinic [déntl]	**歯科**医院
020	**click** the link [klík]	リンク**をクリックする**
021	**virtual** reality [və́ːrtʃuəl]	**仮想**現実
022	**weigh** 65 kilograms [wéi]	65 キログラム**の重さがある**
023	**submit** an assignment [səbmít]	課題**を提出する**
024	**household** goods [háushòuld]	**家庭**用品
025	**further** information [fə́ːrðər]	**さらなる**情報
026	**indicate** the increase in speed [índikèit]	スピードの上昇**を示す**

01_03

027	□ people with different **background**s [bǽkgràund]	**経歴**の違う人々
028	□ a dangerous **substance** [sʌ́bstəns]	危険な**物質**
029	□ a **participant** in the meeting [pɑːrtísəpənt]	会議の**参加者**
030	□ electrical **appliance**s [əpláiəns]	電化**製品［器具］**
031	□ be **rank**ed as the best [rǽŋk]	最高に**位置づけ**られる
032	□ for **approximately** three weeks [əprɑ́ksəmətli]	**およそ** 3 週間
033	□ **seek** help from the police [síːk]	警察に助け**を求める**
034	□ **chase** the car [tʃéis]	その車**を追跡する**
035	□ **breathe** fresh air [bríːð]	新鮮な空気**を呼吸する**
036	□ a **souvenir** shop in Hong Kong [sùːvəníər]	香港の**みやげ物**屋
037	□ modern **youth** [júːθ]	現代の**若者**
038	□ **analyze** data [ǽnəlàiz]	データ**を分析する**
039	□ three **metric** tons [métrik]	**メートル法の** 3 トン
040	□ **memorize** English words [méməràiz]	英単語**を覚える**

01_04

041 □	This problem often **occurs**. [əkə́ːr]	この問題はしばしば**起こる**
042 □	**wealthy** people [wélθi]	**裕福な**人々
043 □	a highly **intelligent** woman [intélədʒənt]	非常に**知的な**女性
044 □	**Calm** down. [kɑ́ːm]	**落ち着**いて
045 □	**practical** knowledge [prǽktikəl]	**実用的な**知識
046 □	**inspire** him to start jogging [inspáiər]	彼にジョギングを始める**気にさせる**
047 □	the British **Navy** [néivi]	英国**海軍**
048 □	**capture** a wild animal [kǽptʃər]	野生動物**を捕まえる**
049 □	a **slightly** different way [sláitli]	**少し**異なるやり方
050 □	the **Royal** Opera House [rɔ́iəl]	**王立**オペラ劇場
051 □	an **incredible** story [inkrédəbl]	**信じられない**話
052 □	**adjust** the clock to the correct time [ədʒʌ́st]	時計を正しい時間に**合わせる**
053 □	**digest** a lot of food [daidʒést]	たくさんの食物**を消化する**
054 □	the fastest **laptop** [lǽptɑ̀p]	最も速い**ノートパソコン**

01_05

055	a **kindergarten** teacher [kíndərgà:rtn]	**幼稚園**の先生
056	a **stylish** office [stáiliʃ]	**おしゃれな**オフィス
057	**intensive** care [inténsiv]	**集中的な**治療
058	a private **detective** [ditéktiv]	私立**探偵**
059	the **flavor** of chocolate [fléivər]	チョコレートの**味**［**風味**］ ★ flavor = taste+smell
060	**lower** the price [lóuər]	価格**を下げる**
061	The class is **mostly** Japanese. [móustli]	クラスの**大部分は**日本人だ
062	Darwin's **theory** [θí:əri]	ダーウィンの**理論**
063	The answer is **possibly** correct. [pásəbli]	**ひょっとすると**その答えは正しいかもしれない
064	a **commonly** used word [kámənli]	**普通に**使われる言葉
065	the check-in **procedure** [prəsí:dʒər]	チェックインの**手続き**
066	a five-dollar **coupon** [kú:pɑn]	5ドルの**割引券**
067	discover **treasure** [tréʒər]	**財宝**を発見する
068	a **brief** explanation [brí:f]	**簡潔な**説明

01_06

069	**define** a day as twenty-four hours	[difáin]	1日を24時間と**定義する**
070	a **mobile** phone	[móubail]	**携帯**電話
071	have a small **budget**	[bʌ́dʒət]	**予算**が少ない
072	**identify** the cause of illness	[aidéntəfài]	病気の原因**を特定する**
073	**gender** differences	[dʒéndə*r*]	**性**差
074	**hire** new staff	[háiə*r*]	新しいスタッフ**を雇う**
075	a **classic** novel	[klǽsik]	**第一級の**小説
076	**commute** to Tokyo	[kəmjúːt]	東京に**通勤する**
077	write really good **stuff**	[stʌ́f]	本当によい**もの**を書く
078	a good rice **harvest**	[hɑ́ː*r*vist]	米の豊かな**収穫**
079	Diamond is pure **carbon**.	[kɑ́ː*r*bən]	ダイヤモンドは純粋な**炭素**だ
080	**download** the e-book	[dáunlòud]	電子書籍**をダウンロードする**
081	the second **semester**	[səméstə*r*]	2**学期**
082	**transform** food into energy	[trænsfɔ́ː*r*m]	食べ物をエネルギーに**変える**

01_07

083 □	**modify** the plan [mάdəfài]	計画**を修正する**
084 □	**renew** your membership by April [rinjúː]	４月までにメンバーシップ**を更新する**
085 □	**upgrade** your membership [ʌ̀pgréid]	メンバーシップ**を格上げする**
086 □	**inexpensive** clothes [ìnikspénsiv]	**安い**服
087 □	with great **delight** [diláit]	大**喜び**で
088 □	**Consequently**, I didn't get the job. [kάnsəkwèntli]	**その結果**その仕事に就けなかった
089 □	finish the job by the **deadline** [dédlàin]	**締め切り**までに仕事を終える
090 □	**chat** with friends on the phone [tʃǽt]	電話で友達と**おしゃべりする**
091 □	his **intention** to become an artist [inténʃən]	彼の芸術家になる**意図**
092 □	inside the **cave** [kéiv]	**洞窟**の中で
093 □	reduce **anxiety** about the future [æŋzáiəti]	将来の**不安**を軽減する
094 □	the **entry** fee for the park [éntri]	公園の**入場**料
095 □	the **disadvantage**s of city life [dìsədvǽntidʒ]	都会生活の**不利な点**
096 □	**organize** an event [ɔ́ːrgənàiz]	イベント**を催す**

01_08

097	**convince** him of his success [kənvíns]	彼に成功を**確信させる**
098	The product is not in **stock**. [sták]	その商品は**在庫**がない
099	**repair** the car [ripéər]	車**を修理する**
100	garden **soil** [sɔ́il]	庭の**土**
101	**reject** the proposal [ridʒékt]	提案**を拒否する**
102	get economic **assistance** [əsístəns]	経済**援助**を受ける
103	an electric **wire** [wáiər]	電**線**
104	a **vocabulary** of 5,000 words [voukǽbjəlèri]	5,000 語の**語彙**
105	think in a **flexible** way [fléksəbl]	**柔軟な**考え方をする
106	the tourist **industry** [índəstri]	観光**産業**
107	put an **advertisement** on the Internet [ædvərtáizmənt]	インターネットに**広告**を出す
108	**register** a new car [rédʒistər]	新車**を登録する**
109	a **lecture** on history [léktʃər]	歴史に関する**講義**
110	go **sightseeing** in Venice [sáitsìːiŋ]	ヴェネツィアに**観光**に行く

01_09

111	**decrease** traffic [diːkríːs]	交通量**を減らす**
112	her **mysterious** eyes [mistíəriəs]	彼女の**謎めいた**目
113	**satisfy** the needs of students [sǽtisfài]	学生の要求**を満たす**
114	**calculate** the cost [kǽlkjəlèit]	コスト**を計算する**
115	The book **consist**s of six lessons. [kənsíst]	その本は６課で**構成されている**
116	become famous **worldwide** [wə́ːrldwáid]	**世界的に**有名になる
117	pay a **delivery** charge [dilívəri]	**配達**料金を支払う
118	**evaluate** the student performance [ivǽljuèit]	学生の成績**を評価する**
119	American **resident**s in Tokyo [rézidənt]	東京にいるアメリカ人**居住者**
120	**donate** five dollars to charity [dóuneit]	チャリティに５ドル**寄付する**
121	the **Statue** of Liberty [stǽtʃuː]	自由の女神**像**
122	the daily **routine** [ruːtíːn]	いつもの**日課**
123	stay **overnight** at the hotel [òuvərnáit]	ホテルで**一晩**泊まる
124	**monitor** the situation [mάnətər]	状況**を監視する**

01_10

No.	English	日本語
125	☐ **consume** a lot of energy [kənsjúːm]	多量のエネルギー**を消費する**
126	☐ **Besides** being rich, he is kind. [bisàidz]	彼は金持ち**の上に**やさしい
127	☐ a **landscape** painting [lǽndskèip]	**風景**画
128	☐ the New York City **Council** [káunsəl]	ニューヨーク市**議会**
129	☐ **reverse** the positions [rivə́ːrs]	立場**を逆転する**
130	☐ have a **reputation** for high quality [rèpjutéiʃən]	高品質だという**評判**がある
131	☐ **slip** down the peak [slíp]	頂上から**滑り**落ちる
132	☐ **reveal** a surprising fact [rivíːl]	驚くべき事実**を明らかにする**
133	☐ I'm sorry. I **totally** forgot. [tóutəli]	ごめん。**まったく**忘れていた
134	☐ **decorate** a tree with lights [dékərèit]	明かりで木**を飾る**
135	☐ **sort** papers by date [sɔ́ːrt]	日付で書類**を分類する**
136	☐ a **distant** island [dístənt]	**遠くの**島
137	☐ the east **exit** of the station [égzit]	駅の東**出口**
138	☐ keep shopping **receipts** [risíːt]	買い物の**領収書**を持っておく

01_11

139	□ **breed** many kinds of animals [brí:d]	多くの種類の動物**を繁殖させる**
140	□ She **fascinate**d the audience. [fǽsənèit]	彼女は観客**を魅了した**
141	□ his **philosophy** of life [fəlάsəfi]	彼の人生**哲学**
142	□ He is **unsure** of his future. [ʌ̀nʃúər]	彼は将来について**自信がない**
143	□ a college **dormitory** [dɔ́:rmətɔ̀:ri]	大学の**寮**
144	□ the **pronunciation** of the word [prənʌ̀nsiéiʃən]	その単語の**発音**
145	□ **navigate** the ship [nǽvəgèit]	船**を操縦する**
146	□ the **width** of the river [wídθ]	川の**幅**
147	□ take health **supplement**s [sʌ́pləmənt]	健康**補助食品**をとる
148	□ raise an **objection** to the plan [əbdʒékʃən]	その計画に**反対**を唱える
149	□ **grasp** the meaning [grǽsp]	意味**を理解する**
150	□ **unwanted** pressure [ʌ̀nwάntid]	**不要な**圧力
151	□ **supportive** coworkers [səpɔ́:rtiv]	**協力的な**同僚
152	□ a **ridiculous** error [ridíkjələs]	**ばかげた**間違い

01_12

153 □ a soap **bubble** [bʌ́bl]	石けんの**泡**
154 □ be too **exhausted** to speak [igzɔ́:stid]	口もきけないほど**疲れはてている**
155 □ **accomplish** the difficult job [əkʌ́mpliʃ]	困難な仕事**をやり遂げる**
156 □ an electronic **certificate** [sərtífikət]	電子**証明書**
157 □ an international **convention** [kənvénʃən]	国際**大会**
158 □ an **explorer** of the Antarctic [ikspló:rər]	南極の**探検家**
159 □ his heart and **lungs** [lʌ́ŋ]	彼の心臓と**肺**
160 □ **incorrect** information [ìnkərékt]	**間違った**情報
161 □ **edit** a book [édət]	本**を編集する**
162 □ a well-paid **occupation** [àkjupéiʃən]	給料のよい**職業**
163 □ a **brilliant** future [bríljənt]	**輝かしい**未来
164 □ Look before you **leap.** [lí:p]	**とぶ**前によく見よ（諺）
165 □ make **visible** progress [vízəbl]	**目に見える**進歩をとげる
166 □ **substitute** margarine for butter [sʌ́bstətjù:t]	マーガリンをバターの**代わりに用いる**

01_13

No.	English	日本語
167	a movie **script** [skrípt]	映画の**脚本**
168	the **legend** of Robin Hood [lédʒənd]	ロビン・フッドの**伝説**
169	**quit** the job [kwít]	仕事**をやめる**
170	have a **sore** throat [sɔ́ːr]	喉が**痛い**
171	a **dull** movie [dʌ́l]	**退屈な**映画
172	**defeat** the champion [difíːt]	チャンピオン**を打ち負かす**
173	collect a lot of **artworks** [ɑ́ːrtwə̀ːrk]	たくさんの**美術品**を収集する
174	a railroad **terminal** [tə́ːrmənl]	鉄道の**終点**
175	a human **organ** [ɔ́ːrgən]	人間の**臓器**
176	a three-minute **pause** [pɔ́ːz]	3分間の**休止**
177	The memories will **fade** away. [féid]	その記憶は**薄れる**だろう
178	an **alien** culture [éiliən]	**異質な**文化
179	The snow will **melt** soon. [mélt]	雪は間もなく**とける**だろう
180	the **maximum** temperature today [mǽksəməm]	本日の**最高**気温

01_14

181 □ **reserve** a room at a hotel [rizə́ːrv]	ホテルの部屋**を予約する**
182 □ reach the final **destination** [dèstənéiʃən]	最終**目的地**に着く
183 □ He was tired; **nevertheless**, he was unable to sleep. [nèvərðəlés]	彼は疲れていた。**それにもかかわらず**眠れなかった
184 □ the **concept** of time [kάnsept]	時間の**概念**
185 □ a large **sum** of money [sʌ́m]	多**額**のお金
186 □ be **superior** to others [supíəriər]	他の人**よりすぐれている**
187 □ **acquire** a language [əkwáiər]	言語**を習得する**
188 □ do no **harm** to anyone else [hάːrm]	他の誰にも**害**を与えない
189 □ **wrap** a birthday present [rǽp]	誕生日の贈り物**を包む**
190 □ **stretch** sheets out [strétʃ]	シーツ**を広げる**
191 □ **dispose** of the waste [dispóuz]	廃棄物を**処分する**
192 □ **boil** water [bɔ́il]	湯**を沸かす**
193 □ the Basketball **Association** [əsòusiéiʃən]	バスケットボール**協会**
194 □ a flight **attendant** [əténdənt]	旅客機の**客室乗務員**

01_15

195	standards for college **admission** [ædmíʃən]	大学**入学**の基準
196	in the **comfort** of your home [kʌ́mfərt]	自宅にいる**快適さ**で
197	**rush** into the hospital [rʌ́ʃ]	病院へ**急いで行く**
198	**alter** the schedule [ɔ́:ltər]	スケジュール**を変更する**
199	**arrange** the meeting [əréindʒ]	会議**の手はずを整える**
200	check the time of **departure** [dipá:rtʃər]	**出発**時刻を確認する
201	**educate** children [édʒukèit]	子ども**を教育する**
202	**dive** deep into the water [dáiv]	水中深く**潜る**
203	**adapt** to a new situation [ədǽpt]	新しい状況に**適応する**
204	**heal** his broken leg [hí:l]	彼の折れた足**を治す**
205	**criticize** him for being late [krítəsàiz]	遅刻したことで彼**を非難する**
206	a **mental** illness [méntl]	**精神の**病
207	**precisely** at noon [prisáisli]	**ちょうど**正午に
208	a 10,000-**volume** library [vá:lju:m]	蔵書１万**冊**の図書館

01_16

209	□ **sail** west from Spain [séil]	スペインから西に**船旅をする**
210	□ **trace** human history [tréis]	人類の歴史**をたどる**
211	□ a **widespread** flood [wáidsprèd]	**広範囲に及ぶ**洪水
212	□ **oppose** their marriage [əpóuz]	彼らの結婚**に反対する**
213	□ **advertise** a car [ǽdvərtàiz]	車**を宣伝する**
214	□ It is my **fault**. [fɔ́ːlt]	私が**悪い**のです
215	□ increase **rapidly** [rǽpidli]	**急速に**増える
216	□ a **minor** problem [máinər]	**小さい**問題
217	□ **engage** in volunteer activities [ingéidʒ]	ボランティア活動に**従事する**
218	□ look for a job **elsewhere** [élswèər]	**他のところで**仕事を探す
219	□ **temporary** loss of memory [témpərèri]	**一時的な**記憶喪失
220	□ during my **lifetime** [láiftàim]	私の**一生**の間に
221	□ reduce **depression** [dipréʃən]	**憂うつさ**を減らす
222	□ children's **aggressive** behavior [əgrésiv]	子どもの**攻撃的な**行動

01_17

No.	English	日本語
223	**Honey**, let's go out to eat. [hʌ́ni]	**あなた**，外食しましょう
224	a **former** president [fɔ́ːrmər]	**元**社長
225	go to the **principal**'s office [prínsəpəl]	**校長**室に行く
226	make a **contribution** to society [kɑ́ntrəbjúːʃən]	社会に**貢献**する
227	**tourism** industry [túərizm]	**観光**産業
228	the **entire** world [intáiər]	**全**世界
229	social **welfare** [wélfèər]	社会**福祉**
230	the **initial** reaction [iníʃəl]	**最初の**反応
231	be **steadily** increasing [stédəli]	**着実に**増えている
232	change **dramatically** [drəmǽtikəli]	**劇的に**変化する
233	The festival is held **annually**. [ǽnjuəli]	その祭りは**毎年**開催される
234	a **specific** individual [spəsífik]	**特定の**個人
235	the **outer** wall [áutər]	**外側の**壁
236	the **gap** between dream and reality [gǽp]	夢と現実の**差**

01_18

237	gain **popularity** among young people [pàpjəlǽrəti]	若者に**人気**を博す
238	a coupon **code** [kóud]	クーポン**コード［記号］**
239	begin with this **sentence** [séntəns]	この**文**で始める
240	a **truly** great writer [trú:li]	**本当に**偉大な作家
241	a **beneficial** effect [bènəfíʃəl]	**有益な**効果
242	**react** quickly to light [riǽkt]	光に素早く**反応する**
243	report a serious **incident** [ínsədənt]	深刻な**事件**を報告する
244	**precious** jewels [préʃəs]	**貴重な**宝石
245	**spill** milk from a cup [spíl]	カップからミルク**をこぼす**
246	**Basically**, I agree with you. [béisikəli]	**基本的に**あなたに賛成です
247	food **label** [léibəl]	食品**ラベル**
248	I have a **reservation** for two at six. [rèzərvéiʃən]	6時に2人の**予約**をしている
249	the **capacity** to learn [kəpǽsəti]	学習**能力**
250	travel **overseas** [òuvərsí:z]	**海外に**旅行する

01_19

251	**motivate** her to study harder [móutəvèit]	彼女にもっと勉強する**気にさせる**
252	grow **crops** [kráp]	**作物**を育てる
253	take a **glance** at the clock [glǽns]	時計を**ちら見**する
254	**apologize** to her for being late [əpálədʒàiz]	遅れたことを彼女に**謝る**
255	**translate** a novel into English [trǽnsleit]	小説を英語に**翻訳する**
256	a **witness** to the accident [wítnəs]	事故の**目撃者**
257	be **curious** about everything [kjúəriəs]	何にでも**好奇心を持つ**
258	the increased **ease** of air travel [íːz]	ますます空の旅が**容易**になったこと
259	a chocolate **manufacturer** [mæ̀njufǽktʃərər]	チョコレート**製造業者**
260	**invest** money in a business [invést]	ビジネスにお金**を投資する**
261	**convert** miles into kilometers [kənvə́ːrt]	マイルをキロメートルに**換算する**
262	a spelling **error** [érər]	スペルの**間違い**

4．大問別レベル設定と平均得点率

共通テスト英語リーディングの設問別の想定されるCEFRレベルは次の表のようになります。(CEFRはA1⇒A2⇒B1と，難度が高くなります。)

大問（配点）	CEFR レベル
第1問（10）	A1, A2
第2問（20）	A1, A2
第3問（15）	A1, A2
第4問（16）	B1
第5問（15）	B1
第6問（24）	B1

共通テスト英語リーディングの問題はおおむね設定されているCEFRのレベル通りの難易度になっていますので，前半のA1，A2レベルの第1〜3問は，後半に比べて正答率が高くなります。中には正答率が80%を超えるような問題も出ています。それに対して後半の問題の中には正答率がかなり低い問題も含まれています。小問別に見ると15%を切るような問題も珍しくありません。しかし，**難問を怖がる必要はありません**。

対策　簡単な問題を確実にgetしよう！

まずは**第1〜3問（45点）を確実にゲット**するのが，高得点へのファースト・ステップです。そのうえで，**残りの第4〜6問（55点）の半分を得点できれば，得点率は70%を超えられるのです**。

Tips!　前半は確実にゲット，後半は半分取れたら上出来！

前半で確実に得点をとるには，前半の問題に時間をしっかり割くことです。カンタンだから，とサッサと済まして間違える，というのが最悪です。難しい問題に時間をかけるより，成果を上げられる問題に時間をかけてください。正答率が40%以下の設問を全部間違えても，他の設問をしっかり解ければ得点率は80%ぐらいになるはずです。

PART 2 問題別攻略法

I. 通知・メッセージ・ウェブサイトの告知など

【例題－1 A】総語数約 250 語

3分

A You are waiting in line for a walking tour of a castle and are asked to test a new device. You receive the following instructions from the staff.

Audio Guide Testing
for the Westville Castle Walking Tour

Thank you for helping us test our new audio guide. We hope you will enjoy your experience here at Westville Castle.

How to use

When you put the device on your ear, it will turn on. As you walk around the castle, detailed explanations will automatically play as you enter each room. If you want to pause an explanation, tap the button on the earpiece once. The device is programmed to answer questions about the rooms. If you want to ask a question, tap the button twice and whisper. The microphone will pick up your voice and you will hear the answer.

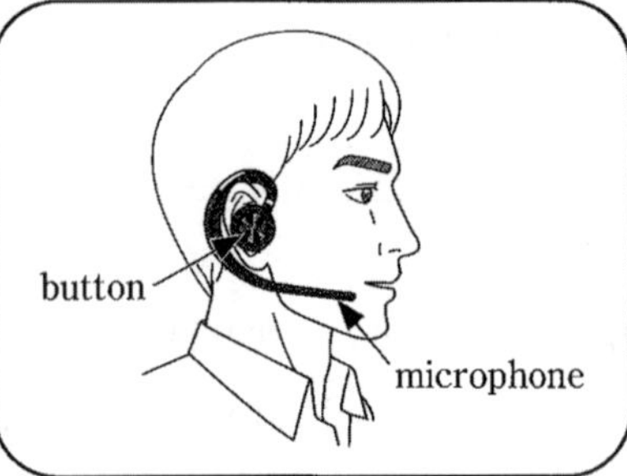

Before you leave

Drop the device off at the collection desk to the left of the exit, then fill in a brief questionnaire, and hand it to the staff. In return, you will receive a discount coupon to use at the castle's souvenir shop.

問1　The device is most likely to be able to answer questions about the [1].

① interiors of the castle
② length of the walking tour
③ mechanism of the device
④ prices at the souvenir shop

問2　To get the coupon, you must [2].

① ask the staff a question about the device
② give some feedback about the device
③ leave through the exit on the left
④ submit your completed audio guide test

(2023年追試験　第1問A)

PART 2

Tips! 設定の文は必ず読もう！

最初の設定をしっかり頭に入れておこう。なぜならこの設定に基づいて，必要な情報を読み取ることになるからだ。

語句

- □ device「機器」
- □ instruction「指示」
- □ explanation「説明」
- □ whisper「ささやく」
- □ questionnaire「アンケート，質問票」
- □ souvenir「おみやげ」
- □ following「次の」
- □ detailed「詳細な」
- □ earpiece「イヤホン」
- □ drop「～を返却する」
- □ in return「お返しに」

解答

問1 [1]－① 問2 [2]－②

全訳

あなたはある城のウォーキングツアーに並んで待っていて，新しい機器を試験するよう頼まれる。あなたは次のような指示をスタッフから受け取る。

ウエストビル城のウォーキングツアーのオーディオガイドの試験

私たちの新しいオーディオガイドの試験にご助力いただきありがとうございます。ここウエストビル城での体験を楽しんでいただけますよう願っております。

使い方

この機器を耳に付けますと，オンになります。城を歩いて回り，それぞれの部屋に入る時に，詳細な説明が自動的に流れます。もし説明を止めたければ，イヤホンのボタンを1度押してください。この機器は部屋に関する質問に答えるようにプログラムされています。もし質問したければ，ボタンを2度押してささやいてください。マイクロフォンがあなたの声を拾い，答えが流れます。

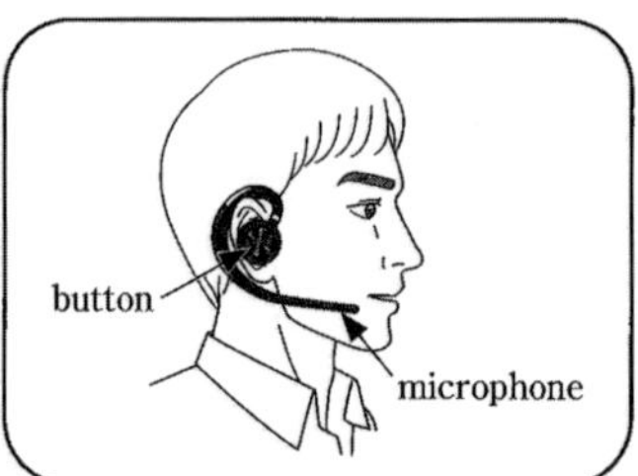

退場する前に

出口左にある回収デスクにこの機器を返却し，短いアンケートに記入して，スタッフに手渡してください。お返しに，この城のおみやげ店で使える割引券を受け取れます。

設問解説

問1　「この機器はおそらくは［ 1 ］に関する質問に答えることができる」

① 城のインテリア
② ウォーキングツアーの長さ
③ 機器の仕組み
④ おみやげ店での価格

正解は①。本文の How to use「使い方」の第4文に「この機器は部屋に関する質問に答えるようにプログラムされています」とある。部屋に関する質問だから①が正解。

他の選択肢はすべて城の部屋に関する質問ではないので，不適切。

問2　「割引券をもらうには，［ 2 ］なければならない」

① この機器についてスタッフに質問をし
② この機器についてフィードバックをし
③ 左側の出口から出
④ 完成したオーディオガイド試験を提出し

正解は②。本文の Before you leave「退場する前に」を参照。短いアンケートに記入して手渡せば割引券がもらえる，とあるので②が正解。そもそも，この機器を試験する目的でこのような指示が与えられている，という設定を確認しておくことが重要だ。

【例題－１Ｂ】総語数約 330 語

4分

B You are a senior high school student and thinking about studying abroad. You find an advertisement for an online event where you can learn about studying and working in the US.

Online Study Abroad and Career Information Sessions 2022

The American Students' Network is planning three Virtual Sessions.

Session Date/Time*	Details
Study: Senior High School (for junior and senior high school students)	
Virtual Session 1 July 31 3 p.m. – 5 p.m.	What is it like to study at an American senior high school? ➢ Classes, homework, and grades ➢ After-school activities and sports ☆ You will hear from students all over the US. Take a chance to ask questions!
Study: University (for senior high school students)	
Virtual Session 2 August 8 9 a.m. – 12 p.m.	What can you expect while studying at a university in the US? ➢ Advice for succeeding in classes ➢ Campus life and student associations ☆ Listen to a famous professor's live talk. Feel free to ask questions!
Work: Careers (for senior high school and university students)	
Virtual Session 3 August 12 1 p.m. – 4 p.m.	How do you find a job in the US? ➢ Job hunting and how to write a résumé ➢ Meet a wide range of professionals including a flight attendant, a chef, an actor, and many more! ☆ Ask questions about their jobs and work visas.

*Central Standard Time (CST)

Click here to register by July 29, 2022. → **Session Registration**

Please provide your full name, date of birth, email address, name of your school, and indicate the virtual session(s) you're interested in.

問1　On which day can you listen to a lecture? 3

① July 29
② July 31
③ August 8
④ August 12

問2　You should attend Sessions 1 and 2 to 4 .

① find out about application procedures
② get information about studying in the US
③ share your study abroad experiences
④ talk to people with different jobs

問3　To register for any of these virtual sessions, you need to supply 5 .

① questions you have
② your birthday
③ your choice of career
④ your home address

(2022 年追試験　第 1 問 B)

語句

- □ session「会議，説明会，セッション」
- □ grade「成績」
- □ take a chance to V「思いきって V する」
- □ association「団体，協会，組織」
- □ feel free to V「気楽に V する」
- □ job hunting「求職活動」
- □ résumé「履歴書」
- □ a wide range of A「広範囲の A」
- □ including A「A を含めて」
- □ register「登録する」
- □ registration「登録」
- □ indicate「～を示す」

解答

問1 [3]－③　問2 [4]－②　問3 [5]－②

全訳

あなたは高校生で，留学することを検討している。アメリカでの学業，就労について学べるオンラインイベントの広告を見つける。

留学および就労情報のオンライン説明会 2022

アメリカン・スチューデント・ネットワークは3つのバーチャル説明会を計画しています。

説明会　日時 *	詳細
学業：高校（中学生及び高校生対象）	
バーチャル説明会 1 7月 31 日 午後3時－午後5時	アメリカの高校で学ぶというのはどのようなものか？ ➢　授業，宿題と成績 ➢　放課後活動とスポーツ ☆アメリカ中の生徒たちから話を聞くことになります。思い切って質問してみよう！
学業：大学（高校生対象）	
バーチャル説明会 2 8月8日 午前9時－正午	アメリカの大学で学びながらどんなことが期待できるか？ ➢　授業で成功するためのアドバイス ➢　キャンパスライフと学生団体 ☆有名な教授のライブトークを聴く。自由に質問して！
仕事：キャリア（高校生及び大学生対象）	
バーチャル説明会 3 8月 12 日 午後1時－午後4時	アメリカでどうすれば仕事が見つかるか？ ➢　求職活動と履歴書の書き方 ➢　幅広い職業人に出会う。客室乗務員，シェフ，俳優，など。 ☆彼らの仕事や就労ビザについて質問しよう。

*Central Standard Time（CST）

登録は 2022 年7月 29 日までにここをクリック→ **説明会登録**

フルネーム，生年月日，メールアドレス，学校名を入力して，興味のあるバーチャル説明会をお知らせください。

設問解説

問1　「どの日に講演を聴くことができるか」 3

① 7月29日
② 7月31日
③ 8月8日
④ 8月12日

正解は③。lecture「講演」に相当するのは，説明会2の有名教授のライブトークだけであり，この開催日は8月8日である。

① 7月29日は説明会登録の期限日。② 7月31日は説明会1の開催日だが，この日には高校生の話があるだけでlecture「講演」はない。④ 8月12日は説明会3の開催日で，この日にはさまざまな職業人に会えるがやはりlecture「講演」はない。

問2　「 4 ためにはあなたは説明会1と2に出席すべきである」

① 申請手続きについて知る
② アメリカ留学についての情報を知る
③ あなたの留学体験を共有する
④ さまざまな職業人と話す

正解は②。設問文は ... to 4 . となっており，目的を表す不定詞を選ばせる問題であることをまず見抜こう。説明会1はアメリカの高校，説明会2はアメリカの大学で学ぶことを志望している学生対象のものなので，説明会1と2の両方に出席するのにふさわしい目的としては，②の「アメリカ留学についての情報を知る」がふさわしい。「アメリカ留学」には高校および大学が含まれると考えればよいし，最初の，**留学目的という設定にも合致**している。

もう一度確認しておこう。設定の最初の1文には次のように書かれている。

You are a senior high school student and thinking about studying abroad.

（あなたは高校生で，**留学することを検討**している）

あくまでも留学目的というつもりで設問を読んでいれば，②は正解だとわかる。反対に，③，④は少しずれているように思えるはずだ。

なお，説明会1と2では①にある「申請手続き」についての説明はなく，アメリカ到着後の学生生活についての説明が行われることが読み取れる。さらには，求職申請に必要な履歴書の書き方の説明が行われるのは説明会3である。したがって①は不適当。説明会1では全米の学生の話を聞くことができるが，それは留学体験ではなくてアメリカでの学生生活に関するものである。さらには，「あなた」はまだ留学体験をしていな

いので ③ も不適当。さまざまな職業人と話ができるのは説明会1と2ではなく3なので，④ も不適当。

Tips!　**設定の文は必ず読もう！**

最初の設定をしっかり頭に入れておこう。なぜならこの設定に基づいて，必要な情報を読み取ることになるからだ。

問3　「これらのバーチャル説明会のどれに登録するにも，[5] を提供する必要がある」

① したい質問
② 生年月日
③ 選択したい職業
④ 自宅の住所

正解は ②。一番下にある説明会参加登録の説明には，「フルネーム，**生年月日**，メールアドレス，学校名」を入力し，「興味を持っているバーチャル説明会」を知らせることが求められている。

自由に質問できるのは説明会の時なので ① は不適当。③ は志望する職業については入力を求められていない。また，入力を求められているのはメールアドレスであって，自宅の住所ではないので ④ も不適当。

【練習問題 1 A－1】★

別冊解説 p.2

A You are studying in the US, and as an afternoon activity you're thinking of taking a photography course.

Welcome to Oscar's School of Photography

Oscar's School of Photography is simply the best photography school. We hold special courses that anyone can join.

- You can take any course you like. Please reserve at least three days in advance and receive a 10% discount!
- We stop accepting applications when the number of applicants reaches the enrollment limit.
- You can rent a digital camera for $10 per lesson. Please inform us when you make a reservation for the lesson.

Phone: 0999-54-xxxx
email: oscarphoto@kmail.example.com

Course A (3 lessons)
$150 ($50 per lesson)
This course is for beginners. You can learn how to take photos with a digital camera.

Course B (4 lessons)
$220 ($55 per lesson)
You can learn how to use a film camera and how to develop film at home.

<table>
<tr>
<td>
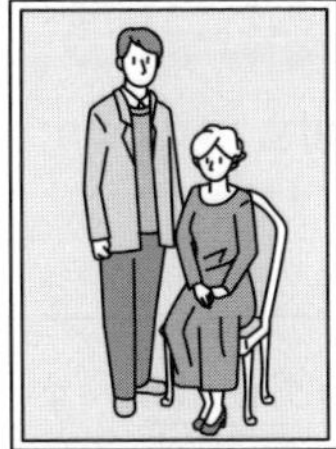

Course C (5 lessons)
$250 ($50 per lesson)
This is an intermediate course for people who want to learn the basics of portrait photography.
</td>
<td>
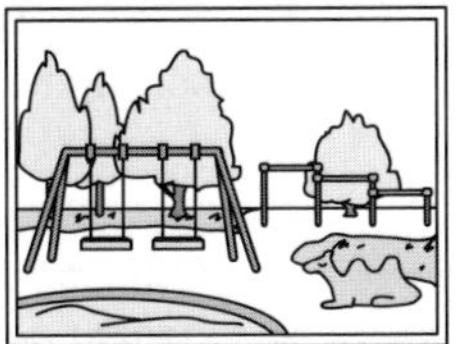

Course D (5 lessons)
$300 ($60 per lesson)
This is an advanced course for people who want to learn landscape photography.
</td>
</tr>
</table>

問1　If you want to learn landscape photography and reserve the course five days in advance, it will cost you [1] in total to complete it.

① $225
② $270
③ $275
④ $300

問2　What is true about Oscar's School of Photography? [2]

① One of the courses is for people who have learned photography for a year.
② The cheapest course per lesson is Course B.
③ You can rent a digital camera at the school.
④ You can reserve any lesson you like if you call the school three days before the lesson.

解答時間	分

【練習問題１Ｂ－１】★★

別冊解説 p.4

B When you were looking for a volunteer opportunity, you found an interesting web page.

We Need Volunteer Guides in English

One of the most popular sightseeing places in our city is the Old Town area. As there are many photogenic buildings and nice pictures of them are posted on Social Networking Service (SNS), the number of the visitors, especially those from overseas, is growing recently. Now we need volunteer guides who can speak English so that the foreign visitors can enjoy our city.

To apply to be a volunteer guide, one must;

- be over 16 years old;
- have sufficient English skill (intermediate level);
- be available to work as a guide at least four days a month.

We will conduct interviews from June 6 to 9 in the City Hall. During the interviews, some questions will be asked in English. Please attend the meeting on June 20 in order to learn about the Old Town and the work of a volunteer guide.

> If you want to learn more about the Old Town, you can attend a free lecture. Prof. Hayashi, an expert in local history at the City University, will give a lecture to help guides understand local history and the Old Town. The lecture will be on July 4.

If interested, please complete the application form here and send it online.

問 1　The purpose of this web page is to find people who can [3].

① give the visitors a lecture in Japanese
② guide foreign visitors around the Old Town in English
③ help foreigners living in the Old Town
④ take nice pictures and post them on SNS

問 2　According to the information on the web page, people who want to be volunteer guides must [4].

① be an expert in the local history
② be high school or university graduates
③ understand everyday conversation in English
④ work more than four days a week in the Old Town

問 3　When people apply to become the volunteer guides, they have to [5].

① call Prof. Hayashi at the university
② fill in the application and send it online
③ fill in the application and take it to Prof. Hayashi
④ write about the city and post it on SNS

解答時間	分

【練習問題１A－２】★

別冊解説 p.7

A You are a seventeen-year-old high school student and are searching for an activity you can take part in with your brother and sister. You find this page on the Natural History Museum's web site.

Group Overnight Adventure

Join the Natural History Museum's
Overnight Adventure Sleepover Program
Explore our collections at **NIGHT**!!

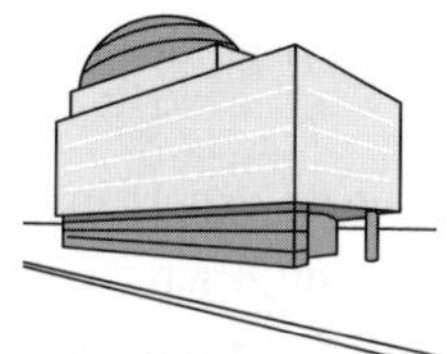

This program is designed for families or groups with at least one adult to every six children.
All participants in the Overnight Adventure must be at least three years old.
For more information, click **HERE**.

Prices

- Adults: $45
- Ages 15 – 19: $35
- Ages 3 – 14: $25

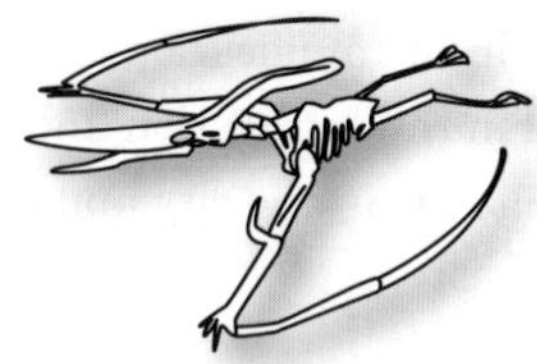

What is included

- light snack during the night portion of the program
- Museum patches for all participants
- 3 educational activities at night led by Museum educators
- light breakfast in the morning
- admission into the museum all day

問1　If you participate in the program, it is probably a good idea to [1].

① bring light snack for the night
② bring something to eat for breakfast
③ have dinner before the adventure
④ skip dinner before the adventure

問2　This program cannot be recommended for a group [2].

① of one parent and seven children
② with a 3-year-old boy
③ with no car
④ with no children

解答時間	分

【練習問題１B－2】★★

別冊解説 p.9

B You noticed an exciting class on your culture center's website when you were searching for some classes to take.

Rodoku (Reading Aloud) in English

Improve your reading, speaking, and listening!

You understand what you hear better after you speak a lot in English. So why not improve your listening ability by speaking a lot — by reading aloud? This class is for those who have no experience of English *rodoku*. During five days of training between March 22 and 27 (the building will be closed on the 26th for maintenance), you will learn the basic skills needed for reading passages aloud in order to make yourself easily understood by listeners. At the same time, you will also develop your ability to understand what you are reading.

You will read various types of passages: opinions, stories, essays, articles, etc. A dictionary will be needed to check the pronunciation of words. You don't have to speak fluent English, as reading aloud is very different from speaking English fluently.

SCHEDULE

First Day	Fundamentals of *rodoku* in English (You will learn the essential skills and practice using them.)
Second and Third Day	Reading of various types of passages with help from the teacher (You will develop your skills further by reading different passages aloud.)
Fourth Day	Preparation for class reading (You will choose a passage for reading, and practice in groups.)

Fifth Day	Class reading and discussion (Each reading will be recorded and then discussed while listening to the recording.)

- You can *only* record your own reading. Recording the lectures, or any activities of other class members, is NOT *allowed*.
- The lectures and the discussion will mainly be in Japanese.

For further information, click **here**.
(DEADLINE: 11:00 a.m. March 20)

問1　The purpose of this page is to explain to people looking for information on the website [3].

① how to read articles written in English better
② how to register for and take the *rodoku* class
③ how useful reading aloud is for understanding English
④ what *rodoku* is and the aims of the class

問2　During this class, the students will [4].

① be required to pronounce words and phrases easily and correctly
② become able to read various types of passages better and more quickly
③ give a presentation on how to read and talk better in English
④ read many passages and listen to others' readings

問3　According to the website, [5].

① both English and Japanese will be used
② classes will be held on six days
③ students are allowed to record lectures
④ the center will be closed on Sunday for maintenance

解答時間　　分

【練習問題１ A－３】★

別冊解説 p.13

A　You heard that your friend Miranda just returned from her first journey to London. You sent a text message to her cellphone.

Good Morning!
Have you come back to Japan?
Oh, hi!
Yes, I'm back in Tokyo right now but I'm still suffering from jet lag.
I know how it is.
But you did enjoy your trip, didn't you?
Of course! Everything was so exciting!
I really had a good time.
I'm glad to hear that.
If you are free, why don't we catch up over a coffee?
2

問1　What do you think is Miranda's main feeling right now? 1

① She feels excited about everything.
② She must be pretty good.
③ She must be sleepy.
④ She must feel free.

問2　How will you reply to Miranda's last message? 2

① Because I didn't want to go to London.
② Because I'm planning to go to Milan now.
③ Sounds great. How about J's cafe?
④ Yes. I really want to catch the new coffee trend.

解答時間	分

【練習問題１B－３】★★

別冊解説 p.15

B You are planning to take a trip from Tokyo to Boston with your sister and parents this March. You are looking at a flight schedule of the airline you want to take.

Tokyo to Boston Flight Time & Flights Info

Flight	Departure/ Arrival City	Dep./Arr. Date	Dep./Arr. Time	Seat Availability		Notes
				Business Class	Economy Class	
JP008	Tokyo/ Boston	Mar. 15 Mar. 15	11:15 11:10	×	3	📶
JP010	Tokyo/ Boston	Mar. 15 Mar. 15	19:15 19:10	○	9	
JP012	Tokyo/ Boston	Mar. 16 Mar. 16	11:15 11:10	×	2	📶 Ⓔ
JP014	Tokyo/ Boston	Mar. 16 Mar. 16	19:15 19:10	8	○	📶 Ⓔ

Explanations of symbols

○ : 10 or more seats available　　1-9 : Number of available seats

× : No seats　　📶 : Wi-Fi is available at each seat.

Ⓔ : An electrical outlet is available at each seat.

Flight Time: 12 hours 55 minutes

Direct Flight Price: Business Class US$2,514 ／ Economy Class US$1,199

Important notice:

- ▶ For baggage that exceeds the free baggage allowance, an excess baggage charge will be applied.
- ▶ Please switch off electronic devices in your checked baggage.
- ▶ Passengers should take care that fragile items such as musical instruments, sports gear (golf clubs, surfboards, bicycles, etc.), pottery, glass products, and bottled alcohol are properly and securely packed for transport.
- ▶ We accept responsibility for damage to baggage, unless the damage has resulted from the quality or flaw in the baggage.
- ▶ For more details, please click **Checked Baggage**.

問1　If you travel with your family from Tokyo to Boston on March 15 or 16, you can take [3].

① JP008 and JP010
② JP010 and JP012
③ JP010 and JP014
④ JP012 and JP014

問2　If you take JP010, you [4].

① can connect your devices to the Wi-Fi network
② can use an electric outlet at your seat
③ will arrive at Boston at around seven p.m.
④ will leave your family behind

問3　What is true about the flight schedule and the notice? [5]

① If you need a power supply for electric devices, you should take JP008.
② The airline does not pay damages for passengers' baggage if it is damaged during the flight.
③ You can put glass products in your checked baggage if they are properly packed.
④ Your electric devices should not be packed in your checked baggage.

解答時間	分

Ⅱ．ウェブサイトのコメントなど

1）複数の視点に注意！

1つの問題の中に複数の人の異なる意見や，複数の視点が存在するのも，共通テスト英語リーディングの特徴の1つです。

第2問（配点　20）

A　You are a member of the cooking club at school, and you want to make something different. On a website, you found a recipe for a dish that looks good.

EASY OVEN RECIPES

Here is one of the top 10 oven-baked dishes as rated on our website. You will find this dish healthy and satisfying.

Meat and Potato Pie

Ingredients (serves about 4)

A	1 onion	2 carrots	500g minced beef
	× 2 flour	× 1 tomato paste	× 1 Worcestershire sauce
	× 1 vegetable oil	× 2 soup stock	salt & pepper
B	3 boiled potatoes	40g butter	
C	sliced cheese		

Instructions

Step 1: Make A

1. Cut the vegetables into small pieces, heat the oil, and cook for 5 minutes.
2. Add the meat and cook until it changes color.
3. Add the flour and stir for 2 minutes.
4. Add the soup stock, Worcestershire sauce, and tomato paste. Cook for about 30 minutes.
5. Season with salt and pepper.

Step 2: Make B

1. Meanwhile, cut the potatoes into thin slices.
2. Heat the pan and melt the butter. Add the potatoes and cook for 3 minutes.

ココに複数の人のコメントがある！

Enjoy!

2. Put A into a baking dish, cover it with B, and top with C.
3. Bake for 10 minutes. Serve hot.

REVIEW & COMMENTS

cooking@master　*January 15, 2018 at 15:14*

This is really delicious! Perfect on a snowy day.

Seaside Kitchen　*February 3, 2018 at 10:03*

My children love this dish. It's not at all difficult to make, and I have made it so many times for my kids.

（2018年　プレテスト）

Tips! 複数のコメント，複数の視点に注意！

2）事実か意見か，それが問題だ！

第２問では次のように事実と意見を区別させる設問が登場しました。

問４　According to the website, one **fact** (not an opinion) about this recipe is that it is [9].

① highly ranked on the website
② made for vegetarians
③ perfect for taking to parties
④ very delicious

訳　問４「このウェブサイトによると，このレシピに関する（意見ではなく）事実はそれが [9] ということだ」

① ウェブサイトで高く評価されている
② 菜食主義者のために作られている
③ パーティーに持って行くのに最適である　⇐意見
④ とてもおいしい　⇐意見

正解は①ですが，③ perfect や④ delicious は人によって判断が異なるだろうと考えられますから，どんな本文であろうと，読まなくても意見だろうと推察ができ，避けることができます。

もう１問見てみましょう。

問5 According to the website, one **opinion** (not a fact) about this recipe is that [10].

① a parent made this dish many times
② it is easy to cook
③ it is fun to cook with friends
④ the recipe was created by a famous cook

訳 **問5** 「このウェブサイトによると，このレシピに関する（事実ではなく）意見は [10] ということだ」

① ある親が何度もこの料理を作った　⇐事実
② 調理しやすい
③ 友人と作ると楽しい
④ このレシピはある有名な料理人によって創られた　⇐事実

リードの部分は現在時制なのに①と④が**過去時制**になっているのに注意しよう。これは過去の**事実**を述べているので，過去時制にせざるを得なかったのだろう。だとすると，②か③の現在時制の方が意見として選べそうだ（正解は②)。

Tips! **事実と意見の違いを見極めよう！**

【例題－２A】総語数約 450 語

5分

A You are planning to go hiking on next weekend and are looking for a place to go. On a website, you find nice hiking trails near the town you live in.

Come and Enjoy the Nature on Mt. White!

Mt. White offers wonderful hiking trails. Every year, a lot of people enjoy hiking here. You can choose one of the two different hiking trails: Trail A or Trail B.

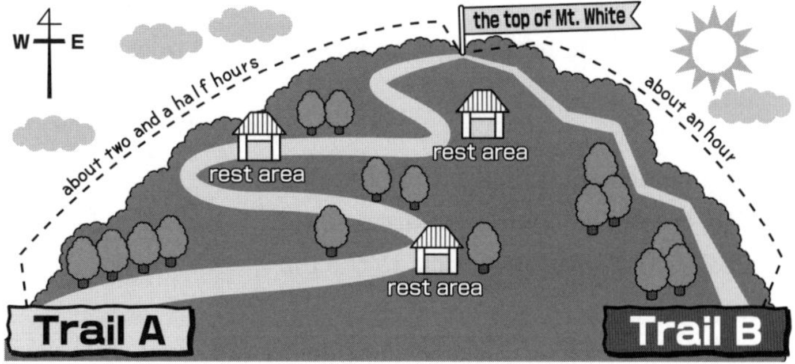

Trail A

- about two and a half hours to the summit
- west side of the mountain
- gentle slopes
- many rest areas along the trail

Trail B

- about an hour to the summit
- east side of the mountain
- some steep slopes
- some narrow trails

Both trails end at the top of Mt. White. One can enjoy a stunning view, weather permitting.

CAUTION:
In order to protect the environment of Mt. White, do not feed the wild animals, do not take anything away from the mountain, or do not use any products causing fire.
In addition, pack out your garbage with you.

COMMENTS:

worldwidehiker *May 10, at 9:33*

I have hiked here many times. When it is sunny, the view from the top is amazing. If you haven't been there, I really recommend that you go!

hikingfan *June 21, at 20:12*

I am a beginner but I tried Trail B for my fifth hike. To be honest, it was too hard for me. If you are a beginner, I think you should choose Trail A. I want to try Trail A next time.

問1 When you go hiking for the first time, you should take [1].

① Trail A, which has gentle slopes
② Trail A, which is located in the east side
③ Trail B, which has more rest areas
④ Trail B, which needs less time to the top

問2 If you decide to go to Mt. White and take Trail B, you will [2].

① go through narrow paths
② not see wild animals
③ take more than two hours
④ walk in the west side

問3 While you enjoy hiking on Mt. White, you should [3].

① cook with fire yourself
② give some food to animals
③ pack out your garbage
④ pick up some flowers

問4　According to the website, one **fact** (not an opinion) about these hiking trails is that Mt. White is [4].

① highly recommended
② the best trail in this area
③ very popular among hikers
④ visited by many people

問5　According to the website, one **opinion** (not a fact) about these hiking trails is that [5].

① narrow trails in Trail B are easy to walk
② the nature of Trail A is good
③ Trail A is better for everyone
④ Trail B is too tough for beginners

語句

□ go hiking「ハイキングに行く」
□ hiking trail「ハイキングコース」
□ offer「～を提供する」
□ summit「頂上」
□ gentle「ゆるやかな」
□ slope「坂」
□ rest area「休憩所」
□ along「…に沿って」
□ steep「急な」
□ narrow「狭い」
□ stunning「すばらしい，とても美しい」
□ weather permitting「天気がよければ」
□ caution「注意」
□ feed「～にエサを与える」
□ wild animal「野生動物」
□ product「製品」
□ cause「～を引き起こす」
□ fire「火災，火事」
□ pack A out「Aを持ち帰る」
□ garbage「ごみ」
□ amazing「すばらしい」
□ recommend「おすすめする」
□ beginner「初心者」
□ to be honest「正直に言うと」

解答

問1 [1]－① 問2 [2]－① 問3 [3]－③
問4 [4]－④ 問5 [5]－④

全訳

あなたは次の週末にハイキングに行く予定で，行く場所を探している。ウェブサイトで，あなたが住む町の近くにあるいいハイキングコースを見つける。

ホワイト山の自然を楽しみに来てください！

ホワイト山にはすばらしいハイキングコースがあります。毎年多くの人がここでハイキングを楽しみます。2つの異なるハイキングコースのうち1つを選ぶことができます。コースAとコースBです。

コースA

- 頂上まで約2時間半
- 山の西側
- ゆるやかな坂
- コース沿いに多数の休憩所

コースB

- 頂上まで約1時間
- 山の東側
- いくつかの急な坂
- いくつかの狭い道

どちらのコースもホワイト山山頂につながっています。天気がよければ，すばらしい景色を楽しむことができます。

注意：
ホワイト山の環境を守るため，野生動物にエサを与えないこと，山から何も持ち帰らないこと，火災の原因となる製品を使わないこと。
また，ごみは持ち帰ってください。

コメント：

ワールドワイドハイカー　　*5月10日　9:33*

ここで何度もハイキングをしています。天気がいいとき，頂上からの眺めはすばらしいですよ。もしここにまだ行っていないなら，行くことを本当におすすめします！

ハイキングファン　　*6月21日　20:12*

私は初心者だけれど，5回目のハイキングでコースBに挑戦しました。正直に言うと，私には難しすぎました。もしあなたが初心者なら，コースAを選ぶべきだと私は思います。次は私はコースAに挑戦したいです。

設問解説

問1　「初めてハイキングに行くとき，あなたは［ 1 ］に行くべきだ」

① ゆるやかな坂のあるコースA
② 東側にあるコースA
③ 休憩所がより多いコースB
④ 頂上まで必要な時間が短いコースB

正解は①。最後のコメントを見ると，コースAが初心者向けだと考えられる。

「東側」にあるのはコースBで，「多数の休憩所」があるのはコースAなので②と③は誤り。②の be located in〈場所〉は「〈場所〉にある」という意味。④は「頂上まで必要な時間が短い」のはコースBではあるが，急な坂や狭い道があることや「ハイキングファン」のコメントから，初心者向けではないと判断できる。

問2　「ホワイト山に行きコースBを登ると決めたら，あなたは［ 2 ］だろう」

① 狭い道を通る
② 野生動物を見ない
③ 2時間以上かかる
④ 西側を歩く

正解は①。Trail Bの下にコースBの特徴が4つ挙げられており，その4つめに some narrow trails とある。

「頂上まで約1時間」「山の東側」とあるので③と④は誤りだとわかる。また「注意」の項目で「野生動物にエサを与えないこと」とあり，コースを問わず野生動物に会う可能性があると考えられるので②は不適当。

問3　「ホワイト山であなたがハイキングを楽しんでいる間，あなたは [3] なくてはならない」

① 自分自身で火を使って料理し
② 動物に食べ物を与え
③ ごみを持ち帰ら
④ 花を摘ま

正解は③。CAUTION「注意」の項目の最後に pack out your garbage with you「ごみは持ち帰ってください」とあるので③が正解。

①は「火災の原因となる製品を使わない」に反し，②は「野生動物にエサを与えない」に反する。また④は「山から何も持ち帰らない」に反するため不適当。

問4　「ウェブサイトに基づいて考えると，これらのハイキングコースに関する**事実**（意見でなく）はホワイト山が [4] ということである」

① 非常におすすめである
② この地域で一番よいコースである
③ ハイキングをする人の間では非常に人気がある
④ 多くの人により訪れられている

正解は④。第1段落第2文から，毎年多くの人がこのハイキングコースを訪れているのがわかる。

①は事実ではなくコメントを書いた人の意見。②の「一番よい」や③の「非常に人気がある」も本文中にそのような記載がない。

問5　「ウェブサイトに基づいて考えると，これらのハイキングコースに関する**意見**（事実でなく）は [5] ということである」

① コースBの狭い道は歩きやすい
② コースAの自然はよい
③ コースAの方がすべての人によりよい
④ コースBは初心者には難しすぎる

正解は④。意見はコメント欄に書かれているのでそこを読む。初心者である「ハイキングファン」からのコメントに「難しすぎた」と書かれているので④が正解とわかる。

①～③は該当するコメントがなく，また③は，コースAは初心者用なのでコースBの方がよいと思う上級者もいる可能性があるので，やはり不適当。

【例題−2B】総語数約 410 語

5分

B Your English teacher has given you this article to read to prepare for a class debate.

When I was in elementary school, my favorite time at school was when I talked and ran around with my friends during recess, the long break after lunch. Recently, I learned that some elementary schools in the US have changed the timing of recess to before lunch. In 2001, less than 5% of elementary schools had recess before lunch. By 2012, more than one-third of schools had changed to this new system. Surveys were conducted to find out more about this change. Here are the results.

It's good to have recess before lunch because:

- Students get hungrier and want to eat.
- Students don't rush meals to play outside after lunch.
- Students are calmer and focus better in the afternoon.
- Less food is wasted.
- Fewer students say they have headaches or stomachaches.
- Fewer students visit the school nurse.

However, there are some challenges to having recess before lunch:

- Students may forget to wash their hands before eating.
- Students may get too hungry as lunch time is later.
- Schools will have to change their timetables.
- Teachers and staff will have to alter their schedules.

This is an interesting idea and more schools need to consider it. As a child, I remember being very hungry before lunch. You might say having lunch later is not practical. However, some say schools can offer a small healthy morning snack. Having food more often is better for students' health, too. What about washing hands? Well, why not make it part of the schedule?

問1 Which question are you debating? In schools, should [6]?

① break be made shorter
② food waste be reduced
③ lunches be made healthier
④ recess be rescheduled

問2 One advantage of having recess before lunch is: Students [7].

① do not need morning snacks
② have a longer break
③ study more peacefully
④ wash their hands better

問3 One concern with having recess before lunch is: [8].

① Schools may need more school nurses
② Schools may need to make new schedules
③ Students may spend more time inside
④ Students may waste more food

問4 Which of the following problems could be solved by the author's suggestion? [9]

① School schedules will need changing.
② School staff will have to eat later.
③ Students will be less likely to wash their hands.
④ Students will leave their lunch uneaten.

問5　In the author's opinion, more schools should help students [10].

① adopt better eating habits
② enjoy eating lunch earlier
③ not visit the school nurse
④ not worry about changes in the timetable

（2022 年　追試験）

語句

□ article「記事」
□ elementary school「小学校」
□ break「休憩，休み」
□ one-third「３分の１」
□ conduct「～を行う」
□ result「結果」
□ focus「集中する」
□ headache「頭痛」
□ school nurse「養護教諭」
□ alter「～を変える」
□ offer「～を提供する」
□ debate「討論，議論」
□ recess「休憩，休み」
□ recently「最近」
□ survey「調査」
□ find out ～「～をわかる，知る」
□ rush「～をあわてて行う」
□ waste「～を浪費する」
□ stomachache「胃痛，腹痛」
□ challenge「難問」
□ practical「現実的な，実用的な」

解答

問1 [6]－④　問2 [7]－③　問3 [8]－②
問4 [9]－③　問5 [10]－①

全訳

あなたは英語の先生から，授業のディベートの準備をするために読むようこの記事を与えられた。

私が小学生だった時，学校で一番好きな時間は昼食後の長い休憩，休み時間に友達と話をしたり，走り回ったりする時間だった。最近，アメリカの小学校の中には，休み時間を昼食前に変えた学校があるということを知った。2001年には，昼食前に休み時間をとる小学校は5％未満だった。2012年までには，3分の1以上の学校がこの新しいシステムに変更した。この変更に関してさらに調べるために調査が行われた。結果は以下の通りである。

昼食前に休み時間をとるのがよい理由：

- 生徒はより空腹になり，食欲がわく。
- 生徒は昼食後に外で遊ぶためにあわてて食べることがない。
- 生徒は午後により落ち着き，より集中する。
- 食べ残しが減る。
- 頭痛や腹痛を訴える生徒が減る。
- 養護教諭を訪れる生徒が減る。

しかしながら，昼食前に休み時間をとることにはいくつか課題がある：

- 生徒たちは昼食前に手を洗うのを忘れるかもしれない。
- 昼食時間が遅くなるので生徒が空腹になりすぎるかもしれない。
- 学校は時間割を変更しなければならないだろう。
- 教員や職員はスケジュールを変更することになりそうだ。

これは興味深いアイディアで，もっと多くの学校が検討する必要がある。子どもの頃，私は昼食前に非常に空腹だったことを覚えている。昼食を遅らせることは現実的ではないと言う人もいるかもしれない。しかし，学校がちょっとした健康に良い朝の軽食を提供することもできると言う人もいる。より頻繁に食べることは生徒の健康にも良い。手を洗うことについてはどうだろうか？　それをスケジュールに組み入れてはどうだろうか。

設問解説

問1　「あなたがディベートで議論するのはどの質問についてか。学校では［ 6 ］べきか」

① 休みをもっと短くする
② 食べ残しを減らす
③ 昼食をもっと健康に良いものにする
④ 休み時間のスケジュールを変更する

正解は④。本文全体の構成を考えよう。第１段落第２文で，「最近，アメリカの小学校の中には，休み時間を昼食前に変えた学校がある」と述べられており，これが「トピック・センテンス」であり，この設問の該当箇所となる。ディベートのテーマは，休み時間をとるのは昼食前にすべきか，昼食後にすべきかということだとわかる。本文には have changed the timing of recess「休み時間のタイミング［とり方］を変えた」と書かれているが，正解④では(should) recess be rescheduled?「休み時間のスケジュールは変更されるべきか」と受動態にして本文にない reschedule という単語を使っていることに注意したい。

①に関しては本文で述べられていない。②は休み時間を昼食前にすることの利点の１つとして挙げられているだけで，食べ残しは全体のトピック ではない。③に関しては，学校が健康に良い軽食を朝に提供するという案を最終段落で筆者が紹介しているが，全体のトピックではない。

Tips!　**誤答は本文の単語でできている！**

誤答の選択肢は本文の単語を使ってできていることが多い。でないと誰も選ばないからだ。反対に正解の選択肢は本文とは異なる表現を使うことが多い。本文と同じ単語・表現を使っているから，という理由だけで選択肢を選ぶのは危険だ。

問2　「昼食前に休み時間をとることの利点の1つは，生徒が［7］ということである」

① 朝の軽食を必要としない
② より長い休みをとる
③ より静かに勉強する
④ もっとよく手を洗う

正解は③。第2段落（箇条書き）で列挙されている利点の3つめに，「生徒は午後により落ち着き，より集中する」とあるので③が正解だとわかる。

①は，設問の「休み時間を昼食前にすることの利点」ではないので不適当。②は，休み時間の長さについての記述はないので不適当。④の手洗いについては，箇条書きで列挙されている challenges「課題」の1つめに「生徒たちは昼食前に手を洗うのを忘れるかもしれない」と書かれているだけで，利点ではない。

問3　「昼食前に休み時間をとることへの懸念の1つは，［8］ということである」

① 学校は養護教諭を増員する必要があるかもしれない
② 学校は新しいスケジュールを作る必要があるかもしれない
③ 生徒は屋内で過ごす時間が長くなるかもしれない
④ 生徒の食べ残しが増えるかもしれない

正解は②。設問は concern「懸念，心配」を尋ねているので，箇条書きで列挙されている challenges「課題」を確認する。その3つめと4つめに，「学校は時間割を変更しなければならないだろう」，「教員や職員はスケジュールを変更することになりそうだ」とあるので②が正解。

①は，箇条書きで挙げられている利点の最後の項目に，「養護教諭を訪れる生徒が減る」とあるので不適当。③は，利点の2つめに，「生徒は昼食後に外で遊ぶためにあわてて食べることがない」とあるが，これは屋内で過ごす時間が長くなるということではないので不適当。④は，利点の4つめ「食べ残しが減る」とは逆の内容なので不適当。

Tips!　**該当箇所違いの誤答に注意！**

上記の問3では concern「懸念」を尋ねているのに，誤答の選択肢は「利点」から作られていた。このように，設問で問われている本文の該当箇所とは別の箇所から，誤答の選択肢が作られることがよくある。

問4　「筆者の提案で解決されるかもしれないのは以下の問題のどれか」 [9]

① 学校のスケジュールを変更する必要がありそうだ。
② 学校職員は食事の時間を遅くする必要がありそうだ。
③ 生徒が手を洗う可能性が低くなりそうだ。
④ 生徒が昼食を残しそうだ。

正解は③。箇条書きの challenges「課題」の１つめに「生徒たちは昼食前に手を洗うのを忘れるかもしれない」とある。これに対して，筆者は最終段落の最後で，「手を洗うことについてはどうだろうか？　それをスケジュールに組み入れてはどうだろうか」と提案している。これが課題解決につながるかもしれない the author's suggestion「筆者の提案」なので③が正解。

他の選択肢の課題に関しては，筆者は何も提案していないので，不適当。

問5　「筆者の意見では，生徒が [10] のを手助けする学校が増えるべきである」

① より良い食習慣を身につける
② もっと早い時間に昼食を楽しく食べる
③ 養護教諭のところに行かない
④ 時間割の変更について心配しない

正解は①。設問文の最初に In the author's opinion「筆者の意見では」とあるので，最終段落が該当箇所だとわかる。最終段落の第１文に，「これは興味深いアイディアで，もっと多くの学校が検討する必要がある」とあり，第４～５文には「しかし，学校がちょっとした健康に良い朝の軽食を提供することもできると言う人もいる。より頻繁に食べることは生徒の健康にも良い」と書かれている。これが「より良い食習慣」につながると判断できるので①が正解。

②については筆者は意見を述べていないので不適当。③の養護教諭のところへ行く生徒が減るというのは利点ではあるが，これに関しての筆者の意見は述べられていないので不適当。④の時間割の変更に対する生徒の反応については筆者は述べていないので不適当。この問題も↓である。

Tips!　**誤答は本文の単語でできている！**

該当箇所違いの誤答に注意！

【練習問題２A－１】★

別冊解説 p.18

A You are going to a city in the east of the United States and trying to find a place to visit. The following are reviews of some museums written by people who have visited them.

City History Museum

★★★★☆ by Cathy (3 weeks ago)
If you are interested in the time of the Civil War, this is a must-see. The audio-visual exhibits of battles are really fantastic. My only complaint is the high entrance fee. ($15) To save money, you can come on Thursday after 5 p.m.: It's free! (Closes at 8 p.m.)

City Art Museum

★★★★★ by Carol (2 weeks ago)
Excellent collection of paintings by 18th and 19th century American artists. I'm glad I came all the way from Seattle! I also liked the gallery talk by two curators. I'd like to come again in a few years.

★★☆☆☆ by Ken (2 months ago)
Except for the *Ukiyo-e* collection, there's not so much to see. The main focus seems to be on the paintings by local artists, but I knew none of them. Not worth a visit, unless you are a fan of Japanese art like me.

City Museum of Natural Science

★★★★★ by Jeff (5 days ago)
This is my fifth visit to this museum. I'm always impressed with the wit and knowledge of the curators here. I strongly recommend joining the guided tour that starts at 1 p.m. each day. You'll love it, whatever the theme of the day is.

問1　Carol's opinion is [1].

① not very positive
② similar to Ken's
③ somewhat negative
④ very favorable

問2　Curators are praised by [2].

① Carol and Jeff
② Cathy and Carol
③ Cathy and Ken
④ Ken and Jeff

問3　You would most likely visit City Art Museum if you [3].

① are from Seattle
② are willing to pay $15
③ know little about *ukiyo-e*
④ like 19th century American painters

問4　Based on the reviews, which of the following is a **fact** (not an opinion)? [4]

① At City Museum of Natural Science, a guided tour begins at 1 p.m.
② City Art Museum is not worth a visit.
③ City Art Museum is worth a visit.
④ The entrance fee to City History Museum is high.

問5 Based on the reviews, which of the following is an **opinion** (not a fact)? 5

① At City Art Museum, Ken saw more than one *ukiyo-e*.

② At City History Museum, you don't need to pay entrance fee after 5 p.m. on Thursday.

③ You can see audio-visual exhibits at City History Museum.

④ You will love the guided tour of City Museum of Natural Science.

解答時間	分

【練習問題2B－1】★★

別冊解説 p.22

B Your English teacher gave you an article to help you prepare for the debate in the next class. A part of this article with one of the comments is shown below.

High Schools Should Start at 10 a.m.

By James Hull, London
DECEMBER 11 2022・8:07 PM

According to Prof. Paul Kelley, a sleep specialist at the University of Oxford, young people in Britain are losing ten hours' sleep per week on average. To correct this problem, he insists that an early start at high schools be stopped. Kelley says 16-year-olds should start at 10 a.m. Most students will love this arrangement.

We have something called "circadian rhythm" in our body, and ignoring this natural rhythm may lead to <u>serious</u> results. We may feel exhausted. We may feel anxiety. We may even get fat. For high school students, it is natural to start two or three hours later in the morning, Kelley says.

Having health problems can lead to lower academic performance. Kelley insists that if schools all over the UK adopted new start times, General Certificate of Secondary Education (GCSE) test scores would rise by about ten percent.

If students become healthier and wiser, we should seriously consider the change. In fact, Kelley and his colleagues are planning a trial. Kelley says it is going to be the largest study of its kind, with participation of 100 schools.

10 Comments

Newest

Megumi Ohsugi December 28 2022・5:14 PM

Professor Kelley's argument is very convincing to me. I'm a high school student and I feel sleepy at school, especially in the morning. However, this 10 a.m. start time may not work well in Japan. Many Japanese are engaged in after-school club activities and leave school at around 6 p.m. If schools started at 10, the time for club activities would become very short. I don't think such arrangement would be very popular.

問1 What is **NOT** mentioned as a result of ignoring circadian rhythm? [6]

① anxiety
② drop in academic performance
③ exhaustion
④ weight loss

問2 Your team will support the debate topic, "Japanese High Schools Should Start at 10 in the Morning." In the article, one **opinion** (not a fact) helpful for your team is that [7].

① ignoring circadian rhythm may lead to serious results
② lack of sleep can have bad effects on students' academic performance
③ most students will love this arrangement
④ we have circadian rhythm in our body

問3　The other team will oppose the debate topic. In the article, one **opinion** (not a fact) helpful for that team is that [8].

① many high school students are engaged in club activities
② Prof. Kelley and his colleagues are planning a trial
③ such arrangement would not be very popular
④ young people in Britain are losing sleep

問4　The word serious in the second paragraph is closest in meaning to [9].

① important
② not joking
③ not silly
④ very bad

問5　According to her comment, Megumi [10].

① doesn't feel sleepy in the afternoon
② doubts if a late start time is practical in Japan
③ thinks Prof. Kelley's argument is wrong
④ usually leaves for home at around 6 p.m.

解答時間	分

【練習問題2A−2】★

別冊解説 p.26

A　You are inviting some colleagues from your company over for the weekend and you are trying to find some salad recipes on the Internet. Below are reviews of some recipes written by people who have made them.

Yummy Thai-Style Salad

★★★★☆ by Bird (2 days ago)
The most delicious fat-burning salad ever! This includes many ingredients like tomato, peanuts, lettuce, cucumber, celery, red pepper, and so on. It may be too spicy for kids to eat. This time, I chose to use shrimp as the main source of protein but chicken or fried squid would also go well. Why don't you try it at home?

Healthy Garden Salad

★★☆☆☆ by Lisa Mama (3 weeks ago)
A very classic plain style and easy salad with no meat, fish, or spice, but it ended up seeming really boring to me. I'm not sure why it has so many good reviews. This time I used olive oil but I'll try grapeseed oil next time. I'm not a vegan or a vegetarian but I think it's good for those who are.

★★★★☆ by Lee (12 hours ago)
This recipe is one of my favorites! Whenever I need something light, this is the best one. I change the dressing if I get bored with the plain taste.

The Best Potato Salad

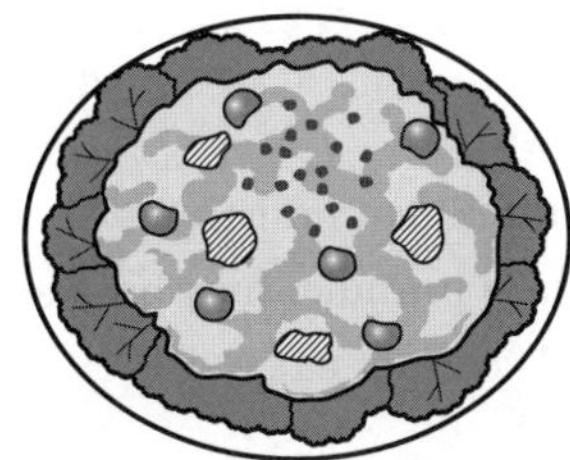

★★★★★ by Kitty Lover (5 days ago)
Like many other reviewers, I love this low-cost recipe! This was my third time to use this recipe. The taste is different depending on how we cut the potatoes and what kind of mayonnaise we use. This time I mashed all the potatoes. What I like about this recipe is that it recommends us to use sausage instead of ham. Next time, I'll try using salmon.

問1　You would most likely choose Yummy Thai-Style Salad if you [1].

① needed something spicy
② wanted a recipe for vegetarians
③ wanted a recipe you've used a couple of times
④ were looking for something light

問2　You would most likely choose The Best Potato Salad if you [2].

① didn't have much time to cook
② felt like eating more vegetables
③ had lots of vegetables in the refrigerator
④ wanted to have a cheap and delicious recipe

問3　The opinions about Healthy Garden Salad are [3].

① different
② negative
③ neutral
④ positive

問4 Based on the reviews, which of the following is **fact**, not personal opinion? [4]

① Healthy Garden Salad has many good reviews.
② Kitty Lover has already made The Best Potato Salad four times.
③ The Best Potato Salad suggests using a certain brand of mayonnaise.
④ Yummy Thai-Style Salad is so spicy that kids cannot eat it.

問5 Based on the reviews, which of the following is **opinion**, not fact? [5]

① Healthy Garden Salad is less spicy than Yummy Thai-Style Salad.
② Healthy Garden Salad is very boring.
③ The Best Potato Salad is loved by many reviewers.
④ Yummy Thai-Style Salad contains many types of vegetables.

解答時間	分

【練習問題2B−2】★★

別冊解説 p.30

B You are going to have a debate about men taking parental leave. In order to prepare for the debate, your group is reading the article below.

According to a recent survey, about 17.13% of new fathers in Japan have taken parental leave. Over the years, the number of men who take parental leave has grown, but it is still a big challenge for men to take it in male-oriented-Japanese society. So, here is my question: Do you think more Japanese men should take parental leave or not?

Taking parental leave has one great benefit. If men take it for even a couple of weeks after the baby arrives, it is a great help to their wives. These days it is more difficult for couples with a new child to get support from their parents. Husbands can provide not only physical support but also mental support to their wives. Since new mothers face many unexpected situations every day, they can feel a lot of stress. Getting help is the key to reducing it. Another benefit is that parental leave is usually refreshing for men, allowing them to work more efficiently after they return to their jobs.

On the other hand, there are reasons men should not take it. First, during parental leave, they get no salary. This can put pressure on family finances. Second, many people are still against men taking it, which places psychological pressure on the men who do.

What do you think about this issue? I believe that when men take parental leave, it helps them understand how hard caring for a baby is. Knowing more about the hard work of their wives surely strengthens their relationship. Furthermore, when men eagerly raise their children, family bonds become stronger. Nobody could argue that such things should not be encouraged.

問1　In the survey mentioned in the article, people were asked, " [6] "

① Have you taken parental leave?
② How long have you taken parental leave?
③ How often do you take parental leave?
④ When did you start your parental leave?

問2　Your group wants to think of reasons to **support** men taking parental leave. One reason given in the article is that men who take parental leave [7].

① can decide how long they'll take it
② can help their wives both physically and mentally
③ don't have support from their parents
④ might cause problems for their companies

問3　The other group wants to think of reasons to **oppose** men taking parental leave. One reason given in the article is that men who take parental leave [8].

① could develop a mental illness
② don't receive any salary while they are taking it
③ might get no financial support from their parents
④ might perform poorly at the office

問4　A benefit to men who have taken parental leave is mentioned in the article. Which of the following is it? [9]

① They are more productive in less time.
② They can go home as early as possible.
③ They find work to be more refreshing.
④ They have more time to spend with their families.

問5　The writer of this article [10] that more men should take parental leave.

① does not encourage anyone to think
② partly agrees
③ strongly agrees
④ strongly disagrees

解答時間	分

【練習問題2A－3】★

別冊解説 p.34

A　You are a member of the drama club at school, and the club is having a Christmas party. Online, you found a recipe for a seasonal beverage that you would like to make for the party.

HOLIDAY DRINK RECIPES

Here is one of the top ten rated recipes for drinks and desserts on our website. This holiday beverage is sure to brighten everyone's spirits.

Eggnog for the Whole Family

Ingredients (12-16 servings)

- 6 large eggs
- 2 egg yolks
- 1/2 cup sugar (plus 2 tablespoons)
- 1/4 teaspoon salt
- 4 cups whole milk
- 1/4 tablespoon vanilla essence
- 1/2 teaspoon grated nutmeg
- 1/4 cup heavy cream (whipped)

Instructions

Step 1

1. Gather the ingredients.
2. Combine eggs, egg yolks, sugar, and salt in a pan, stir well.
3. Continue stirring while pouring milk in slowly until completely mixed together.

Step 2

1. Turn on the burner to the lowest heat setting.
2. Place a pan on the burner and stir the mixture to 70 degrees Celsius and until thick enough to coat the back of a spoon. This should take about 45 to 60 minutes.

Step 3

1. Strain the mixture into a large bowl to remove cooked bits of egg.
2. Add vanilla essence and nutmeg. Stir.
3. Pour into a glass pitcher. Refrigerate at least 4 hours or up to 3 days before serving.
4. To serve, pour heavy cream into a bowl and whip until it forms soft peaks. Fold whipped cream into the cold mixture.
5. Serve eggnog in chilled cups and sprinkle with nutmeg.

REVIEW & COMMENTS

foodie@cookweb *December 22, 2022 at 16:15*

Made this and took it to a party. Really got us into the holiday spirit. Everyone from adults to children enjoyed it.

Delicious Delight *January 4, 2023 at 11:07*

When I was a child my family would have eggnog every Christmas. This recipe brought back good memories.

問1　This recipe would be good if you want to [1].

① enjoy something warm on a cold day
② feel the seasonal spirit
③ have something that is quick to prepare
④ teach children how to make a drink

問2　According to the eggnog recipe, you have to wait at least [2] before it's ready to drink.

① 45 minutes
② 60 minutes
③ 4 hours
④ 3 days

問3 Someone who is going to a family Christmas party may bring this drink because [3].

① it can be enjoyed by people of all ages
② it can be kept in the refrigerator for many days
③ it is an unusual drink that will surprise people
④ it uses only three or four ingredients

問4 According to the website, one **fact** (not an opinion) about this recipe is that it is [4].

① both delicious and healthy
② easy to make
③ made for children
④ made with 8 eggs

問5 According to the website, one **opinion** (not a fact) about this recipe is that [5].

① it is fun to make with children
② it is the best eggnog recipe
③ it will make everyone feel better
④ the ingredients are easy to find

解答時間	分

【練習問題2B−3】★★

別冊解説 p.38

B Your English teacher gave you an article to help you prepare for the debate in the next class. A part of this article with one of the comments is shown below.

Peanuts Banned from Some American Schools

By Donna Chang, Boston
SEPTEMBER 5 2022 · 3:12PM

Across the country, some school districts have decided to ban peanuts and peanut products as the number of children who are allergic to peanuts has doubled in the past few years. Allergies cause reactions such as itchiness, red skin, and tightness in the chest. Moreover, some reactions can harm health or even cause death. Although incidents resulting in death are rare, they have caused concern amongst teachers and parents.

Michael Sampson, a Virginia state school board member, stated, "Some people may feel that banning all peanuts is going too far. However, we believe it is our responsibility to provide a safe environment for all children. Until we can figure out a better way to protect our children, it is better to be safe rather than sorry."

However, not everyone agrees with banning peanuts. Some parents and educators have argued that a ban is not fair to children without allergies and that other solutions such as peanut-free lunch tables are more reasonable. Many are also concerned that banning peanuts is a slippery slope and that soon everything will be banned. Some parents have questioned whether children who have cats at home will be allowed to attend school since their clothes might have cat fur.

21 Comments

Newest

Grace Morgan September 7 2022・7:28PM

Banning all peanuts is silly. My son is allergic. I make sure he goes to school with medicine in case he has a reaction. Also, his school knows about his condition. Parents and schools should work together to take the proper steps.

問1 According to the article, some schools in the US have banned peanuts in schools because [6].

① deaths by allergy have doubled in the past few years
② people are concerned about the risks of allergies
③ the new crop of peanuts is much more harmful
④ the US government has ordered schools to do so

問2 Your team will support the debate topic, "Peanuts and Peanut Products Should be Banned from Schools." In the article, one **opinion** (not a fact) helpful to your team is that [7].

① it is better to have no peanuts than to take a risk
② many parents are angry that not all schools have a ban
③ schools are considering creating peanut-free tables
④ the Virginia school board is leading the ban

問3 The other team will oppose the debate topic. In the article, one **opinion** (not a fact) helpful for that team is that [8].

① a ban is not fair to children who like peanut butter
② children with allergies should study at home
③ parents and teachers are overreacting
④ there are other solutions such as peanut-free lunch tables

問4　In the third paragraph of the article, "banning peanuts is a slippery slope" means that [9].

① every year incidents involving peanuts are increasing
② more and more things will not be allowed at school
③ more schools are joining the ban on peanuts
④ the problem of peanuts in schools is difficult

問5　According to her comment, Grace Morgan [10] the peanut ban.

① has no particular opinion about
② partly agrees with
③ strongly agrees with
④ strongly disagrees with

解答時間	分

Ⅲ. ブログ・雑誌・ニュースレターなど

【例題−3A】総語数約 310 語

4分

A　Your English teacher from the UK writes a blog for her students. She has just written about an Expo that is being held in your city, and you are interested in it.

Tracy Pang
Monday, 10 August, 11.58 pm

Last weekend, I went to the International Save the Planet Expo held at the Convention Centre. There were a lot of creative ideas that we could try at home. No wonder there were so many people taking part.

The exhibition on remaking household items was particularly inspiring. It was amazing to see how things we normally throw away can be remade into useful and stylish items. They looked nothing like the original products. The workshops were excellent, too. Some sessions were in English, which was perfect for me (and for you, too)! I joined one of them and made a jewellery box from an egg carton. We first chose the base colour, and then decided on the materials for decoration. I had no confidence in making something usable, but it turned out lovely.

If you are interested, the Expo is on until 22 August. I strongly suggest that you avoid the weekend crowds, though. The calendar below shows the dates of the Expo and the workshops.

International Save the Planet Expo (August 4-22)

Sunday	Monday	Tuesday	Wednesday	Thursday	Friday	Saturday
						1
2	3	4	5　W★	6	7	8　W★
9　W	10　W★	11	12　W	13	14	15　W
16　W	17　W	18	19　W★	20	21	22　W★
23	24	25	26	27	28	29
30	31					

W = workshop (★ in English)

問1　Tracy attended the workshop to learn about [1].

① combining colours creatively
② decreasing household food waste
③ redecorating rooms in a house
④ transforming everyday items

問2　Based on Tracy's recommendation, the best date for you to attend a workshop in English is on [2].

① 12 August
② 16 August
③ 19 August
④ 22 August

(2022年　追試験)

語句

☐ Expo「博覧会」 ★ exposition の短縮形。
☐ planet「惑星；地球全体」
☐ hold「～を開催する」
☐ convention「会議」
☐ No wonder ～「～は不思議ではない」= It is no wonder that ～
☐ take part (in A)「(A に) 参加する」
☐ exhibition「展示」
☐ particularly「特に」
☐ inspiring「刺激的な，想像をかき立てる」
☐ amazing「驚くべき」
☐ throw A away「A を捨てる」
☐ item「品物，品目」
☐ workshop「研修会」
☐ excellent「すばらしい」
☐ session「集会，会議」
☐ egg carton「卵ケース」
☐ material「素材」
☐ confidence「自信」
☐ turn out C「C になる，C だとわかる」
☐ avoid「～を避ける」
☐ though「もっとも…だけど，でも」 ★文末などで副詞として。

解答

問1 [1]－④ 問2 [2]－③

全訳

イギリス出身のあなたの英語の先生が，自分の生徒のためにブログを書いている。彼女はあなたの街で開かれている博覧会について書いたところで，あなたはそれに関心を持っている。

トレイシー・パン
8月10日，月曜日，午後11時58分

先週の週末に私はコンベンションセンターで開催されている「地球を救え」国際博覧会に行ってきました。私たちが家庭で試みることができる独創的なアイディアがたくさんありました。とても多くの人たちが参加していたのも不思議ではありません。

家庭用品のリメイク展は特に刺激的でした。どうすれば普通は捨てられているものが役に立つおしゃれなものに作り替えられるのかがわかって驚きでした。元の製品とはまったく違ったものに見えました。ワークショップも素晴らしかったです。いくつかのセッションは英語で行われたので，私にはうってつけでした。（あなたたちにも！）私はそのうちの1つに参加し，卵パックから宝石箱を作りました。まずベースの色を選び，装飾のための素材を決めました。使い物になるものを作る自信はまったくなかったですが，素敵なものになりました。

もし興味があったら，博覧会は8月22日まで開催されます。でも，週末の混雑は避けることを強くおすすめします。下のカレンダーは博覧会とワークショップの日程です。

International Save the Planet Expo (August 4-22)

Sunday	Monday	Tuesday	Wednesday	Thursday	Friday	Saturday
						1
2	3	4	5 W★	6	7	8 W★
9 W	10 W★	11	12 W	13	14	15 W
16 W	17 W	18	19 W★	20	21	22 W★
23	24	25	26	27	28	29
30	31					

W = workshop (★ in English)

設問解説

問1 「トレイシーは [1] について学ぶためにワークショップに出席した」

① 創造的に色を組み合わせること
② 家庭での食品廃棄物を削減すること
③ 家の部屋を模様替えすること
④ 日用品を作り替えること

正解は④。ブログの第2段落第1文に，The exhibition on remaking household items was particularly inspiring.「家庭用品のリメイク展は特に刺激的でした」とあり，第6文に，卵パックを宝石箱に作り替えるセッションに参加したと述べられているので④が正解だとわかる。

①の色については，第2段落第7文に，宝石箱のベースになる色を選んだと述べられているが，「色の組み合わせ」ではないので不適当。②は，ブログの中に食品廃棄物についての記述は見られない。③は，第2段落第7文に，装飾素材を決めたことも述べられているが，装飾するのは部屋ではなくて宝石箱なので不適当。

問2 「トレイシーのおすすめに基づくと，あなたが英語でのワークショップに参加するのに最適な日は [2] である」

① 8月12日
② 8月16日
③ 8月19日
④ 8月22日

正解は③。まず，日付の書き方がアメリカ英語とイギリス英語で異なるので注意しよう。例 19 August《英》; August 19《米》

第2段落第5文で，生徒たちにも英語のセッションをすすめており，これを博覧会の日程カレンダーで確認する。**気をつけるべきはブログの投稿日**で，それに気づかないと8月5日と10日が候補としてあがってしまう（選択肢にはない）。投稿日は最初の方に8月10日とあるので，これより後で英語のセッションがあるのは8月19日と22日にしぼれる。次に，ブログの最終段落第2文に，混雑するので週末は避けるようにというアドバイスがあるので，平日である ③ 8月19日が正解となる。

Tips! 日付などにも要注意！

本文ばかりに気を取られずに，日付や投稿者など，さまざまな情報にも目を配る必要がある。困ったときは遠くから眺めるつもりで全体を見よう。

【例題－3B】総語数約450語

5分

B Your British friend shows you an interesting article about dogs in the UK.

A Dog-Lover's Paradise

A visit to Robert Gray's dog rescue shelter in Greenfields will surprise you if your idea of a dog shelter is a place where dogs are often kept in crowded conditions. When I was asked to visit there last summer to take photographs for this magazine, I jumped at the chance. I will never forget how wonderful it was to see so many healthy, happy dogs running freely across the fields.

At the time of my visit, around 70 dogs were living there. Since then, the number has grown to over 100. For these dogs, the shelter is a safe place away from their past lives of neglect. The owner, Robert Gray, began taking in homeless dogs from the streets of Melchester in 2008, when dogs running wild in the city were a growing problem. Robert started the shelter in his back garden, but the number of dogs kept increasing day by day, quickly reaching 20. So, in the summer of 2009, he moved the shelter to his uncle's farm in Greenfields.

Although what I saw in Greenfields seemed like a paradise for the dogs, Robert told me that he has faced many difficulties in running the shelter. Since the very early days in Melchester, the cost of providing the dogs with food and medical treatment has been a problem. Another issue concerns the behaviour of the dogs. Some neighbouring farmers are unhappy about dogs wandering onto their land and barking loudly, which can frighten their farm animals. Most of the dogs are actually very friendly, though.

The number of dogs continues to grow, and Robert hopes that visitors will find a dog they like and give it a permanent home. One adorable dog named Muttley followed me everywhere. I was in love! I promised Muttley that I would return soon to take him home with me.

Mike Davis (January, 2022)

問1 Put the following events (①～④) into the order they happened.
[3] → [4] → [5] → [6]

① The dog shelter began having financial problems.
② The dog shelter moved to a new location.
③ The number of dogs reached one hundred.
④ The writer visited the dog shelter in Greenfields.

問2 The dog shelter was started because [7].

① in Melchester, there were a lot of dogs without owners
② people wanted to see dogs running freely in the streets
③ the farmers in Greenfields were worried about their dogs
④ there was a need for a place where people can adopt dogs

問3 From this article, you learnt that [8].

① Robert's uncle started rescuing dogs in 2008
② the dogs are quiet and well behaved
③ the shelter has stopped accepting more dogs
④ the writer is thinking of adopting a dog

(2022年　追試験)

語句

☐ paradise「天国」
☐ rescue「救助，救済」
☐ shelter「避難（所）」
☐ jump at A「A に飛びつく，A に喜んで応じる」
☐ around＋数詞「およそ…，約…」
☐ neglect「放置，怠慢，世話をしない状態」
☐ run wild「暴れる」
☐ back garden「裏庭」
☐ day by day「日に日に，日増しに」
☐ farm「農場」
☐ face「～に直面する」
☐ run「～を運営［経営］する」
☐ provide A with B「A に B を提供する」
☐ treatment「治療，処置」
☐ issue「問題」
☐ concern「～に関係する」 ★名詞で「懸念，心配」の意味もある。
☐ neighbouring「近くの」
☐ wander「うろつく」
☐ bark「ほえる」
☐ frighten「～をおびえさせる」
☐ actually「実は」
☐ though「もっとも…だけど，でも」 ★文末などで副詞として。
☐ permanent「永久の，終身の」
☐ adorable「とてもかわいい」

* アメリカ英語とイギリス英語のつづり字の違いに注意。
neighbor《米》; neighbour《英》／behavior《米》; behaviour《英》
learned《米》; learnt《英》

解答

問1	[3] → [4] → [5] → [6]　①→②→④→③
問2	[7]－①　問3 [8]－④

全訳

あなたのイギリス人の友人が，イギリスの犬について興味深い記事を見せてくれる。

犬好きのパラダイス

ドッグシェルターは犬がしばしば混雑した状況で飼われている所だと思っているのであれば，グリーンフィールズにあるロバート・グレイ犬保護シェルターへ行ってみると驚くだろう。この雑誌用の写真撮影のために昨夏にそこを訪れるよう依頼された時，私はチャンスに飛びついた。たくさんの健康で幸せな犬たちが自由に野原を走り回っているのを見て，どれだけすばらしかったか私は決して忘れないだろう。

私が訪問した時には，70匹ほどの犬がそこで暮らしていた。それ以来，犬の数は100匹以上に増えている。これらの犬にとって，そのシェルターは飼育放棄された過去の生活から離れた安全な場所である。施設の所有者であるロバート・グレイは2008年にメルチェスターの通りにいた飼い主のいない犬を引き取り始めたが，その当時，街なかで暴れる犬がますます大きな問題になっていた。ロバートは裏庭でシェルターを始めたが，保護する犬の数は日増しに増え続けて，すぐに20匹になった。そこで，2009年の夏に，彼はシェルターをグリーンフィールズにあるおじの農場に移転した。

私がグリーンフィールズで見たものは犬にとっては楽園のように思われるが，シェルターを運営するにあたり多くの困難に直面してきたとロバートは私に語った。メルチェスターでの当初から，犬に食料と医療を提供する費用が問題となった。もう1つの問題は犬の行動に関するものであった。近隣の農家の中には，犬が自分たちの土地をうろつき大声でほえたりすると，快く思わない者もいる。そのせいで農場の家畜がおびえることがあるのだ。もっとも，ほとんどの犬は実際には非常にやさしいのだが。

犬の数は増え続けており，訪問者が気に入った犬を見つけて犬に永住できる家を与えてくれることをロバートは望んでいる。マトレーという名のかわいい犬が私の後をどこへでもついてきた。私は大好きになってしまった！ 私は近いうちに戻ってきて家へ連れて帰ると，マトレーに約束した。

マイク・デービス（2022 年 1 月）

設問解説

問 1 「以下の出来事（①～④）を起こった順に並べよ」 3 → 4 → 5 → 6

① ドッグシェルターは財政問題をかかえ始めた。

② ドッグシェルターは新しい場所に移転した。

③ 犬の数が 100 匹に達した。

④ 筆者がグリーンフィールズのドッグシェルターを訪問した。

正解は ① → ② → ④ → ③。本文の登場順と，実際に起きた順番はしばしば異なるので注意が必要だ。まず，第 1 段落に，筆者は昨夏に写真撮影の依頼を受けてグリーンフィールズのドッグシェルターを訪れたとある。記事の最後に記載されている時（2022 年 1 月）を参照すると，④ の筆者によるドッグシェルター訪問は 2021 年夏である。また，第 2 段落に，筆者が訪問した当時犬は 70 匹程度いたが，現在では 100 匹以上に増えていることが述べられている。したがって，③ は ④ より後の出来事であるとわかる。次に，第 2 段落最終文に，2009 年の夏にグリーンフィールズのおじの農場にドッグシェルターを移転したと述べられている。これが ② の「新しい場所」である。さらに，第 3 段落第 2 文には，Since the very early days in Melchester, the cost ... has been a problem.「メルチェスターでの当初から，…費用が問題となった」とあり，メルチェスターでドッグシェルターを設立した当初から ① financial problems「財政問題」があったことが述べられている。よって ① は最初の出来事であることがわかる。

年代順に並べると，①（2008 年）→ ②（2009 年）→ ④（2021 年）→ ③（2022 年）となる。

Tips! **出来事が起こった順に述べられているとは限らない！**

出来事が時系列に沿って，起こった順に述べられているとは限らない。文章の中では，時間軸をさかのぼって過去に戻ったり，未来の話をしたりすることがある。「出来事を起こった順に並べなさい」という設問が出たときには，難問になることが多い。難しいと時間をかけすぎてしまいがちなので，時間配分に気を配るべきポイントでもある。

問2 「ドッグシェルターが設立されたのは [7] からである」

① メルチェスターでは，飼い主がいない犬がたくさんいた
② 犬が通りを自由に走り回るのを人々は見たがっていた
③ グリーンフィールズの農家は自分たちの犬のことを心配していた
④ 人々が犬を引き取れる場所が必要だった

正解は①。第2段落第4文に，The owner, Robert Gray, began taking in homeless dogs from the streets of Melchester in 2008, when dogs running wild in the city were a growing problem.「施設の所有者であるロバート・グレイは2008年にメルチェスターの通りにいた飼い主のいない犬を引き取り始めたが，その当時，街なかで暴れる犬がますます大きな問題になっていた」とあることから，①が正解だとわかる。

②については，第1段落最終文に野原を走り回る犬についての記載はあるが，人々が通りを走り回る犬を見たがったという記述はないので不適当。③については，第3段落第4文に，農場の家畜が犬におびえることを心配している農家があると述べられているが，犬の心配をしているとは書かれていないので不適当。④については，最終段落第1文には，シェルター訪問者が犬を引き取ってくれることをロバートが望んでいることが述べられているが，これはシェルター設立の原因・理由ではないので不適当。

問3 「この記事から，あなたは [8] ということがわかった」

① ロバートのおじは2008年に犬を救助し始めた
② その犬たちは静かで行儀がよい
③ シェルターはこれ以上犬を引き取るのをやめた
④ 筆者は犬を引き取ろうかと考えている

正解は④。最終段落最終文に，I promised Muttley that I would return soon to **take him home** with me.「私は近いうちに戻ってきて**家へ連れて帰る**と，マトレーに約束した」とあり，筆者が後をついてくるマトレーという犬を引き取ろうとしていることがわかるので，④が正解。

①は，ロバートのおじが犬の保護に関わっていたかどうかは書かれていないので不適当。②は，第3段落第4文に，シェルターの犬が近隣の土地を走り回って大きなほえ声をあげることが述べられているので不適当。③については，最終段落第1文に，犬の数が増え続けているのでロバートが引き取り手を望んでいると書かれているが，犬の引き取りをやめたとは書かれていないので不適当。

【練習問題3 A－1】★

別冊解説 p.43

A You found the following story in a blog written by a female student in your school.

Picnic with my Little Brother

Sunday, May 12

I went to Mt. Kodaka with my brother Takumi. We were supposed to go with our mother in her car, but she didn't feel well in the morning. Takumi and I decided to leave her at home and go by bus.

We left our house at nine a.m. and the bus took us to Kodaka-Minami at ten minutes before ten. Mt. Kodaka is not so high. We didn't hurry, but reached the summit in an hour and twenty minutes. It was cloudy but we could still enjoy the beautiful scenery. We had rice balls that I had made this morning. Takumi said they were delicious.

At noon, we started to go down. On the way back, we took another route, and arrived at the Kodaka-Kita bus stop an hour later.

When we came home at around 2:30 p.m., our mother was sleeping. Our father made coffee for us. Soon, our mother got up and said she felt better. It was a shame that she couldn't come, but I'm glad she's fine now.

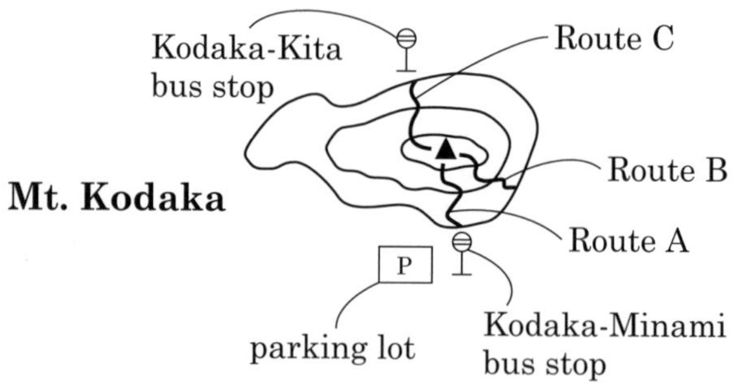

問1　The writer and her brother took [1].

① Route A to go up and Route B to come down
② Route A to go up and Route C to come down
③ Route B to go up and Route A to come down
④ Route B to go up and Route C to come down
⑤ Route C to go up and Route A to come down
⑥ Route C to go up and Route B to come down

問2　They reached the summit at [2] a.m.

① 11:00
② 11:10
③ 11:20
④ 11:30

解答時間	分

【練習問題3B－1】★★

別冊解説 p.45

B You found the following article in a magazine for English learners.

Smiling at Strangers

Eita Hasegawa (office worker)

How often do you smile at someone? Some might always smile at other people when they see them. Others might seldom smile because they are too shy.

I have a colleague who is from the United States. His name is David and he is very friendly. He often smiles at me whenever he sees me. He smiles at other colleagues, too. I thought he is that kind of person by nature.

One day, David and I went out for lunch to the restaurant where a lot of foreign people eat lunch. As all the seats were occupied when we arrived, we had to wait at the entrance. Then a few people came out of the restaurant and looked at us with smiles, but I didn't do anything. I even felt shy because I didn't know them at all, but I noticed David smiling at them. I asked, "Do you know them?," "No," he answered. I would never smile at strangers, so I was quite surprised. I asked why he smiled at the people he didn't even know.

"In American culture, it is common to smile at strangers when people catch their eyes," David said. "Oh, I didn't know that," I replied. "I would never be able to smile at strangers because I am too shy." Then he said, "I know you would not smile at strangers in your culture. Even so, I keep smiling in Japan. Do you know why? Because I think that smiling makes people happy. I feel happy if the people I am smiling at feel happy."

I think the way he thinks about smiling is great. America has a wonderful culture that is different from Japan. Now I feel like copying what David does. Though I am Japanese living in Japan and I often feel shy, I am going to try to smile at strangers when I catch their eye.

問1　According to the story, Eita's feelings about smiling changed in the following order: [3].

① shy → curious → agreed → surprised → impressed
② shy → curious → impressed → surprised → agreed
③ shy → impressed → curious → agreed → surprised
④ shy → impressed → surprised → agreed → curious
⑤ shy → surprised → agreed → curious → impressed
⑥ shy → surprised → curious → impressed → agreed

問2　When David and Eita were at the entrance of the restaurant, David smiled at people he [4].

① had never met before
② knows very well
③ wants to talk to
④ works together with

問3　From this story, you learned that Eita [5].

① asked David to have lunch together because he wanted to know more about American culture
② liked to talk about the difference between American and Japanese culture because it is interesting
③ was too shy and didn't want to smile at strangers even after understanding what David said
④ went to a restaurant with David and noticed a very good point about the culture of the United States

解答時間	分

【練習問題3A－2】★

別冊解説 p.48

A　You found the following story in a blog written by a male exchange student in your school.

Sports Day
Sunday, May 25

My friend Yuki's little brother Kotaro is in elementary school. Last Sunday, I went to his school's sports day with Yuki's family. We have sports day in America too. I was interested in seeing how it compares.

First, the Japanese kids wore white T-shirts and blue shorts. They also had colored caps that were different depending on class. The first event was the three-legged race. Kotaro and his partner got second place. After a few more activities we ate lunch. Yuki's mom had made some delicious rice balls.

In the afternoon, the classes from each grade ran a relay race to see which class was the fastest in their grade. It was exciting for Yuki and me because Kotaro was the final runner for his team, and they won. We cheered him on and gave him a big hug when he crossed the finish line. The last event was tug-of-war with everyone including family and friends. Our side lost but I had a great time.

I learned that sports day in Japan is maybe a little more organized than in America, but most importantly, I learned that it is a lot of fun.

問1　At the school sports day, [1].

① only the lower grade kids wore caps
② the school provided lunch for everyone
③ the students' families were not allowed to participate
④ the tug-of-war took place at the end

問2　You learned that the writer of this blog [2].

① made and brought rice balls for lunch
② thought American sports day is more fun
③ was excited because his friend's brother won a race
④ won the tug-of-war competition

解答時間	分

【練習問題３Ｂ－２】★★

別冊解説 p.50

B You found the following story in a magazine.

Hemingway and I

Ryoko Yamanaka (Novelist)

I was a child who really liked reading novels. When I entered elementary school, my future ambition was to be a novelist. When I was twelve, our family moved to Chicago, Illinois for my parents' job, leaving our hometown of Fukuoka. I learned that Ernest Hemingway's birthplace was in a suburb, and I came to be interested in him. I thought I wanted to be like him in the future. Soon I started to write short stories.

After six years, I moved to Key West, Florida. I chose the city because that was where Hemingway spent his last eight years. I majored in American literature at the university there. My future ambition was still to be a novelist. Of course, getting a degree in literature does not mean you can be a novelist. After graduation, I started to work in Tokyo as a journalist for an American newspaper company. Hemingway was a journalist, before he became a novelist. He wrote about his experiences in Europe and became a best-selling author. I thought, "well, why can't I?"

For the next twenty years, I worked as a journalist. It was a busy job. I could not afford time to write a novel. I almost gave up my childhood dream. Then, I was in a car accident. On a bed in hospital, I remembered Hemingway was heavily injured in the First World War and was sent back to America. He became a novelist after that .... Fortunately, I could move my hands. I started to write novels again.

At the age of 45, my first novel was published. So far, I have written five novels, all of which have been favorably accepted, luckily. I should never be a literary master like Hemingway, but at least, my ambition since childhood was fulfilled.

問1　The author moved from place to place in the following order: [3].

① Chicago → Fukuoka → Key West → Tokyo
② Chicago → Fukuoka → Tokyo → Key West
③ Fukuoka → Chicago → Key West → Tokyo
④ Fukuoka → Chicago → Tokyo → Key West

問2　The author started to write stories when she was in [4].

① Florida
② Fukuoka
③ Illinois
④ Tokyo

問3　The author nearly gave up her dream because she [5].

① could not get a degree in literature
② realized she would not be like Hemingway
③ was involved in an accident
④ was too busy being a journalist

解答時間	分

【練習問題3A−3】★

別冊解説 p.53

A You are studying at a university in Seattle. You are interested in the Sign Language Club and reading an article in the brochure.

A sign language is a language that uses hand movements instead of sound patterns to convey meaning. There are different types of Sign Language, such as American Sign Language, British Sign Language, Japanese Sign Language, and so on. These languages are not universal and not mutually intelligible, even though there are also similarities among them.

To effectively communicate with sign language, you need to know basic sign language words and phrases. For example, this is the sign for "father" in American Sign Language. You place the thumb of your right hand against your forehead. Your hand is open, and some people wave their fingers slightly, but you don't need to. If you move your thumb down to your chin, you are making the sign for mother. With your thumb at your forehead, though, the spread-out fingers look like the feathers in the headdresses worn by some Native American tribal chiefs. It may be because at one time the father was considered the "chief" of the family that this sign came to mean father.

As with learning any language, it takes time and persistence to develop communication skills through sign language. However, learning sign language can help you communicate with people who are unable to hear well, as well as improve your expressive skills.

Everyone is welcome to come join the fun. New members are always welcome!

問1　Which one of the following illustrations is the sign for "father" in American Sign Language? [1]

①

②

③

④

問2　According to the article, [2] is important to communicate with people who are unable to hear.

① the ability to express feelings
② the knowledge of universal sign language
③ the skills of body language
④ training in sign language

解答時間	分

【練習問題3B−3】★★

別冊解説 p.56

B You read the story below in a magazine.

Amazing Communication in the Natural World

Humans are the most intelligent animals on our planet, but dolphins are a close second. They teach each other to walk on their tails and help each other when they are in trouble. Did you know that unlike most creatures, which eat what they catch immediately, dolphins spend time preparing their food? And new research shows that dolphins use unique sounds for each other that are similar in purpose to human names. It seems there is a different sound for each dolphin!

We have studied chimpanzees much longer than dolphins. We've known for several decades that they warn other chimpanzees of danger, for example by making a certain low noise when they see a snake. Some have also been taught to use simple sign language.

Twenty years ago, Katy Payne began studying the sounds of African elephants. She is working on an elephant dictionary, but it will take many more years because most of the sounds they make cannot be heard by humans, so special technology is needed to record it.

Of course, humans have long been fascinated by the sounds made by birds. Since the beginning of mankind, people have been familiar with the songs that different birds sing in order to communicate. Birds also communicate in other ways. Many do special dances, or change the color of their feathers to attract other birds.

The big difference that scientists have discovered about dolphins that makes them so special, however, is that they use different sounds for individuals, and not just to communicate messages. They start making their own sounds when they are young, but as they grow up and socialize, they add sounds to call to other dolphins. These friendly, complicated animals will certainly be studied more in the future.

問1　According to the story, people have learned about how different animals communicate in what order? [3]

① Birds → Chimpanzees → Elephants → Dolphins
② Birds → Chimpanzees → Snakes → Dolphins
③ Birds → Elephants → Chimpanzees → Dolphins
④ Chimpanzees → Birds → Elephants → Dolphins
⑤ Chimpanzees → Elephants → Birds → Dolphins
⑥ Dolphins → Chimpanzees → Elephants → Birds

問2　Scientists have discovered that [4].

① birds can ask and answer questions through music
② chimpanzees can learn to talk with their hands
③ dolphins eat many different kinds of food
④ elephants are probably the loudest animals in the world

問3　Dolphins' communication differs from that of other animals in that they [5].

① discuss things through touch
② sing and make noise to communicate
③ use complex codes to warn of danger
④ use specific sounds for specific individuals

解答時間	分

Ⅳ. グラフ・数値を扱う文章

1）何の数値かをまず最初に確認

第4問ではグラフや表などで数値を扱う問題がよく出題されます。その**グラフ・図表が何を表しているのか，最初に把握**しておきましょう。

Reading Habits Among Students　　　　**by David Moore**

July, 2010

Reading for pleasure is reading just for fun rather than for your school assignment or work. There is strong evidence linking reading for enjoyment and educational outcomes. Research has shown that students who read daily for pleasure perform better on tests than those who do not. Researchers have also found that reading for fun, even a little every day, is actually more beneficial than just spending many hours reading for studying and gathering information. Furthermore, frequent reading for fun, regardless of whether reading paper or digital books, is strongly related with improvements in literacy.

According to an international study, in 2009, two-thirds of 15-year-old students read for enjoyment on a daily basis. The graph shows the percentage of students who read for enjoyment in six countries. Reading habits differed across the countries, and there was a significant gender gap in reading in some countries.

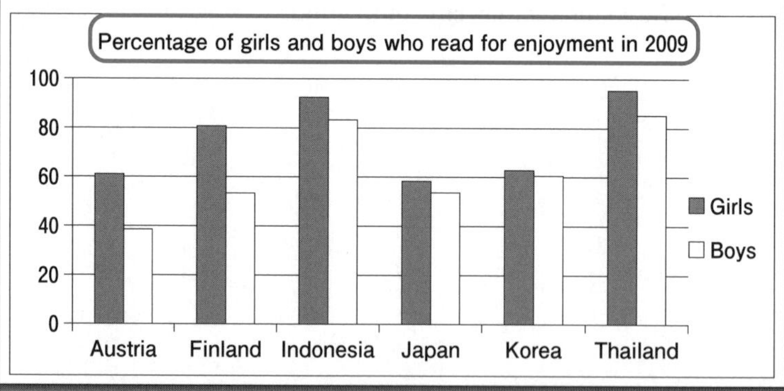

（2018年プレテスト）

Tips!　グラフ・図表のタイトルも理解を早める！

表・グラフ問題の重要表現 ── 数量・時間表現のまとめ

《1. 間違いやすい数》

□	14 ── fourteen ［fɔːrtíːn］ 40 ── forty ［fɔ́ːrti］	※つづりに注意
□	**a million**	「100 万」
□	**a billion**	「10 億」
□	**a trillion**	「1 兆」
□	**one thousand and first**	「1001 番目」＝ 1,001st
□	**the second** ＋最上級	「2 番目に〜」

例　In 1990 newspapers were still **the second most frequently** used of the media.
「1990 年，メディアの中で新聞はまだ 2 番目によく使われていた」

《2. 数・量の多少》

□	**plenty of A**	「(じゅうぶんに) たくさんの A」＝ a lot of
□	**a number of A**	「多数の A，いくつかの A」＝ many，several cf. **the number of A**「A の数」
□	**a couple of A**	「①2つの A　②2，3の A」
□	**quite a few A**	「かなり多数の A」
□	**a few A**	「いくつかの A」　cf. **few A**「A がほとんどない」

★only a few A は a をつけない few A とほぼ同じ意味。

《3. 分数の表し方》

□	**half of A**	「A の 2 分の 1」
□	**a quarter of A**	「A の 4 分の 1」
□	**half as much [many] A as 〜**	「〜の半分の A」
□	**one third**	「3 分の 1」＝ a third
□	**two thirds**	「3 分の 2」

例　He ate **three quarters of** the cake.
「彼はケーキの 4 分の 3 を食べた」

例　He earns **half as much** money **as** she does.
「彼の稼ぎは彼女の半分だ」

例　**Slightly less than a quarter** relied on magazines.
「4分の1より少し少数の人が雑誌に頼っていた」

例　By the end of the study, **two thirds** were making use of television.
「この調査の最後の頃には，3分の2の人がテレビを利用していた」

★この2つの例のように，a quarter，two thirds など数量を表す言葉が名詞として使われることがある。

〈関連表現〉

小数は以下のように表す。

3.14 = three point one four = three point fourteen

0.003 = zero point zero zero three

《4. 増減を表す語句》

□	**rise**	「増加（する）／上がる」= go up，increase
□	**fall**	「減少（する）／下がる」= go down，decrease
□	**decline**	「下がる」
□	**double**	「2倍になる／2倍の」
□	**reduce**	「～を減らす／減少する」→ 名 reduction
□	**remain constant**	「一定のままである」
□	**steadily**	「絶えず／ずっと／着々と」= constantly
□	**sharply**	「急に／突然に」

例　These continued to **rise** for two years before showing the slight **fall**.
「これらは少し減少する前に，2年間増加し続けた」

《5. 差の表現》

□ **時間の差＋ before [after] ～**

□ **差＋比較級＋ than ～**

□ **by ＋差**

□ **more than A**　「A より多い」　★「A 以上」ではないので注意！

□ **less than A, fewer than A**
「A より少ない／A 未満」★「A 以下」ではないので注意！

★before や after の前に時間を表す言葉があれば，それは時間差を表す。

例　I saw him **a week after** the accident.
「その事故の1週間後に私は彼に会った」

I saw him **a week after** he returned home.
「彼が家に帰って１週間後に私は彼に会った」
We missed the train **by** five minutes.
「我々は５分差でその列車をのがした」 ★by ＋差

★比較級の前におかれた数量を表す言葉が，比較の程度差を表す。

例 He had to fly **several miles** higher than usual.
「彼はいつもより何マイルか高く飛ばねばならなかった」
During these ten years, the percentage of imports represented by manufactured goods rose **by** 16%.
「この 10 年の間に工業製品の輸入率は 16%上昇した」 ★by ＋差

《6. 倍数表現》

□ **X times as A as ～** 「～より X 倍 A」 ★A は形容詞か副詞。
□ **X times as many [much] A as ～** 「～より X 倍多くの A」 ★A は名詞。

例 He has **three times as** much money **as** she has.
「彼は彼女の３倍のお金を持っている」

★X times の他に half, twice「２倍」なども使われる。
★half, twice や X times は直接名詞の前に置かれることがある。

例 It is just **five times** the weight of Himawari 1.
「それはひまわり１号のちょうど５倍の重さである」

《7. 時刻・日付の表し方》

□ 9:45 **quarter to ten, quarter before ten, nine forty five***
□ 1950 年代に **in the 1950s [nineteen fifties]**
□ 2023 年４月１日に **on April 1st [first] 2023***

＊ 8:20 なら twenty past eight, twenty after eight, eight twenty。
＊ 2023 の前にカンマを入れることもある。別の表現で on 1st [the first of] April 2023 というものもある。

《8. 時間の重要表現》

□	**It takes A 時間 to V**	「A が V するのに〈時間〉がかかる」
□	**It is not until ... that ～**	「…して初めて［ようやく］～」
□	**in two days**	「2日後に」
□	**two days later**	「2日後に」= **after two days**

例　**It took** Brian **about five minutes to** walk from the terminal to his office.
「ブライアンが終着駅からオフィスまで歩いて行くのに約5分かかった」
It was not until five o'clock **that** the pub opened.
「5時になってようやくそのパブが開いた」

★ in は未来のことを述べる場合に，after は過去のことを述べる場合に用いられることが多い。

I'll see you **in** a week.　　「1週間後にお会いしましょう」
I saw him **after** a week.　　「1週間後に彼に会った」

《9. 平均・割合など》

□	**on (an [the]) average**	「平均して」
□	**at the rate of A**	「A の割合で」
□	**every five minutes**	「5分ごとに」
□	**three times a day**	「1日に3回」

例　A：How often do the buses come?
B：There should be one **every** seven minutes.
A「バスは何分おきに来ますか」
B「7分おきに来るはずです」

A：How often do you go to the theatre?
B：Once or twice **a** week.　　※この a は per「～ごとに」の意味。
A「どれくらい芝居を見に行きますか」
B「週に1，2回です」

2）複数の意見から情報を読み取る

第4問では複数の作者による異なる文章を読ませて，その両方にかかわる問題が出題されることがあります。その場合も，設問のリード部分を先読みして，問われていることを頭に入れてから本文を読み進めると，手早く作業ができることがあります。

問1　Neither David Moore nor the librarian mentions [21].

① gender differences in reading habits
② problems connected with reading digital books
③ the change in reading habits amond students
④ the importance of reading regularly in childhood

問3　According to the articles, reading for pleasure has good effects on students' [23]. **(You may choose more than one opinion.)**

① choice of career
② educational success
③ mental well-being
④ views of social media

問1では，**Neither** David Moore **nor** the librarian と書かれており，「2人がどちらも述べていないこと」を選ばなければなりません。2人の意見を読みながら，選択肢を1つずつ消去することになります。

問3では，According to the article**s** と，複数形になっているところがポイントです。つまり，この問題も両方の文を読みながら，「楽しんで読むことの良い影響」を1つずつ確認して進めると楽です。

Tips!　複数意見も設問のリード部分に注意！

【例題－4】総語数約 900 語

10分

You are doing research on using mobile phones while walking. You found two articles.

Apparently Texting While Walking Is a Real Concern

by Steve Annear

06/11/2013, 11:14 a.m.

A survey shows that most pedestrians admit to stepping into traffic while sending messages, even though they know it's dangerous.

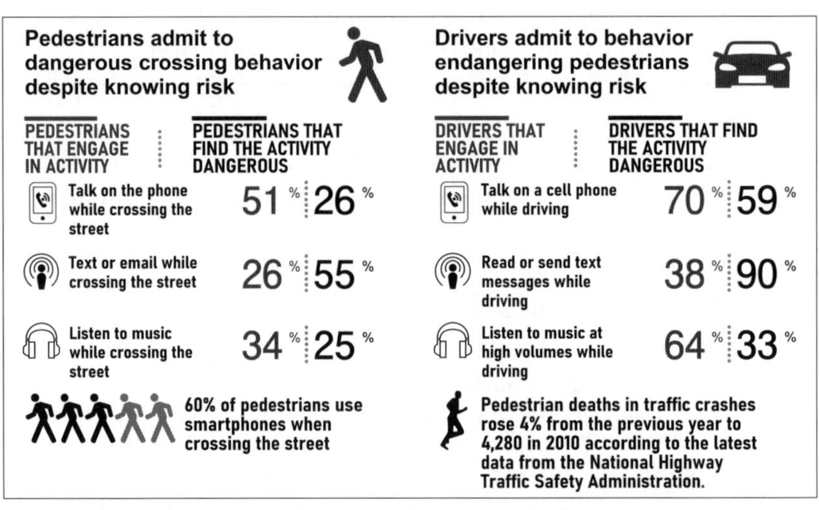

As most people put a focus on distracted driving, trying to keep motorists from texting while behind the wheel, there is a group of people out there putting their lives at risk simply by walking across the street while on the phone.

Boston-based Liberty Mutual Insurance released findings this week that showed a majority of pedestrians think it's more important to send a text when they are strolling through the city streets than it is protecting themselves from getting hit by a vehicle.

According to the survey, which asked 1,000 peoples' opinions about their texting and walking habits, 55% of those who answered the questionnaire said they consider the action dangerous, but three out of five of them engage in some sort of smartphone activity anyway, "placing smartphones above safety," the report said. "So much attention has been paid, and rightly so, to distracted driving that we have ignored the fact that distracted walking and street crossing can be just as risky," said David Melton, a driving safety expert with Liberty Mutual Insurance and managing director of Global Safety. "The fact that drivers and pedestrians continue to engage in dangerous habits, despite claiming to recognize the risk, suggests that the majority of Americans are taking a careless, 'it won't happen to me' attitude."

Above is a chart, put together by Liberty Mutual of Boston, based on their survey, that shows texting while walking habits. Based on the findings, most pedestrians don't mind taking a risk when traveling across the street.

Texting While Walking

Reading or writing text messages while you are walking is dangerous. A new study says it is more dangerous than texting while driving. The study is from the University of Buffalo in the USA. Researchers found that there are more injuries per kilometer to texting pedestrians than there are to texting motorists. Their report says walking is not as easy as we think it is. We need to focus on many things at the same time to walk safely in a straight line. The research team said that people forget how to walk properly, so dangerous things happen to them. They bump into walls and other people, walk into cars, fall over things in the street, and even fall into holes or down stairs.

A University of Buffalo professor said walking is a complex action. He said there are several reasons why texting stops people from walking properly. One reason is that they cannot see the path ahead of them. Another is that they are focused on their fingers on their mobile phone keyboard instead of their feet on the street. A final reason is that their minds are somewhere else and not on thinking about walking from A to B safely. The professor said over 6,000 people visited his hospital last year because they were injured while texting. He said the worst cases are head injuries. When a pedestrian is tossed into the air after being hit by a car, he/she has nothing to protect the head, and the damage can be serious.

問1 Neither of the articles mentions [1].

① the danger of texting while driving
② the difficulty of walking
③ the function of a smartphone
④ the results of the questionnaire

問2 The first article shows that [2] of drivers regard the activity of talking on a cell phone while driving as dangerous.

① 26%
② 33%
③ 59%
④ 90%

問3 According to the articles, texting while walking is dangerous [3].

① because walking is a complex behavior
② if drivers are not aware of pedestrians
③ so it must be banned
④ so people do not engage in it

問4　The first article states that a large number of pedestrians who use smartphones while walking [4] and the second article states that some people who were injured while texting [5] . (Choose the best one for each box from options ①～⑥.)

① also use them while driving
② didn't put their lives at risk
③ know how to walk properly
④ notice other pedestrians crossing streets
⑤ think they would not get involved in accidents
⑥ were taken to the hospital

問5　Based on the information from both articles, you are going to write a report for homework. The best title for your report would be " [6] ."

① About the Number of the Traffic Accidents in Boston
② Advantages and Disadvantages of Texting While Walking
③ Don't Drive with a Smartphone in Your Hand
④ Texting While Walking Is More Dangerous Than You Think

語句

[Apparently Texting While Walking Is a Real Concern]

□ apparently「どうやら～らしい」
□ text while walking「歩きながらメッセージを書く，歩きスマホする」
★ text は「(携帯電話で) メール［メッセージ］を書く［送る］;メール［メッセージ］」の意。
□ real concern「大きな問題」
□ pedestrian「歩行者」
□ admit to A「A を認める」
□ traffic「交通」
□ behavior「行動」
□ National Highway Traffic Safety Administration「国家幹線道路交通安全局」
□ put a focus on A「A を重視する」
□ distracted driving「不注意運転」
□ motorist「運転者」
□ behind the wheel「ハンドルを握っている，車の運転をしている」
□ out there「世の中には，あちらに」
□ put A at risk「A を危険にさらす」
□ finding「調査結果」
□ habit「習慣」
□ questionnaire「アンケート」
□ engage in A「A に携わる，A を行う」
□ some sort of「ある種の，何らかの」
□ place A above B「B より A を優先する」
□ managing director「役員，取締役」
□ recognize「～を認識する」
□ attitude「態度」
□ chart「図表」

[Texting While Walking]

□ injury「ケガ，負傷」
□ at the same time「同時に」
□ properly「適切に」
□ bump into A「A にぶつかる」
□ fall over A「A の上に倒れる」
□ complex「複雑な」
□ ahead of A「A の前に」
□ somewhere else「どこか別の場所に」
□ toss「～を放り出す」
□ into the air「空中に」

解答

問1 [1]－③　問2 [2]－③　問3 [3]－①
問4 [4]－⑤, [5]－⑥　問5 [6]－④

(出典) Sean Banville, "Texting While Walking is Dangerous," Breaking Newsenglish.com., March 12, 2014
Steve Annear, "Apparently Texting While Walking Is a Real Concern," *Boston Magazine*, June 11, 2013.

(全訳)
あなたは，歩行中のスマホの使用に関するリサーチをしている。あなたは，2つの記事を見つけた。

どうやら歩きスマホが大きな問題らしい

スティーブ・アニア

2013年6月11日　午前11：14

ある調査によると，ほとんどの歩行者は，危険だとわかっていながらもメッセージを送りながら道路を渡っていると認めている。

歩行者は危ないと知りながら道路を渡るという危険な行為をすると認めている

運転者は危ないと知りながら歩行者を危険にさらす行動をすると認めている

	その行動をする歩行者	その行動を危険だと思う歩行者
道路を渡るときに電話で話す	51%	26%
道路を渡るときにメッセージやメールを書く	26%	55%
道路を渡るときに音楽を聴く	34%	25%

	その行動をする運転者	その行動を危険だと思う運転者
運転中に携帯電話で話す	70%	59%
運転中にメッセージやメールを読んだり送ったりする	38%	90%
運転中に大きな音で音楽を聴く	64%	33%

歩行者の60%が道路を渡るときにスマートフォンを使う

国家幹線道路交通安全局の最新データによると，2010年には交通事故による歩行者の死亡者数が前年より4%上がり，4,280人となった。

ほとんどの人は不注意運転には注目して，運転者が運転中にメールをすることをやめさせようとするが，ただ電話をしながら道路を歩いて横断することで自分たちの命を危険にさらしている人たちが世の中には存在する。

ボストンにあるリバティ・ミューチュアル保険は今週，歩行者の大多数は車両に衝突されることから身を守るより都会の道路を歩いている時にメールを送る方がより大切だと考えていることを示す調査結果を発表した。

この調査では1,000人に歩きスマホの習慣についての考えをたずねたが，アンケートに答えた人のうち55%はこの行動を危険だと認識していると言ったが，彼らの5人に3人はそれでもなにかしらのスマホの操作を行い，報告書によると「安全よりもスマホを優先させている」という。「不注意運転に対してかなりの注目が集められており，それは正しいのだが，その結果不注意歩行や不注意横断も同様に危険になりうるという事実を私たちは無視してきた」とリバティ・ミューチュアル保険の安全運転専門家であり世界安全の役員であるデイヴィッド・メルトンは述べた。「運転者と歩行者が危険を認識していると主張しているにもかかわらず危険な習慣を続けるという事実は，アメリカ人の大多数が『自分には起こらないだろう』という不注意な態度を取っているということを示している」

上記は，ボストンのリバティ・ミューチュアルが調査を基に作成した図表で，歩きスマホ行動について示されている。調査結果によると，ほとんどの歩行者は道路を横断する時危険を冒してもかまわないと思っている。

歩きスマホ

歩きながらメッセージを読んだり書いたりすることは危険である。新しい研究によると，運転中にメッセージを書くよりももっと危険であることがわかっている。この研究はアメリカ合衆国のバッファロー大学によるものである。研究者たちは，1キロあたりの被害はメッセージを書く運転者よりメッセージを書く歩行者の方が多いことを発見した。彼らの報告書によると，歩くことは私たちが思っているほど簡単ではないそうだ。まっすぐ安全に歩くためには同時に多くのことに注意する必要がある。研究チームは，人々はきちんと歩く方法を忘れるので危険なことが起こると言っている。壁や他の人にぶつかったり，車に激突したり，道路にあるものにつまずいて転んだり，穴に落ちたり階段から落ちたりすらする。

バッファロー大学の教授によると，歩行は複雑な行動である。彼は，なぜメッセージを書くことで人々がきちんと歩けなくなるのか，いくつかの理由があると述べた。理由の1つは，彼らの前にある道が見えないということだ。また別の理由は，道路にある自分の足ではなく携帯電話のキーボードにある自分の指に集中していることだ。そして最後に，彼らの心はA地点からB地点まで安全に歩くということではなくどこか別のところにあるということである。教授によると，メッセージを書いている時に負傷したため昨年は6,000人以上が彼の病院に来たという。最悪の症例は頭部の負傷だという。歩行者が車に衝突されたあと空中に投げ出されると，その人の頭を守るものは何もないので，被害が深刻になりうる。

設問解説

問1　[1]　正解 ③

「どちらの記事も [1] については述べていない」

① 運転中にメッセージを書くことの危険性
② 歩行の難しさ
③ スマートフォンの機能
④ アンケートの結果

正解は ③。③ の function は「機能」という意味。歩きスマホの危険性については述べられているが，スマートフォン自体の機能についてはどちらの記事でも述べられていない。

① は1つめの記事の図表後の文で述べられている。② は2つめの記事の第1段落第5文以降で，④ は1つめの記事の第4段落で述べられている。

問2　[2]　正解 ③

「1つめの記事が示すところによると，[2] の運転者が運転中に携帯電話で話す行為は危険であると思っている」

① 26%
② 33%
③ 59%
④ 90%

正解は ③。1つめの記事の図表を読み取る。運転中のことなので図表右側に注目する。「運転中に携帯電話で話す」という項目は1番上の項目。その行動を危険だと思う運転者の割合は右側の 59% だから ③ が正解。

問3 [3] 正解 ①

「これらの記事によると歩きスマホは危険である，[3]」

① 歩行は複雑な行動であるので
② もし運転者が歩行者に気づかないならば
③ したがって禁止されるべきである
④ だから人々はその行動を行わない

正解は ①。① は2つめの記事の第2段落第1文 A University of Buffalo professor said walking is a complex action.「バッファロー大学の教授によると，歩行は複雑な行動である」で述べられている内容に一致。

② は運転者が歩行者に気づくかどうかはどちらの記事でも述べられていないので不適切。be aware of A で「A に気づく」という意味。③ ban は「～を禁止する」という意味。禁止についてはどちらの記事でも述べられていないので不適切。④ は1つめの図表を見れば，一定数の人が歩きスマホを行っているのがわかるので不適切。

問4 [4] 正解 ⑤ [5] 正解 ⑥

「1つめの記事では，歩きながらスマートフォンを使用する歩行者の多くは [4] と述べられており，2つめの記事ではメールを書いている時に負傷した人の中には [5] 人もいたと述べられている（それぞれの空欄に最も適切な選択肢を ① ～ ⑥ から選びなさい）」

① 運転中にもそれらを使う
② 自分の命を危険にさらさなかった
③ きちんと歩く方法を知っている
④ 道路を横断する他の歩行者に気づく
⑤ 事故に巻き込まれることはないと思っている
⑥ 病院に運ばれた

1つめの記事の第4段落の最後の文に ... the majority of Americans are taking a careless, ‘it won’t happen to me’ attitude「アメリカ人の大多数が『自分には起こらないだろう』という不注意な態度を取っている」とあり，[4] には ⑤ が入る。get involved は「巻き込まれる」。

2つめの記事では第2段落第6文に The professor said over 6,000 people visited his hospital last year because they were injured while texting.「教授によると，メッセージを書いている時に負傷したため昨年は 6,000 人以上が彼の病院に来たという」とあるので，[5] には ⑥ が入る。

問5　[6]　正解 ④

「両方の記事からの情報に基づいて，あなたは宿題のためのレポートを書こうとしている。あなたのレポートのタイトルとして最もふさわしいのは『[6]』だろう」

① ボストンでの交通事故数について
② 歩きスマホの便利な点と不便な点
③ 手にスマートフォンを持って運転するな
④ 歩きスマホはあなたが思っているより危険です

正解は④。提示された2つの記事の共通点となる事を選べばよい。④については，1つめの記事の第3段落に a majority of pedestrians think it's more important to send a text when they are strolling through the city streets than it is protecting themselves from getting hit by a vehicle.「歩行者の大多数は車両に衝突されることから身を守るより都会の道路を歩いている時にメールを送る方がより大切だと考えている」とあり，これはたいていの人が思っている以上に歩きスマホは危険だということだと考えられる。また，2つめの記事には第2段落に歩きスマホが原因の深刻な症例が記載されていることから，④が最も適当な選択肢である。

①は，どちらの記事にも交通事故の件数については述べられていないので不適当。②はどちらの記事にも歩きスマホの利点は書かれていないので不適当。③はどちらの記事も運転中のスマホの使用よりも歩きスマホを大きく取り扱っているので不適当。

【練習問題4－1】★★★

別冊解説 p.59

You are doing research on people's sleeping habits. You found two articles.

How Long Do People in the World Sleep?

by Kim

July, 2018

Around the globe, the amount of sleep that people get every night has been steadily decreasing since the 1970s. Many believe that the rise in technology has contributed to that decline, since it frequently disrupts our sleep. The graph below shows the average sleep time for men and women in five countries.

One noticeable point about the graph is the length of sleep for Chinese people. No one around me sleeps more than nine hours a day, except for small children. How can they sleep so long? One possible explanation could be that the ratio of people working in the primary industry in China is very high (27.0%). Those of the other countries are between 1.4% (USA) and 3.4% (Japan), according to the International Labour Organization (ILO) statistics. People doing physical labor might need more sleep.

Japan shows a marked contrast to China. Japanese men sleep one hour and eight minutes shorter than Chinese men and Japanese women sleep one hour and 28 minutes shorter than Chinese women. It may not be a big deal if all Japanese women slept more than seven hours and 36 minutes. But this "seven hours and 36 minutes" is the average, which means a lot of Japanese women sleep less than 7 hours each day. For some people, that might be enough, but for many others, it could cause some problems in the long run. Japanese people, especially women, would need more sleep.

It looks like people in my country are doing fine. Both men and women sleep a little more than eight hours and a half on average, which seems quite appropriate to me.

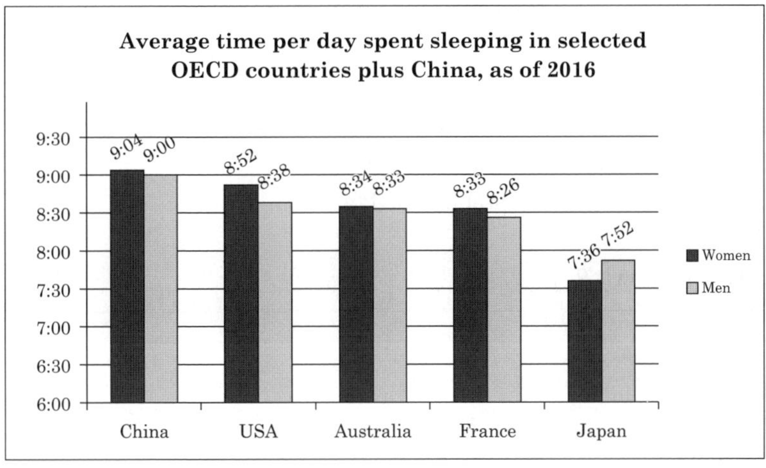

Opinion on "How Long Do People in the World Sleep?"

by Yoshimi Ito

August, 2018

As Kim mentioned, Japan has to deal with the problem of short sleep. However, that is not all. As the graph shows, women in our country sleep sixteen minutes less than men. We should address the issue of gender gap, too.

One thing I would like to point out here is that Japanese men spend much less time on housework than women. In 2011, women spent three hours and 45 minutes a day on housework (care for household members plus routine housework) while men spent just 31 minutes, according to OECD data. It is common to see wives who work full-time do most of the housework as well. The sad truth is that there are still many men who seriously believe that housework must be done by women. We might have to start by making them change this kind of mentality.

In my opinion, two things are certain. First, many Japanese are not getting enough sleep. Second, many women in my country are forced to cut down on their sleep due to a heavy burden. What we need to do now is to deal with these problems right away.

問1 Kim (the author of the first article) thinks [1].

① how long a person should sleep depends on his or her job
② if people sleep too long, they may become sick in the long run
③ people in her country should sleep more
④ the gender gap is a problem in Japan

問2 Kim is from [2].

① Australia
② China
③ France
④ USA

問3 According to Yoshimi Ito, [3].

① Chinese people have a good reason to sleep longer than Japanese people
② in 2011, Japanese men spent about half an hour on housework a day on average
③ Japanese women work more than three hours outside their home each day on average
④ most Japanese men do not think women should do housework

問4 Kim writes about [4], and Yoshimi Ito refers to [5]. (Choose the best one for each box from options ①～⑥.)

① people working in the secondary industry
② problems that her country has faced
③ the average annual income in China
④ the gender gap in the USA
⑤ the large gap between two countries
⑥ their risky lives in the country

問5 Based on the information from both articles, you are going to write a report for homework. The best title for your report would be "[6]."

① Cut Down on Your Sleep to Be Healthy
② Japanese Women Need More Sleep
③ The Relationship Between Lack of Sleep and Accidents
④ Why Do Women Sleep Longer?

解答時間	分

【練習問題4－2】★★★

別冊解説 p.64

In class, high school students looked at the graphs below, and wrote a report. Please take a look at those reports written by Cao and Jin.

ABC Academy Language School in Japan showed their foreign language students' home countries, and 100 senior managers in the USA were asked what benefits studying abroad brings to a company.

Graph 1: What countries do foreign language students in Japan come from? (%)

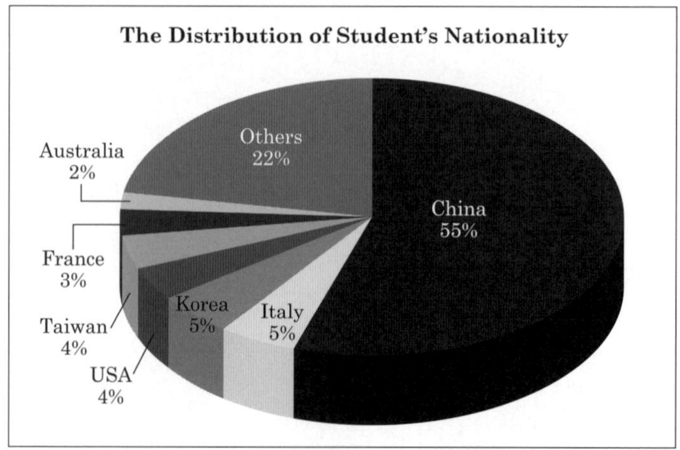

Graph 2: What skills do employers think students gain from study abroad? (%)

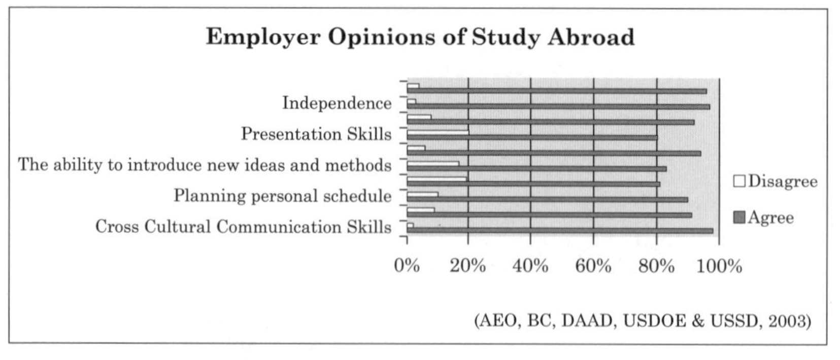

Cao Cao

I came to Japan last year to study Japanese. It was impossible a few decades ago for most Chinese teens, but now our economy is booming. There are three Australians in my class, and apparently studying Japanese in high school is common there.

Today's organizations are global, and I thought that being internationally minded would be an advantage when job-searching. However, according to the survey of US managers, knowledge of other countries and good communication skills with people from different cultures are important. Perhaps younger managers want staff with such experience. Japanese students should do more group work, and introduce other customs and ideas to their classmates.

Fewer Japanese students study abroad nowadays. I believe that cost is a factor, but also it is easy to make friends with foreigners and practice languages online these days. I'd like to suggest a video chat program at my school to allow me to be able to connect to foreign high school students when they're free, and even do group assignments with them.

Jin Matsumoto

China and Korea are Japan's neighbors, so it's clear why people from there study here. However, I wonder why as many Italians as Koreans are studying Japanese!

It seems that the ability to give presentations is really valued by Americans, and Japanese students aren't skilled at or used to making them. In traditional Japanese education, students are generally required to just memorize information, though this is changing these days, which is good. It looks like managers don't respect the ability to work alone so much. Recently our school got "smart boards," and it's fun to present topics I have researched using technology.

It's interesting that American bosses admire workers who are innovative: good at coming up with new ideas and not afraid to suggest changes. I'd like to ask my teachers to give students more opportunities to contact and talk to people overseas and create class activities to share what we learned so we can think for ourselves instead of listening to the teacher and taking notes individually.

問1 [1] expressed surprise about where foreign language students in Japan come from.

① Both Cao and Jin
② Cao
③ Jin
④ Neither Cao nor Jin

問2 In Cao's report, [2].

① he believes technology is useful for students to be able to store facts in their heads
② he doesn't want to have more opportunities to talk to people overseas and learn actively
③ he thinks bosses who are not so old value interaction between foreigners
④ he would like extra support from companies to raise money to study abroad

問3 Neither Cao nor Jin mentioned "[3]" in their reports.

① Cross cultural communication skills
② Planning personal schedule
③ Presentation skills
④ The ability to introduce new ideas and methods

問4 In their reports, Cao says he wants to [4] and Jin says he wants his teachers to [5]. (Choose the best one for each box from options ① ~ ⑥.)

① chat with students abroad
② create class activities
③ get a job in Japan
④ get some work experience
⑤ learn more languages
⑥ use smartphones in class

問5 You found four articles in a book about career advice. Regarding the titles below, the most helpful title for both Cao's and Jin's plans would be "[6]."

① Growing With Communication Across Cultures
② How to Plan Your Own Perfect Schedule
③ Independence Can Build Strong Ideas
④ Innovation: Change Is the Key to Success

解答時間	分

【練習問題4－3】★★★

別冊解説 p.70

You are doing research on housework and young people. You found two articles.

Helping at Home **by Kashmira Tata**

September, 2017

Having children help with the housework not only benefits them now, but can lead to them being better adults in the future. Research has found that children who take part in daily chores feel that they are part of the family team, and learn important long-term life skills too. Studies showed that when children do jobs at home, they develop confidence in their ability to perform tasks. Furthermore, doing chores with parents or siblings helps a child learn to work with others, another very useful skill in adult life. However, balance is essential. Childhood is brief, so our youth must have opportunities to play with their peers and enjoy sports and leisure time as well.

Results from an international study in 2017 show the amount of time spent each day doing housework for children aged 13-17 in five countries. The time varied greatly depending on the country and certain countries showed a major gender gap.

Overall, housework time has decreased since the last studies were conducted in 2005. On average, teenagers now spend 1.8 hours a day on chores, compared to 2 hours from ten years ago. Results for girls have dropped by 18% and those for boys have actually increased by 7%. One reason for these changes is the appeal of modern time-consuming activities such as games and social media. Another is the increase in household technology that makes housework much easier to do. Next, traditional gender roles are beginning to disappear in modern society. Finally, campaigns and charities in developing nations have been successful in supporting children's rights to education and individual freedom.

Average time spent doing housework each day (hours) 2017

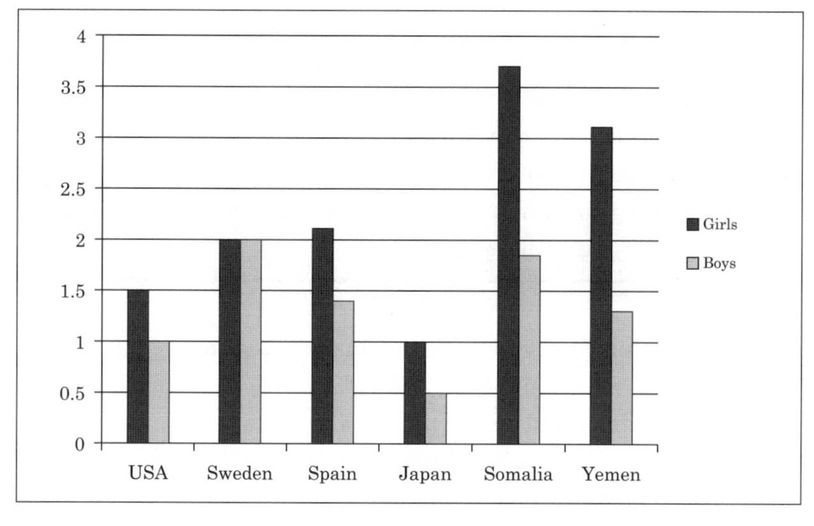

Opinion on "Helping at Home" **by F.M.**

October, 2017

As an international childminder, I have lived all over the world and observed the daily life of all kinds of children. It saddens me to see that even today, in some poorer countries, young people are spending so much of their time doing quite challenging housework. In some of these cases, the chores even include caring for younger siblings. If teenagers are busy looking after family members, they will miss out on valuable school time which could affect their whole futures.

I was pleased to see the results in my own nation, though. I think this is because we have high levels of equality in all areas of society. Here, wives work the same hours as their husbands and make similar salaries. After coming home, they both share the daily chores and make sure their children join in too. Not only does this build a sense of responsibility in a child, but it also means the family can spend as much time together as possible each day.

Aside from these examples, I'd like to see more contributions from countries where the housework time from both boys and girls was low. While doing housework may seem boring to young people, it can help prepare them for living on their own at university, and for when they enter into working and married life. As parents, we naturally think that doing everything for our children is the best way to show them our love. In fact, teaching them how to do things on their own can also be a very valuable gift to give our loved ones.

問1 Neither Kashmira Tata nor the childminder mentions [1].

① changes in male and female positions in society
② increases in single-parent families
③ the convenience of modern machines
④ the need to make time for studying

問2 The gender gap in housework time in the childminder's country is [2].

① decreasing
② double
③ increasing
④ zero

問3 According to the articles, doing housework has a positive effect on children in terms of [3].

① collaborating with others
② developing their sensibility
③ future marriage partners
④ their ability to do sports

問4 Kashmira Tata states that some children [4] and the childminder states that some children [5]. (Choose the best one for each box from options ①～⑥.)

① can't enjoy sports
② choose going online over housework
③ do not do housework when at university
④ need a more loving family life
⑤ play a parental role at home
⑥ take part in international charity work

問5 Based on the information from both articles, you are going to write a report for homework. The best title for your report would be "[6]."

① Helping at Home Sets Up Good Lifetime Habits
② How We Can Learn to Do Chores From Developing Nations
③ More Teenagers Are Doing Housework Than Ever Before
④ Schools Are Now Teaching Housework Lessons to Students

解答時間	分

V. 伝記・体験談・物語など

時系列に沿って考える問題

すでにⅢ. の例題で確認しましたが，本文中の複数の該当箇所を確認しないと正解にたどり着けない問題は，難しくなる可能性が高くなります。特に下の問題は非常に正答率が低かった（約 20%）問題です。

第5問 （配点 20）

Your group is preparing a poster presentation entitled "The Person Who Revolutionized American Journalism," using information from the magazine article below.

Benjamin Day, a printer from New England, changed American journalism forever when he started a New York City newspaper, *The Sun*. Benjamin Day was born in Springfield, Massachusetts, on April 10, 1810. He worked for a printer as a teenager, and at the age of 20 he began working in print shops and newspaper offices in New York. In 1831, when he had saved enough money, he started his own printing business, which began to struggle when the city was hit by a cholera epidemic the following year. In an attempt to prevent his business from going under, Day decided to start a newspaper.

In 1833, there were 650 weekly and 65 daily American newspapers, with average sales of around 1, 200. Although there were cheap newspapers in other parts of the country, in New York a newspaper usually cost as much as six cents. Day believed that many working-class people were able to read newspapers, but chose not to buy them because they did not address their interests and were too expensive. On September 3, 1833, Day launched *The Sun* with a copy costing just one cent. The introduction of the "penny press," as cheap newspapers became known, was an important milestone in American journalism history.

Day's newspaper articles were different from those of other newspapers at the time. Instead of reporting on politics and reviews of books or the theater, *The Sun* focused on people's everyday lives. It was the first newspaper to report personal events and crimes. It led to a paradigm shift in American journalism, with newspapers becoming an important part of the community and the lives of the readers. Day also came up with another novel idea: newsboys selling the newspaper on street corners. People wouldn't even have to step into a shop to buy a paper.

The Person Who Revolutionized American Journalism

■ **The Life of Benjamin Day**

Period	Events
1810s	Day spent his childhood in Springfield
1820s	27
1830s and beyond	28 ↓ 29 ↓ 30 ↓ 31

Benjamin Day

問 1 Members of your group listed important events in Day's life. Put the events into the boxes 27 ～ 31 in the order that they happened.

① Day created other publications
② Day established a printing company
③ Day gained experience as a printer in his local area
④ Day started a newspaper business
⑤ Day's business was threatened by a deadly disease

（2018 年　プレテスト）

正解 27 ③

28 → 29 → 30 → 31 ② → ⑤ → ④ → ①

この問題では 27 ～ 31 は全部正解の場合にのみ得点が与えられました（完全解答）。そのため，より正答率が低くなったと考えられます。

こうした時系列を意識させる問題では，当然ながら**時間を表す表現**をチェックしつつ読み進めると良いでしょう。

Tips! **時系列を意識するには，時間の表現をマーク！**

【例題－5】総語数約 950 語 02_02 11分

You are applying for a scholarship to attend an international summer program. As part of the application process, you need to make a presentation about a famous person from another country. Complete your presentation slides based on the article below.

During his 87 years of life, both above and below the waves, Jacques Cousteau did many great things. He was an officer in the French navy, an explorer, an environmentalist, a filmmaker, a scientist, an author, and a researcher who studied all forms of underwater life.

Born in France in 1910, he went to school in Paris and then entered the French naval academy in 1930. After graduating in 1933, he was training to become a pilot, when he was involved in a car accident and was badly injured. This put an end to his flying career. To help recover from his injuries, Cousteau began swimming in the Mediterranean, which increased his interest in life underwater. Around this time, he carried out his first underwater research. Cousteau remained in the navy until 1949, even though he could no longer follow his dream of becoming a pilot.

In the 1940s, Cousteau became friends with Marcel Ichac, who lived in the same village. Both men shared a desire to explore unknown and difficult-to-reach places. For Ichac this was mountain peaks, and for Cousteau it was the mysterious world under the sea. In 1943, these two neighbors became widely recognized when they won a prize for the first French underwater documentary.

Their documentary, *18 Meters Deep*, had been filmed the previous year without breathing equipment. After their success they went on to make another film, *Shipwrecks*, using one of the very first underwater breathing devices, known as the Aqua-Lung. While filming *Shipwrecks*, Cousteau was not satisfied with how long he could breathe underwater, and made improvements to its design. His improved equipment enabled him to explore the wreck of the Roman ship, the *Mahdia*, in 1948.

Cousteau was always watching the ocean, even from age four when he first learned how to swim. In his book, *The Silent World*, published in 1953, he describes a group of dolphins following his boat. He had long suspected that dolphins used echolocation (navigating with sound waves), so he decided to try an experiment. Cousteau changed direction by a few degrees so that the boat wasn't following the best course, according to his underwater maps. The dolphins followed for a few minutes, but then changed back to their original course. Seeing this, Cousteau confirmed his prediction about their ability, even though human use of echolocation was still relatively new.

Throughout his life, Cousteau's work would continue to be recognized internationally. He had the ability to capture the beauty of the world below the surface of the ocean with cameras, and he shared the images with ordinary people through his many publications. For this he was awarded the Special Gold Medal by *National Geographic* in 1961. Later, his lifelong passion for environmental work would help educate people on the necessity of protecting the ocean and aquatic life. For this he was honored in 1977 with the United Nations International Environment Prize.

Jacques Cousteau's life has inspired writers, filmmakers, and even musicians. In 2010, Brad Matsen published *Jacques Cousteau: The Sea King*. This was followed by the film *The Odyssey* in 2016, which shows his time as the captain of the research boat *Calypso*. When Cousteau was at the peak of his career, the American musician John Denver used the research boat as the title for a piece on his album *Windsong*.

Cousteau himself produced more than 50 books and 120 television documentaries. His first documentary series, *The Undersea World of Jacques Cousteau*, ran for ten years. His style of presentation made these programs very popular, and a second documentary series, *The Cousteau Odyssey*, was aired for another five years. Thanks to the life and work of Jacques Cousteau, we have a better understanding of what is going on under the waves.

Your presentation slides:

Jacques Cousteau

— 1 —

International Summer
Program Presentation

1

Early Career (before 1940)

- Graduated from the naval academy
- 2
- Started to conduct underwater research
- Continued working in the navy

2

In the 1940s

Desired to reveal
the underwater world

↓
3
↓
4
↓
5
↓
6

3

Some Major Works

Title	Description
18 Meters Deep	An early prize-winning documentary
7	(A) A book mentioning his scientific experiment
	(B) A documentary series that lasted a decade

4

Contributions

- Developed diving equipment
- Confirmed dolphins use echolocation
- Made attractive documentaries about aquatic life
- 8
- 9

5

問1 Which is the best subtitle for your presentation? 1

① Capturing the Beauty of Nature in Photographs
② Discovering the Mysteries of Intelligent Creatures
③ Exploring the Top and Bottom of the World
④ Making the Unknown Undersea World Known

問2 Choose the best option to complete the **Early Career (before 1940)** slide. 2

① Developed underwater breathing equipment
② Forced to give up his dream of becoming a pilot
③ Shifted his focus from the ocean to the air
④ Suffered severe injuries while underwater

問3 Choose **four** out of the five events (① ~ ⑤) in the order they happened to complete the **In the 1940s** slide.
3 → 4 → 5 → 6

① Dived to the *Mahdia* using improved equipment
② Filmed a documentary without breathing equipment
③ Helped one of his neighbors explore high places
④ Left the French navy
⑤ Won an award and became famous

問4　Choose the best combination to complete the **Some Major Works** slide. [7]

	(A)	(B)
①	*Shipwrecks*	*The Cousteau Odyssey*
②	*Shipwrecks*	*The Undersea Worlds of Jacques Cousteau*
③	*The Silent World*	*The Cousteau Odyssey*
④	*The Silent World*	*The Undersea Worlds of Jacques Cousteau*

問5　Choose two achievements to complete the **Contributions** slide. (The order does not matter.) [8]・[9]

① Built a TV station to broadcast documentaries about marine life
② Encouraged people to protect the ocean environment
③ Established prizes to honor innovative aquatic filmmaking
④ Produced many beautiful images of the underwater world
⑤ Trained pilots and researchers in the French navy

(2022年　追試験)

語句

[設定文]

□ apply for A「Aに申し込む」
□ scholarship「奨学金」
□ complete「〜を完成する」
□ *be* based on A「Aに基づいている」

[第1段落]

□ navy「海軍」
□ environmentalist「環境保護活動家」
□ author「作家」
□ form「種類」= kind

[第2段落]

□ naval academy「海軍兵学校」
□ *be* involved in A「Aに巻き込まれる」
□ put an end to A「Aを終える」= end A
□ recover from A「Aから回復する」
□ carry A out「Aを実行する」
□ no longer「もはや…ない」

[第3段落]

□ explore「〜を探検［探査］する」
□ difficult-to-reach「到達困難な」 ★ハイフンでつなぐことで，後ろのplacesを修飾する1つの形容詞として扱っている。
□ recognized「社会に認められた」

[第４段落]

□ equipment「装置，装備」
□ shipwreck「難破(船)」
□ device「装置」
□ improvement「改善［改良］」
□ improve「～を改善［改良］する」
□ wreck「難破(船)」

[第５段落]

□ describe「～を記述する，描写する」
□ dolphin「イルカ」
□ suspect「～だろうと思う」
□ echolocation「エコーロケーション，反響定位」★自分が発する音波の反響で周囲の状況を探知すること。
□ navigate「ナビゲートする」
□ sound wave「音波」
□ degree「(角度・温度などの）度」
□ confirm「～を確かめる，確認する」
□ prediction「予言，予測」
□ relatively「比較的」

[第６段落]

□ throughout A「A を通してずっと」★ through より「ずっと」の意味が強い。
□ capture「～を捕らえる［捉える］」
□ surface「表面，海面」
□ publication「出版物」
□ award「～に賞を与える」
□ passion「情熱」
□ aquatic life「水生生物」
□ honor「～に栄誉を授ける」

[第７段落]

□ inspire「～にインスピレーションを与える，～を奮起させる」
□ S be followed by A「S の次に A が続く」

[最終段落]

□ air「～を放送する」
□ thanks to A「A のおかげで」

解答

問1	1 －④	問2	2 －②
問3	3 → 4 → 5 → 6 ②→⑤→①→④		
問4	7 －④	問5	8 ・ 9 －②・④

全訳

あなたは国際夏期プログラムに参加するための奨学金を申請しようとしている。申請手続きの一環として，あなたは外国の有名な人物についてプレゼンテーションをする必要がある。下の記事に基づいてプレゼンテーションのスライドを完成させなさい。

87年の生涯の間，波の上でも下でも，ジャック・クストーは多くの偉大なことをなしとげた。彼はフランス海軍の将校であり，探検家であり，環境保護活動家，映画制作者，科学者，作家，あらゆる種類の水中生物の研究者でもあった。

彼は1910年にフランスで生まれ，パリの学校へ進み，1930年にフランス海軍兵学校に入学した。1933年に卒業した後，パイロットになる訓練をしている時に，自動車事故に遭って大けがを負った。このために彼がパイロットになる道は閉ざされた。けがからの回復に役立つようにと，クストーは地中海で水泳を始め，これによって水中生物に関心を深めるようになった。この頃，彼にとって最初の水中調査を行った。もはやパイロットになる夢を追いかけることはできなかったが，クストーは1949年まで海軍にとどまった。

1940年代に，クストーは同じ村に住んでいたマルセル・イシャックと友人になった。２人は未知の到達困難な場所を探検したいという願望を共有していた。イシャックにとっては，これは山の頂上であり，クストーにとっては，海中の不思議な世界であった。1943年，この２人の隣人はフランスで最初の水中ドキュメンタリーで賞を獲得し，世間に広く知られるようになった。

彼らのドキュメンタリー映画『水深18メートルで』は，その前年に潜水呼吸器具を使わずに撮影された。この成功に続いて，彼らはアクアラングとして知られている最初期の潜水呼吸器具の１つを使って『難破船』というもう１本の映画を作った。『難破船』の撮影中に，クストーは水中で呼吸できる時間が短いことに満足できず，器具の設計を改良した。改良した器具のおかげで，彼は1948年にマディア号というローマの難破船の探査をすることができた。

クストーは初めて泳ぎを覚えた４歳からずっと海をじっと見てきた。1953年に出版された『沈黙の世界』という本の中で，彼は自分の船についてくるイルカの群れについて述べている。彼はずっと前から，イルカはエコーロケーション（音波を利用してナビゲートすること）を使っているのではないかと思っていたので，実験をしてみることに決めた。船が海中地図に従った最適な針路を取らないように，クストーは進行方向を数度ずらした。イルカたちは数分間はついてきたが，その後元のコースに戻った。これを見て，クストーはイルカの能力についての自分の予測を確認した。人間がエコーロケーションを利用するようなったのはまだ比較的最近のことであるのだが。

生涯を通じて，クストーの業績は国際的に認められ続けることになったようだ。彼には海面の下にある世界の美しさをカメラで捉える能力があったし，多くの出版物によって一般の人たちと画像を共有した。このため，1961 年にはナショナル・ジオグラフィック誌から特別金メダルを授与された。後に，生涯続いた彼の環境保護活動への情熱が，人々に海と水生生物を保護する必要性を啓発するのに役立った。このため，1977 年に彼は国連国際環境賞を授けられた。

ジャック・クストーの生涯は作家，映画制作者，さらにはミュージシャンにもインスピレーションを与えた。2010 年には，ブラッド・マトセンが『ジャック・クストー：海の王』を出版した。これに続いて，2016 年には映画『オデッセイ』が公開された。これは彼が調査船『カリプソ』の船長だった時代を描いている。クストーがキャリアの頂点にいた時，アメリカのミュージシャンであるジョン・デンバーはアルバム『ウインドソング』の中の1曲のタイトルに，その調査船の名前を使った。

クストー自身は 50 冊を超える本と 120 本を超えるテレビのドキュメンタリーを制作した。彼の最初のドキュメンタリーシリーズ『ジャック・クストーの海中世界』は 10 年間続いた。彼の表現スタイルのおかげで，この番組は大人気となり，ドキュメンタリーシリーズ第2弾の『クストーのオデッセイ』はさらに5年間放映された。ジャック・クストーの生涯と業績のおかげで，私たちは波の下で何が起きているのかをよりよく理解できるのである。

あなたのプレゼンテーション用スライド：

スライド1

ジャック・クストー

— 1 —

国際夏期プログラムプレゼンテーション

1

スライド2

初期の経歴（1940 年以前）

- 海軍兵学校を卒業した
- 2
- 水中調査を始めた
- 海軍で勤務を続けた

2

スライド3

1940 年代

水中の世界を解明したいと願った
↓
3
↓
4
↓
5
↓
6

3

スライド4

主な作品

タイトル		説明
『水深 18 メートルで』		初期のドキュメンタリーで受賞作
7	(A)	彼の科学的実験を述べた本
	(B)	10 年間続いたドキュメンタリー・シリーズ

4

スライド5

貢献

- ダイビング機器を開発した
- イルカがエコーロケーションを使っていることを確認した
- 水生生物に関して魅力的なドキュメンタリーを制作した
- 8
- 9

5

設問解説

問 1　「あなたのプレゼンテーションに最もふさわしいサブタイトルはどれか」 1

① 写真で自然の美を捉える
② 知的生物の神秘を発見する
③ 世界の頂と底を探検する
④ 未知の海中世界を世に知らせる

正解は④。冒頭の設定で，Complete your presentation slides based on the article below.「下の記事に基づいてプレゼンテーションのスライドを完成させなさい」とあるので，**本文全体の内容をまとめたサブタイトル**を選ぶ。④ Making the Unknown Undersea World Known は，make O C「O を C にする」の形で，最後の Known が C にあたる。本文は全体としてクストーの水生生物研究への情熱と業績，彼が与えた大きな影響が説明されており，これが最もサブタイトルにふさわしい。

①は，第6段落第2文の内容に一致しているが，これはクストーの業績の一部に過ぎないので不適当。②は，イルカのエコーロケーション（反響定位）能力について述べられている箇所には合致するが，これは水生生物についての調査の1つにすぎない。また，イルカ以外の「知的生物」についての記述は本文には見られないので不適当。③は，第3段落第3文に，山頂をめざしたのはマルセル・イシャックで，クストーは海中をめざしたことが述べられているので不適当。よく見ると正解以外の選択肢には，海に関する語句が含まれていないことに気づいてほしい。

Tips!　**タイトルは要約だ！**

タイトルやサブタイトルを付けるときには，本文の一部ではなく全体を考えてふさわしいものを選ぼう。タイトルは本文全体の要約のようなものだと考えて良い。

問2　「『初期の経歴（1940 年以前）』のスライドを完成させるのに最もふさわしい選択肢を選びなさい」 2

① 潜水呼吸器具を開発した
② パイロットになる夢をあきらめざるをえなかった
③ 海から空へ興味の中心を移した
④ 海中にいる時に大けがをした

正解は②。第2段落第2・第3文には，1933 年に海軍兵学校を卒業した後で，パイロットになる訓練を受けている時期に，自動車事故で大けがをしてパイロットへの道が閉ざされたことが述べられている。

①は，第4段落第3文に一致するが，これは 1940 年以降のことなので「初期の経歴（1940 年以前）」のスライドとしては不適当。③は，第2段落第4文にあるように，大けがをしてからの彼の興味は，海から空ではなく，空から海へ移っているので不適当。④は，クストーの大けがは自動車事故によるものなので不適当。

問3　「次の５つの出来事(①～⑤)から4つを選び，起こった順に並び替えて『1940 年代』のスライドを完成しなさい」 3 → 4 → 5 → 6

① 改良した器具を使ってマディア号まで潜水した
② 呼吸器具を使わずにドキュメンタリーを撮影した
③ 隣人の１人が高所を探検するのを助けた
④ フランス海軍を退役した
⑤ 受賞して有名になった

並び替えると，②→⑤→①→④となる。

①は，第４段落最終文にあるように 1948 年の出来事である。

②は，第３段落最終文に 1943 年に受賞したことが書かれており，第４段落第１文に，その前年（1942 年）に呼吸器具なしで水中撮影をしたとある。

③は，第３段落第２・第３文に，それぞれが海と山に挑んだとあるが，クストーがイシャックの手伝いをしたとは書かれていない。したがって，この選択肢はどこにも入らない。

④は，第２段落最終文には 1949 年まで海軍にとどまったことが述べられている。

⑤は，第３段落最終文から 1943 年に受賞したことがわかる。第６段落には 1961 年と 1977 年にも受賞したことが書かれているが，ここは「1940 年代」のスライドなので，第６段落の記述は関係ない。まとめると次のようになる。

②（1942）→⑤（1943）→①（1948）→④（1949）

おそらく②と⑤を反対にして間違えた人が多いはずだ。出来事を時系列に沿って並べる問題では，第３問型と同じく次のことに気をつけよう。

Tips!　出来事が起こった順に述べられているとは限らない！

出来事が時系列に沿って，起こった順に述べられているとは限らない。文章の中では，時間軸をさかのぼって過去に戻ったり，未来の話をしたりすることがある。「出来事を起こった順に並べなさい」という設問が出たときには，難問になることが多い。難しいと時間をかけすぎてしまいがちなので，時間配分に気を配るべきポイントでもある。

問4　「『主な作品』のスライドを完成させるのに最もふさわしい組み合わせを選びなさい」 7

① (A)『難破船』　(B)『クストーのオデッセイ』
② (A)『難破船』　(B)『ジャック・クストーの海中世界』
③ (A)『沈黙の世界』　(B)『クストーのオデッセイ』
④ (A)『沈黙の世界』　(B)『ジャック・クストーの海中世界』

正解は④。 7 の(A)の Description「説明」に,「科学的実験を述べた本」とあるので,第5段落の『沈黙の世界』という本が入る。この本ではイルカのエコーロケーション能力に関する自分の仮説を検証する実験について触れられている。

(B)の Description「説明」には,「10年間続いたドキュメンタリー・シリーズ」とあるので,最終段落第2文の『ジャック・クストーの海中世界』が入る。

『難破船』は第4段落第2文にあるように映画なので(A)には不適当。『クストーのオデッセイ』は,最終段落第3文にあるが,このシリーズが続いた期間は5年間なので(B)には不適当。

問5　「『貢献』のスライドを完成させる2つの業績を選びなさい（順番は問わない)」 8 ・ 9

① 海洋生物についてのドキュメンタリー番組を放送するためにテレビ局を設立した
② 人々に海洋環境を保護するよう促した
③ 革新的な水中映像制作を称えるための賞を設立した
④ 水中世界の多くの美しい映像を制作した
⑤ フランス海軍でパイロットと研究者を訓練した

正解は②と④（順不同)。第6段落第4文に,Later, his lifelong passion for environmental work would **help educate people on the necessity of protecting the ocean and aquatic life**.「後に,生涯続いた彼の環境保護活動への情熱が,**人々に海と水生生物を保護する必要性を啓発するのに役立った**」とあるので,②は正解。さらに第6段落第2文に,He had the ability to **capture the beauty of the world below the surface of the ocean with cameras**, and he shared the images with ordinary people through his many publications.「彼には**海面の下にある世界の美しさをカメラで捉える**能力があったし,多くの出版物によって一般の人たちと画像を共有した」とある。さらに,最終段落第1文には,50冊以上の著作と120本以上のテレビドキュメンタリーを制作したことが述べられているので④も正解である。

①のテレビ局の設立についての記述はどこにも見られないので不適当。③は,クストーが賞を受賞したということは述べられているが,賞を設立したという記述はないので不適当。⑤は,クストーは海軍でパイロットになる訓練を受けていたのであって,教官ではないので不適当。

【練習問題5－1】★★★

別冊解説 p.76

Your English teacher has told everyone in your class to find an inspirational story and present it to a discussion group, using notes. You have found a magazine article.

The Greatest Baroque Composer

The two greatest composers of the Baroque era would be George Frideric Handel and Johann Sebastian Bach. Handel was born in Halle, Brandenburg-Prussia (now Germany), in 1685. Unlike Bach, who was born into a great musical family, Handel's father was a surgeon.

Handel showed an exceptional talent in playing instruments from a very early age. He learned harpsichord, violin, and organ from the organist at the Halle parish church, Friedrich Wilhelm Zachow. Zachow recognized Handel's extraordinary talent and systematically introduced him to a variety of styles of music. He also taught Handel composition. It is said that Handel started to compose at the age of nine.

In 1702, Handel became the organist at the Calvinist Cathedral in Halle. The wage was good, but the contract was just for one year. The next year, he moved to Hamburg. He was hired by the orchestra of the Hamburg Oper am Gänsemarkt as a violinist and harpsichordist. In 1705, his first opera *Almira* was produced. In Hamburg, he made three more operas. He was recognized as a brilliant opera composer.

Handel was invited to Italy in 1706 by Gian Gastone de' Medici, who had a keen interest in opera. *Rodrigo*, Handel's first all-Italian opera, was produced in Florence in 1707. In 1709, he produced another opera, *Agrippina* in Venice. It turned out to be a huge success and ran for 27 nights successively. In Italy, he also composed oratorios like *La Resurrezione* and *Il Trionfo del Tempo e del Disinganno*. The oratorio is a narrative musical work for singers and an orchestra, based on a story from the Bible.

Handel moved to England in 1712 and decided to live there permanently. (He changed his nationality in 1727.) In 1713, he composed *Utrecht Te Deum* and *Jubilate* for Queen Anne, and was granted a yearly income of £200. In 1717, an orchestral suite *Water Music*, was performed on the River Thames for King George I. The king was so impressed that he commanded three repetitions.

In 1720, the Royal Academy of Music was founded. Handel wrote outstanding operas like *Giulio Cesare*, *Tamerlano* and *Rodelinda*. In 1728, the academy ceased to function, but soon, Handel started a new company, for which he wrote several successful operas. In 1737, Handel suffered a stroke and four fingers on his right hand were disabled. No one expected him to be able to perform again, but miraculously, he started to play and compose again within a year.

Handel composed his first oratorio in English, *Athaliah*, in 1733. In 1741, he was invited by the Third Duke of Devonshire to Dublin, the capital of Ireland to give charity concerts for local hospitals. His oratorio, *Messiah*, was first performed in Dublin next year. He gave up the opera business in 1741, but enjoyed great success in oratorio. Even today, Handel's *Messiah* is performed and loved by people all around the world.

In 1752, Handel completely lost his eyesight and stopped composing. Still, he continued to play music. He died in 1759 at the age of 74. More than three thousand people attended his funeral.

Your notes:

The Greatest Baroque Composer

■ The Life of George Frideric Handel

Period	Events
1680s	Handel [1]
1690s	Handel started to write tunes
1700s and beyond	[2] ↓ [3] ↓ [4] ↓ [5]

■ After Leaving Germany

▶ In Italy, Handel enjoyed great success as [6].

▶ In England, Handel [7].

■ Little Known Facts about Handel

▶ [8]

▶ [9]

問1 Choose the best option for [1].

① became an organist
② composed an opera
③ spent his childhood in Halle
④ was born into a great musical family

問2 Choose **four** out of the five options (①～⑤) and rearrange them in the order they happened. [2] → [3] → [4] → [5]

① Handel gave the first performance of *Messiah* in Dublin
② Handel performed *Water Music* for King George I
③ Handel produced his first all-Italian opera
④ Handel started a new orchestra
⑤ Handel was hired by the Calvinist Cathedral

問3 Choose the best option for [6].

① a violinist
② an opera composer
③ an oratorio composer
④ an organist

問4 Choose the best option for [7].

① continued to write operas till the end of his life
② mainly wrote orchestra suites
③ shifted his focus from opera to oratorio
④ succeeded as an organist rather than as a composer

問5 Choose the best two options for [8] and [9]. (The order does not matter.)

① Handel stopped composing after he lost his eyesight.
② Handel wrote his first oratorio in England.
③ Handel's father was not a musician.
④ The Third Duke of Devonshire invited Handel to England.
⑤ *Water Music* was first composed for Queen Anne.

解答時間	分

【練習問題5－2】★★★

別冊解説 p.83

Your English teacher has told everyone in your class to find an inspirational story and present it to a discussion group, using notes. You have found an article in a magazine.

The Life of a Civil Rights Icon

Martin Luther King, Jr. was an important social activist who led the movement for African American Civil Rights throughout the 1950s and 1960s. He was a key figure in many events that changed the course of history for black Americans, including the Montgomery Bus Boycott and his iconic "I Have a Dream" speech.

Martin Luther King, Jr. was born in 1929 in Atlanta, Georgia. From a young age, King excelled in school. He skipped the ninth and eleventh grades. By the time he was twenty-five years old, he had already earned his doctorate degree from Boston University. His first important event as a Civil Rights activist came just a year later in 1955, when an African American woman named Rosa Parks, who was exhausted after a long day of work, refused to give up her seat on a bus to white men who were standing. After she was arrested, a civil rights group selected Martin Luther King, Jr. to lead a boycott of buses in Montgomery. He continued to display leadership for the movement in 1957, when he founded an organization called the Southern Christian Leadership Conference (SCLC). Among other activities, the organization was involved in helping African Americans vote in elections. With the help of the SCLC, Martin Luther King, Jr. continued leading important civil rights events in the late 1950s and early 1960s.

Martin Luther King, Jr. suffered a lot for his efforts. He was often abused by those who wanted black and white people to be segregated in society. In the spring of 1963, he was arrested at a demonstration in Birmingham, Alabama, where police abused the protestors by using dogs and spraying water at them with fire hoses. From jail, Martin Luther King, Jr. sent a famous letter in which he preached the importance of non-violent protest. In August of the same year, he gave a powerful speech at the March on Washington. In the speech, called "I Have a Dream," Martin Luther King, Jr. presented his vision of a future where people were no longer judged by the color of their skin, and where people could work together as brothers and sisters regardless of race.

In a sad turn of events, Martin Luther King, Jr. was assassinated in April of 1968 after giving another famous speech in Memphis, Tennessee, while standing at the balcony of his hotel. His assassination sparked riots around the nation. The alleged assassin, James Earl Ray, was sentenced to prison in 1969, where he spent the rest of his life.

Today, Martin Luther King, Jr. is considered the most important person in the advancement of Civil Rights for African Americans. His "I Have a Dream" speech is studied in schools around the nation not only for its importance in the history of Civil Rights, but also for its powerful wording. There are streets, buildings, and institutions across the United States that are named after the civil rights leader. In 1983, the third Monday in January was named Martin Luther King Day, and his legacy is celebrated on this federal holiday every year.

Your notes:

The Life of a Civil Rights Icon

■ A timeline of events in the life of Martin Luther King, Jr.

1929	Born in Atlanta, Georgia.
1950s	[1]
	[2]
1960s	[3]
	[4]
	King was fatally shot.

■ The Civil Right Movement:
- King founded the Southern Christian Leadership Conference (SCLC).
- King led a campaign for not using buses.
- [5]
- [6]

■ The "I Have a Dream" Speech:
- King delivered the "I Have a Dream" speech in 1963.
- The society King dreamed of is one where [7] .

■ King's Influence seen in the U.S. today:
- Students in the U.S. [8] .
- [9]

問1 Choose **four** out of the five options (①～⑤) and rearrange them in the order they happened. [1] → [2] → [3] → [4]

① King led a bus boycott.
② King organized a group for black people.
③ King spoke about his future vision.
④ King was named after a federal holiday.
⑤ King was put in jail.

問2 Choose the best two options for [5] and [6]. (The order does not matter.)

① King created a unique way to avoid being attacked by the police.
② King educated young people at Boston University.
③ King emphasized on the importance of non-violent protest.
④ King promoted voting rights for African Americans.
⑤ King remained seated in a bus and didn't stand up for white men.
⑥ King tried to build strong ties with white leaders to change the situation of black Americans.

問3 Choose the best option for [7].

① better bus services are available for African Americans
② people can choose their jobs according to the color of their skin
③ people can run a business with their brothers and sisters
④ people can work and live in harmony regardless of race

問4 Choose the best option for [8].

① are taught about his famous speech
② consider King the greatest leader in history
③ face the reality at the present
④ learn his "I Have a Dream" speech by heart

問5 Choose the best option for [9].

① A federal holiday was made to honor King's contributions.
② Many politicians are now African-American.
③ Protest marches take place around the nation in April.
④ Speech writing has become a popular job.

解答時間	分

Ⅵ. 人文科学・自然科学などの小論文

パラグラフの構成

《ハンバーガー・エッセイ》などと呼ばれる，アカデミック・ライティングの書き方，パラグラフ（段落）展開の基本を頭に入れておきましょう。これを知っておけば，ややこしい論説文もスッキリ頭に入ります。特に気をつけたいのは**第１パラグラフと最終パラグラフ**です。

Tips!　第１パラグラフと最終パラグラフは要注意！

第６問　（配点　24）

A　You are preparing for a group presentation on gender and career development for your class. You have found the article below.

Introduction

Can Female Pilots Solve Asia's Pilot Crisis?

[1]　With the rapid growth of airline travel in Asia, the shortage of airline pilots is becoming an issue of serious concern. Statistics show that the number of passengers flying in Asia is currently increasing by about 100, 000, 000 a year. If this trend continues, 226, 000 new pilots will be required in this region over the next two decades. To fill all of these jobs, airlines will need to hire more women, who currently account for 3% of all pilots worldwide, and only 1% in Asian countries such as Japan and Singapore. To find so many new pilots, factors that explain such a low number of female pilots must be examined, and possible solutions have to be sought.

Hook
↓
Background Information
↓
Thesis Statement

⋮

第１パラグラフの Introduction《導入部》は文章全体を支配します。たいてい，最初に Hook と呼ばれる《話題の導入》があります。さらに，Background Information《背景説明》が続き，**第１パラグラフの最後に Thesis Statement と言われる《主題文》**が現れます。従って，第１パラグラフの最後は格別の注意を払って，読んでください。

Tips!　論説文はまず Thesis Statement《主題文》を捉えよう！

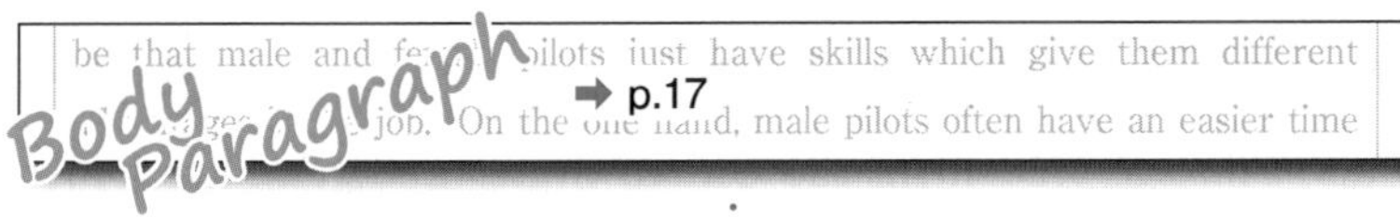

be that male and female pilots just have skills which give them different
On the one hand, male pilots often have an easier time
Body Paragraph
➡ p.17

⋮

Conclusion

[5] When young passengers see a woman flying their plane, they come to accept female pilots as a natural phenomenon. Today's female pilots are good role models for breaking down stereotypical views and traditional practices, such as the need to stay home with their families. Offering flexible work arrangements, as has already been done by Vietnam Airlines, may help increase the number of female pilots and encourage them to stay in the profession.

[6] It seems that men and women can work equally well as airline pilots. A strong message must be sent to younger generations about this point in order to eliminate the unfounded belief that airline pilots should be men.

Restatement

上記は2018年プレテスト第6問Aの最終パラグラフです。最終パラグラフにはConclusion《結論》が述べられますが，これは第1パラグラフのThesis Statementと同じ内容を，別の表現で述べたRestatementが置かれることになっています。

この文章のThesis StatementとRestatementの和訳と，「この記事を最も良く<u>要約</u>している記述」を選ばせる正解の選択肢を下に並べてみましょう。

▶ [1] Thesis Statement

「新しいパイロットをたくさん見つけるためには，これほど女性パイロットの数が少ないことを説明する要因が調査されるべきで，可能な解決策が模索されるべきである」

▶ [6] Restatement

「エアラインのパイロットとして男性も女性も同じようによく働くことができるようである。エアラインのパイロットは男性であるべきだという根拠のない考えを取り除くために，この点について若い世代に強いメッセージを送るべきだ」

▶ 要約問題　正解の選択肢

① 女性パイロットに対する否定的意見にもかかわらず，彼女たちは男性パイロットと同じように成功できる。

こうして並べて読めば，要約問題で間違えることはないでしょう。

Tips! 要約文選択問題は Thesis & Restatement で《主題文》を捉えよう！

【例題－6A】総語数約 750 語 02_03 8分

A You are an exchange student in the United States and you have joined the school's drama club. You are reading an American online arts magazine article to get some ideas to help improve the club.

Recent Changes at the Royal Shakespeare Company

By John Smith
Feb. 20, 2020

We are all different. While most people recognize that the world is made up of a wide variety of people, diversity—showing and accepting our differences—is often not reflected in performing arts organizations. For this reason, there is an increasing demand for movies and plays to better represent people from various backgrounds as well as those with disabilities. Arts Council England, in response to this demand, is encouraging all publicly funded arts organizations to make improvements in this area. One theater company responding positively is the Royal Shakespeare Company (RSC), which is one of the most influential theater companies in the world.

Based in Stratford-upon-Avon in the UK, the RSC produces plays by William Shakespeare and a number of other famous authors. These days, the RSC is focused on diversity in an attempt to represent all of UK society accurately. It works hard to balance the ethnic and social backgrounds, the genders, and the physical abilities of both performers and staff when hiring.

During the summer 2019 season, the RSC put on three of Shakespeare's comedies: *As You Like It*, *The Taming of the Shrew*, and *Measure for Measure*. Actors from all over the country were employed, forming a 27-member cast, reflecting the diverse ethnic, geographical, and cultural population of the UK today. To achieve gender balance for the entire season, half of all roles were given to male actors and half to female actors. The cast included three actors with disabilities (currently referred to as "differently-abled" actors)—one visually-impaired, one hearing-impaired, and one in a wheelchair.

Changes went beyond the hiring policy. The RSC actually rewrote parts of the plays to encourage the audience to reflect on male/female power relationships. For example, female and male roles were reversed. In *The Taming of the Shrew*, the role of "the daughter" in the original was transformed into "the son" and played by a male actor. In the same play, a male servant character was rewritten as a female servant. That role was played by Amy Trigg, a female actor who uses a wheelchair. Trigg said that she was excited to play the role and believed that the RSC's changes would have a large impact on other performing arts organizations. Excited by all the diversity, other members of the RSC expressed the same hope—that more arts organizations would be encouraged to follow in the RSC's footsteps.

The RSC's decision to reflect diversity in the summer 2019 season can be seen as a new model for arts organizations hoping to make their organizations inclusive. While there are some who are reluctant to accept diversity in classic plays, others welcome it with open arms. Although certain challenges remain, the RSC has earned its reputation as the face of progress.

問1　According to the article, the RSC [1] in the summer 2019 season.

① gave job opportunities to famous actors
② hired three differently-abled performers
③ looked for plays that included 27 characters
④ put on plays by Shakespeare and other authors

問2　The author of this article most likely mentions Amy Trigg because she [2].

① performed well in one of the plays presented by the RSC
② struggled to be selected as a member of the RSC
③ was a good example of the RSC's efforts to be inclusive
④ was a role model for the members of the RSC

問3 You are summarizing this article for other club members. Which of the following options best completes your summary? [3]

[Summary]
The Royal Shakespeare Company (RSC) in the UK is making efforts to reflect the population of UK society in its productions. In order to achieve this, it has started to employ a balance of female and male actors and staff with a variety of backgrounds and abilities. It has also made changes to its plays. Consequently, the RSC has [3].

① attracted many talented actors from all over the world
② completed the 2019 season without any objections
③ contributed to matching social expectations with actions
④ earned its reputation as a conservative theater company

問4 Your drama club agrees with the RSC's ideas. Based on these ideas, your drama club might [4].

① perform plays written by new international authors
② present classic plays with the original story
③ raise funds to buy wheelchairs for local people
④ remove gender stereotypes from its performances

(2021年度　第2日程)

語句

[第１段落]

- □ recognize「～とわかる，認識する」
- □ *be* made up of A「A でできている」
- □ diversity「多様性」
- □ reflect「～を反映する」
- □ performing arts「舞台芸術」
- □ organization「組織」
- □ demand「要求」
- □ represent「～を表す，代表する」
- □ background「背景，経歴，生い立ち」
- □ A as well as B「B と同様に A」
- □ disability「障害」
- □ council「評議会，委員会」
- □ in response to A「A に反応して」
- □ encourage A to V「A が V するように促す」
- □ publicly funded「公的資金を受けた」
- □ improvement「改善」
- □ area「分野」
- □ theater company「劇団」
- □ positively「積極的に，前向きに」
- □ influential「影響力のある」

[第２段落]

- □ play「戯曲，演劇」
- □ a number of A「多くの A，いくつかの A」
- □ author「作家」
- □ these days「最近」
- □ *be* focused on A「A に意欲的だ，焦点を当てている」
- □ in an attempt to V「V する試みで」
- □ accurately「正確に」
- □ ethnic「民族の」
- □ gender「性（の区分）」
- □ physical「肉体の」

[第３段落]

- □ put A on「A を上演する」
- □ employ「～を雇う」
- □ diverse「多様な」
- □ geographical「地理的な」
- □ entire「全体の」
- □ male「男性の」
- □ female「女性の」
- □ include「～を含む」
- □ (*be*) referred to as A「A と呼ばれる」
- □ impaired「障害がある」　★遠回しな言い方。
- □ wheelchair「車椅子」

[第４段落]

□ go beyond A「A〈範囲〉を超える」　□ policy「方針，方策」
□ reflect on A「A について熟考する」　□ reverse「～を反対にする」
□ transform A into B「A を B に変える」
□ servant「使用人」　□ footstep「足跡」

[最終段落]

□ inclusive「あらゆる人々を受け入れた」　□ *be* reluctant to V「V したがらない」
□ classic plays「古典劇」
□ with open arms「両手を広げて，心から喜んで」
□ challenge「課題，難問」　□ reputation「評判，名声」

解答

問1	1 −②	問2	2 −③	問3	3 −③	問4	4 −④

全訳

あなたはアメリカにいる交換留学生で，学校の演劇部に入った。その部を改善するのに役立つアイディアを得るために，あなたはアメリカのオンラインの芸術雑誌の記事を読んでいる。

ロイヤル・シェイクスピア・カンパニーにおける最近の変化

ジョン・スミス
2020年2月20日

我々は皆違っている。世界はさまざまな人たちでできていることをほとんどの人が認識してはいるが，多様性，つまり，違いを表明して，受け入れることが，舞台芸術団体においては反映されていないことがしばしばだ。このため，映画や演劇において，障害を持つ人たちやさまざまな背景を持つ人たちをより適切に表すことがますます求められている。このような要求に応えて，イングランド芸術評議会は，公的資金が投入されているすべての芸術団体にこの分野で改善をするよう促している。これに積極的に応じた劇団の1つが，世界で最も影響力のある劇団の1つである，ロイヤル・シェイクスピア・カンパニー（RSC）である。

イギリスのストラットフォード・アポン・エイボンを拠点にして，RSCはウィリアム・シェイクスピアと多くの有名作家の戯曲を上演している。最近，RSCは，多様性に関して意欲的で，イギリス社会全体を正確に表現しようと試みている。雇用する際に，俳優でもスタッフでも，民族的・社会的背景，性別，身体能力のバランスをとるように懸命に取り組んでいる。

2019年の夏のシーズンに，RSCはシェイクスピアの3つの喜劇，『お気に召すまま』，『じゃじゃ馬ならし』，『尺には尺を』を上演した。国中から俳優が採用され，今日のイギリスの多様な民族的，地理的，文化的な人口構成を反映して，27名のキャストになった。シーズン全体の性別のバランスをとるために，すべての役の半分が男性俳優に，半分が女性俳優に割り振られた。キャストには3人の障害のある俳優がいた（今では「違った能力を持つ」俳優と言われている）。1人は視覚障害があり，1人は聴覚障害があり，そして1人は車椅子に乗っている。

変更は採用方針にとどまらなかった。実際 RSC は戯曲の一部を書き換えて，観客に男女の力関係についてじっくり考えることを促した。たとえば，女性と男性の役を反対にした。『じゃじゃ馬ならし』では，原作の「娘」役は「息子」役に変更され，男性俳優が演じた。同じ戯曲で，男性の使用人は女性の使用人として書き換えられた。その役を車椅子に乗っている女性俳優エイミー・トリッグが演じた。トリッグは，自分がその役を演じることにわくわくするし，RSC の変更が他の舞台芸術団体にも大きな影響を与えると思うと述べた。あらゆる多様性に刺激を受け，RSC の他のメンバーは同じ希望を表明した。それは，さらに多くの芸術団体が RSC の後に続くよう勇気づけられるという希望である。

RSC が 2019 年の夏のシーズンに多様性を反映させることを決めたことは，自分たちの団体があらゆる人たちを受け入れるようにしたいと望む芸術団体にとって，新たなモデルであると見なせる。古典劇に多様性を受け入れたがらない人もいれば，もろ手を挙げて歓迎する人もいる。いくつかの課題は残っているけれども，RSC は進歩の顔として名声を得た。

設問解説

問 1　「この記事によると，RSC は 2019 年の夏のシーズンに［ 1 ］」

① 有名俳優に仕事の機会を与えた
② 3 人の違った能力を持つ俳優を採用した
③ 27 人の登場人物がいる戯曲を探した
④ シェークスピアと他の作家による戯曲を上演した

正解は②。第 3 段落最終文に，The cast included three actors with disabilities (currently referred to as “differently-abled” actors) — one visually-impaired, one hearing-impaired, and one in a wheelchair.「キャストには 3 人の障害のある俳優がいた（今では「違った能力を持つ」俳優と言われている）。1 人は視覚障害があり，1 人は聴覚障害があり，そして 1 人は車椅子に乗っている」とあり，differently-abled の意味も説明されている。よって②が正解。

なお，①は有名俳優についての記述は本文にない。③は第 3 段落第 2 文には 27 名のキャストになったことが述べられているが，そのような演劇を探したわけではない。④は，第 3 段落第 1 文に，このシーズンにシェイクスピアの喜劇が上演されたと述べられているが，他の作家のことは書かれていないので不適当。

問2 「この記事の著者がエイミー・トリッグのことを取り上げたのは，彼女が 2 からという理由である可能性がきわめて高い」

① RSC によって上演された演劇の 1 つでうまい演技をした
② RSC のメンバーに選ばれるように努力した
③ あらゆる人たちを受け入れようという RSC の取り組みのよい例であった
④ RSC のメンバーにとっての手本だった

正解は③。第 4 段落の第 5・第 6 文に，使用人の役が男性から女性に変更されて，その役を車椅子を使用しているエイミー・トリッグが演じたことが述べられている。③の inclusive「あらゆる人たちを含む」という単語は，最終段落の第 1 文に登場するが，これは障害のある人やさまざまな背景を持つ人たちを受け入れる多様性を表す言葉だと捉えられる。よって③が正解となる。このように該当する表現が次の段落に登場することもあるから，わからないときには次の段落の第 1 文も確認したい。なぜなら，各段落の最初の文にはしばしば前の段落をまとめるような表現があるからだ。

①の演技の出来についての記述は本文にはない。②についても本文に記述はない。④は，role「役」と role model「手本」の混同を誘う選択肢で，そのような記述は本文に見られない。

Tips! **ある段落の要旨がつかみにくいときは次の段落の第 1 文も読もう！**

段落の最初の 1 文には，しばしば前の段落の内容をまとめた表現が登場する。特に，長い段落の次の段落の最初の 1 文は要注意だ。

問3 「あなたは他の部員のためにこの記事を要約している。次の選択肢のうち，あなたの要約を完成させるのに最も適切なものはどれか」 3

[要約]
イギリスのロイヤル・シェイクスピア・カンパニー（RSC）は，イギリス社会の人口構成を演劇に反映させようと努力している。これを達成するため，RSC は男女のバランスがとれたさまざまな背景と能力を持つ俳優やスタッフを採用し始めた。さらには，戯曲にも変更を加えた。その結果，RSC は 3 。

① 世界中から多くの才能豊かな俳優を引き寄せた
② 何の反対もなく 2019 年のシーズンを終えた
③ 行動で社会の期待に応えることに貢献した
④ 保守的な劇団として名声を得た

正解は③。第1段落第3・4文に，映画や演劇に多様性を反映させた改善が求められるようになってきたことが，第5文にはRSCがこれに応えたことが述べられていて，多様性を反映させることが社会の期待になっていることがわかるので③が正解。

①については，第3段落第2文にはイギリス中から俳優が採用されたことが述べられているが，世界中の俳優とは書かれていない。②については，最終段落第2文に，While there are some who are reluctant to accept diversity in classic plays, others welcome it with open arms.「古典劇に多様性を受け入れたがらない人もいれば，もろ手を挙げて歓迎する人もいる」とあり，多様性を受け入れたがらない人もいたことが述べられているので，不適当。④については，conservative「保守的な」という言葉遣いがおかしい。最終段落最終文には，RSCがthe face of progress「進歩の顔」として評価を得たことが述べられている。

Tips! 要約の問題では第1段落と最終段落をチェックしよう！

《パラグラフの構成》でも述べたように第1段落 (Introduction) には文章全体の Thesis Statement（主題文）が登場し，最終段落（Conclusion）には Thesis の Restatement（言い換え）がくる。最初と最後の段落の内容が要約のポイントになる。

問4「あなたたちの演劇部はRSCの考えに賛同している。この考えに基づくと，あなたたちの演劇部は［ 4 ］かもしれない」

① 新たな外国の作家によって書かれた戯曲を上演する
② 原作の物語通りに古典劇を上演する
③ 地元の人たちのための車椅子を買うために寄付を募る
④ 演劇から男女に関する固定観念を取り除く

正解は④。第4段落第2文に，The RSC actually rewrote parts of the plays to encourage the audience to reflect on male/female power relationships.「実際RSCは戯曲の一部を書き換えて，観客に男女の力関係についてじっくり考えることを促した」とあり，RSCが男女の役を入れ替えたことが述べられている。よって④が正解となる。

①は，どの国の作家の演劇を上演するかについての議論は本文にはない。②は，RSCに反対の立場の意見になる。③は，車椅子を購入することについては本文に述べられていない。

【例題－6B】総語数約 1,020 語 02_04

12分

B You are one of a group of students making a poster presentation for a wellness fair at City Hall. Your group's title is *Promoting Better Oral Health in the Community*. You have been using the following passage to create the poster.

Oral Health: Looking into the Mirror

In recent years, governments around the world have been working to raise awareness about oral health. While many people have heard that brushing their teeth multiple times per day is a good habit, they most likely have not considered all the reasons why this is crucial. Simply stated, teeth are important. Teeth are required to pronounce words accurately. In fact, poor oral health can actually make it difficult to speak. An even more basic necessity is being able to chew well. Chewing breaks food down and makes it easier for the body to digest it. Proper chewing is also linked to the enjoyment of food. The average person has experienced the frustration of not being able to chew on one side after a dental procedure. A person with weak teeth may experience this disappointment all the time. In other words, oral health impacts people's quality of life.

While the basic functions of teeth are clear, many people do not realize that the mouth provides a mirror for the body. Research shows that good oral health is a clear sign of good general health. People with poor oral health are more likely to develop serious physical diseases. Ignoring recommended daily oral health routines can have negative effects on those already suffering from diseases. Conversely, practicing good oral health may even prevent disease. A strong, healthy body is often a reflection of a clean, well-maintained mouth.

Maintaining good oral health is a lifelong mission. The Finnish and US governments recommend that parents take their infants to the dentist before the baby turns one year old. Finland actually sends parents notices. New Zealand offers free dental treatment to everyone up to age 18. The Japanese government promotes an 8020 (Eighty-Twenty) Campaign. As people age, they can lose teeth for various reasons. The goal of the campaign is still to have at least 20 teeth in the mouth on one's 80th birthday.

Taking a closer look at Japan, the Ministry of Health, Labour and Welfare has been analyzing survey data on the number of remaining teeth in seniors for many years. One researcher divided the oldest participants into four age groups: A (70-74), B (75-79), C (80-84), and D (85 +). In each survey, with the exception of 1993, the percentages of people with at least 20 teeth were in A-B-C-D order from high to low. Between 1993 and 1999, however, Group A improved only about six percentage points, while the increase for B was slightly higher. In 1993, 25.5% in Group A had at least 20 teeth, but by 2016 the Group D percentage was actually 0.2 percentage points higher than Group A's initial figure. Group B increased steadily at first, but went up dramatically between 2005 and 2011. Thanks to better awareness, every group has improved significantly over the years.

Dentists have long recommended brushing after meals. People actively seeking excellent oral health may brush several times per day. Most brush their teeth before they go to sleep and then again at some time the following morning. Dentists also believe it is important to floss daily, using a special type of string to remove substances from between teeth. Another prevention method is for a dentist to seal the teeth using a plastic gel (sealant) that hardens around the tooth surface and prevents damage. Sealant is gaining popularity especially for use with children. This only takes one coating and prevents an amazing 80% of common dental problems.

Visiting the dentist annually or more frequently is key. As dental treatment sometimes causes pain, there are those who actively avoid seeing a dentist. However, it is important that people start viewing their dentist as an important ally who can, literally, make them smile throughout their lives.

Your presentation poster:

Promoting Better Oral Health in the Community

1. Importance of Teeth

A. Crucial to speak properly
B. Necessary to break down food
C. Helpful to enjoy food
D. Needed to make a good impression
E. Essential for good quality of life

2. [6]

Finland & the US: Recommendations for treatment before age 1
New Zealand: Free treatment for youth
Japan: 8020 (Eighty-Twenty) Campaign (see Figure 1)

[7]

Figure 1. The percentage of people with at least 20 teeth.

3. Helpful Advice

[8]
[9]

問1 Under the first poster heading, your group wants to express the importance of teeth as explained in the passage. Everyone agrees that one suggestion does not fit well. Which of the following should you **not** include? 5

① A
② B
③ C
④ D
⑤ E

問2 You have been asked to write the second heading for the poster. Which of the following is the most appropriate? 6

① National 8020 Programs Targeting Youth
② National Advertisements for Better Dental Treatment
③ National Efforts to Encourage Oral Care
④ National Systems Inviting Infants to the Dentist

問3 You want to show the results of the researcher's survey in Japan. Which of the following graphs is the most appropriate one for your poster? 7

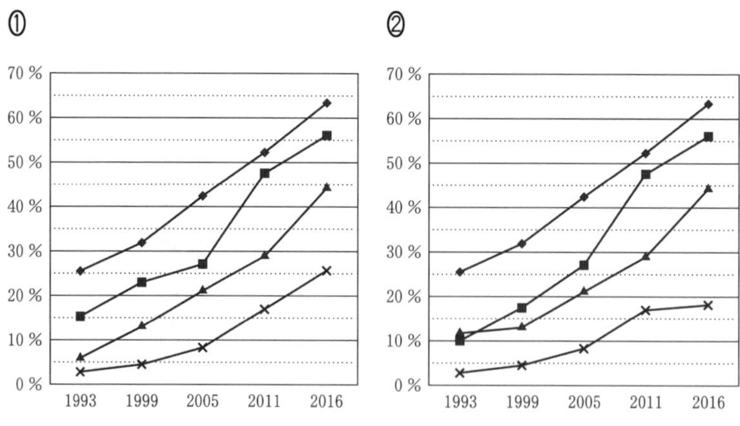

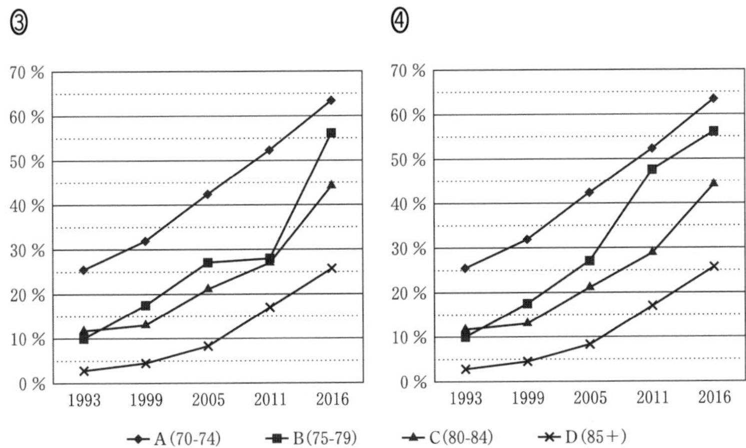

問4　Under the last poster heading, you want to add specific advice based on the passage. Which two of the following statements should you use? (The order does not matter.) [8] · [9]

① Brush your teeth before you eat breakfast.
② Check your teeth in the mirror every day.
③ Make at least one visit to the dentist a year.
④ Put plastic gel on your teeth frequently.
⑤ Use dental floss between your teeth daily.

(2021 年度　第 2 日程)

語句

[設定文]

- □ city hall「市役所，市庁舎」
- □ oral「歯の」

[第１段落]

- □ raise「～を高める，上げる」
- □ awareness「意識」
- □ multiple「複数の」
- □ habit「習慣」
- □ crucial「重要な」
- □ Simply stated,「簡単に言えば」
- □ pronounce「発音する」
- □ accurately「正確に」
- □ necessity「必要なもの」
- □ chew「嚙む，咀嚼する」
- □ digest「～を消化する」
- □ *be* linked to A「A と関連している」
- □ frustration「フラストレーション，いらいら」
- □ procedure「（医療の）処置」
- □ disappointment「失望」
- □ in other words「言い換えると」
- □ impact「～に影響を与える」

[第２段落]

- □ function「機能」
- □ provide「～を提供する，与える」
- □ general「全般的な」
- □ *be* likely to V「V する可能性が高い」
- □ physical「身体の」
- □ ignore「～を無視する」
- □ recommended「推奨される」
- □ routine「日課，いつもの仕事」
- □ negative「悪い，有害な，否定的な」
- □ conversely「逆に」
- □ practice「～を実行する」
- □ prevent「～を妨げる」
- □ reflection「反映」
- □ well-maintained「よく管理された」

[第３段落]

- □ mission「使命，任務」
- □ Finnish「フィンランドの」
- □ infant「乳幼児」
- □ dentist「歯科医」
- □ notice「通知」
- □ up to A「A まで」
- □ promote「～を促進する」

[第４段落]

- □ take a look at A　= look at A
- □ ministry「省」
- □ analyze「～を分析する」
- □ survey「調査」
- □ senior「高齢者」
- □ divide A into B「A を B に分ける」
- □ participant「参加者」
- □ exception「例外」
- □ order「順番」
- □ improve「改善する」
- □ initial「最初の」
- □ figure「①数字　②図」
- □ steadily「着実に」
- □ go up　= increase
- □ thanks to A「A のおかげで」

[第5段落]

- □ excellent「すばらしい」
- □ most「たいていの人たち」
- □ string「糸」
- □ substance「もの」
- □ seal「～をコーティングする」
- □ surface「表面」
- □ per「…につき」
- □ floss「フロスをする」
- □ remove「～を取り除く」
- □ prevention「予防」
- □ harden「～を固くする」

[最終段落]

- □ annually「毎年」
- □ treatment「治療」
- □ view A as B「A を B だと見なす」
- □ literally「文字通り」
- □ frequently「しばしば，頻繁に」
- □ avoid「～を避ける」
- □ ally「協力者，支え」

解答

問1 [5]－④ 問2 [6]－③ 問3 [7]－④
問4 [8]・[9]－③・⑤

全訳

あなたは市役所での健康フェアのためにポスター展示を制作している学生グループの1人だ。あなたのグループのタイトルは「地域の口腔衛生向上の促進」である。ポスターを作るために次の文章を利用している。

口腔衛生：鏡をのぞきこんで

近年世界中の政府が口腔衛生についての意識を高めることに取り組んでいる。一日に複数回歯を磨くことはよい習慣だと聞いたことがある人は多いのに，これが重要である理由をすべて考えたことはおそらくないだろう。端的に言って，歯は重要である。言葉を正確に発音するためには歯が必要だ。それどころか，口腔衛生がよくないと実際に話すことが難しくなることがある。それよりずっと根本的に必要なことは，食べ物をきちんと咀嚼(そしゃく)できることである。咀嚼することによって食べ物は嚙(か)み砕かれ，そのおかげで身体が食べ物を消化するのがより容易になる。適切に咀嚼することは，食べ物を楽しむこととも関係がある。大抵の人は，歯科の処置を受けた後で，口の片側で食べ物を嚙めないといういらいらを経験したことがあるものだ。歯が悪い人はこのような失望を常に経験しているのかもしれない。言い換えると，口腔衛生は人々の生活の質に影響を与える。

歯の基本的な役割は明らかなのに，口は身体を映す鏡となっていることを認識していない人が多い。研究によると，口腔衛生がよいことは全般的な健康状態がよいことをはっきりと示すものである。口腔衛生がよくない人は，深刻な身体疾患を発症する可能性がより高い。推奨されている日々の口腔衛生上の決まりごとを怠ると，すでに病気を患っている人たちに悪影響が及びうる。逆に，正しい口腔衛生を実践している人は病気を予防することさえできるかもしれない。丈夫で健康な身体は，しばしば手入れの行き届いた清潔な口を反映するものである。

正しい口腔衛生を維持することは，生涯つづく使命である。フィンランド政府とアメリカ政府は，赤ちゃんが1歳になる前に親が歯科医へ連れて行くように推奨している。実際，フィンランドは親に通知を送っている。ニュージーランドは，18歳までの全員に無償の歯科治療を提供している。日本政府は8020（はちまるにいまる）運動を推進している。人々は年を取るにつれて，さまざまな理由で歯を失うことがある。この運動の目標は，80 歳の誕生日の時にも口の中に少なくとも 20 本の歯をまだ持っていることである。

日本についてもっと詳しく見ると，厚生労働省は長年にわたって高齢者の口に残っている歯の数に関する調査データを分析してきた。ある研究者は最も高齢の協力者を 4 つの年齢層に分けた。それは，A（70 – 74 歳），B（75 – 79 歳），C（80 – 84 歳），D（85 歳以上）である。1993 年を除いて，それぞれの調査において，少なくとも 20 本の歯が残っている人の割合は，高い方から低い順に A – B – C – D だった。だが，1993 年から 1999 年の間に，年齢層 A はおよそ 6 %しか改善しなかったが，年齢層 B の増加はそれよりも少し大きかった。1993 年には，年齢層 A の 25.5 %は少なくとも 20 本の歯を持っていたが，2016 年までには年齢層 D の割合は，年齢層 A の最初の数字より実に 0.2 %高かった。年齢層 B は，最初は着実に増加していたが，2005 年から 2011 年の間に劇的に増加した。意識が高まったおかげで，どの年齢層も年々かなり改善した。

歯科医はずっと前から食事の後の歯磨きを推奨してきた。積極的に口腔衛生をよくしようとしている人々は，毎日数回歯を磨くかもしれない。ほとんどの人は寝る前に歯を磨き，翌朝のいつか再び歯を磨く。歯科医は，歯間に挟まった物を取り除くための特別な糸を使って，毎日フロスをすることも重要だと考えている。他の予防法は，歯の表面の周囲を固くし損傷を防ぐプラスチックジェル（シーラント）を使って歯科医に歯をコーティングしてもらうことである。シーラントは特に子どもに使うのが人気になってきている。これは一度塗るだけで，驚くべきことに一般的な歯の問題の 80%も防いでくれるのだ。

毎年あるいはもっと頻繁に歯科医の診察を受けに行くことが重要である。歯の治療は痛みをもたらすことがあるので，歯科医の診察をあえて避ける人もいる。しかし，人々が自分の歯科医を，文字通り，一生を通じて自分を笑顔にさせてくれる強い味方だとみなすようになることが重要である。

あなたのプレゼンテーション用ポスター：

地域の口腔衛生向上の促進

1. 歯の重要性

A. しっかりと話すのに重要
B. 食べ物を咀嚼するのに必要
C. 食べ物を楽しむのに役立つ
D. 良い印象を与えるのに必要
E. 良質な生活に不可欠

2. [6]

フィンランドとアメリカ：1歳前の治療を奨励
ニュージーランド：若者への無償の治療
日本：8020（はちまるにいまる）運動（図1を参照）

[7]

図1．少なくとも20本の歯を持っている人の割合

3. 役立つアドバイス

[8]
[9]

設問解説

問1 「ポスターの最初の見出しの下に，この文章で説明されているように歯の重要性を述べたいとあなたのグループは思っている。1つの案がふさわしくないということで皆の意見は一致している。次のうち，含めるべきで**ない**のはどれか」 5

① A
② B
③ C
④ D
⑤ E

正解は④。ポスターの「歯の重要性」を確認する。その中でDの「良い印象を与える」事については本文に記述がない。最終段落最終文には，一生笑顔でいられることが述べられているが，これは人に良い印象を与えることについて述べたものではない。

他のA，B，C，Eはすべて第1段落の内容と一致する。Aは第4・5文，Bは第6・7文，Cは第8～10文，Eは最終文で触れられている。

この種の設問は本文の全体を確認する必要があることが多いので，本文の前半だけ読んで答えたりすると，間違えやすい。全体を通読してから設問を解くのが安全だ。

Tips! **通読してから設問にかかろう！**

共通テスト英語リーディングの第4～6問の問題は，本文を通読していないと解けないように作られていることが多い。通読してから設問に取りかかり，本文の該当箇所を再確認できる時間的余裕が必要だ。

問2 「あなたはポスターの2つめの見出しを書くように頼まれている。次のうち，最もふさわしいのはどれか」 6

① 青少年対象の国の8020運動
② よりよい歯科治療のための国の広告
③ 口腔ケアを推奨するための国の取り組み
④ 乳幼児を歯科医へ招き入れる国の制度

正解は③。第3段落には，フィンランドとアメリカ，ニュージーランド，日本での口腔衛生推奨の政策が説明されている。

①は日本だけのことであるのでこの項目のタイトルとしては不適切。②は特に広告への言及がないので不適切。④は日本以外の国の事例なので不適切。

問3　「あなたは日本での研究調査結果を掲載したいと思っている。次のグラフのうち，あなたのポスターに最もふさわしいのはどれか」　7

④

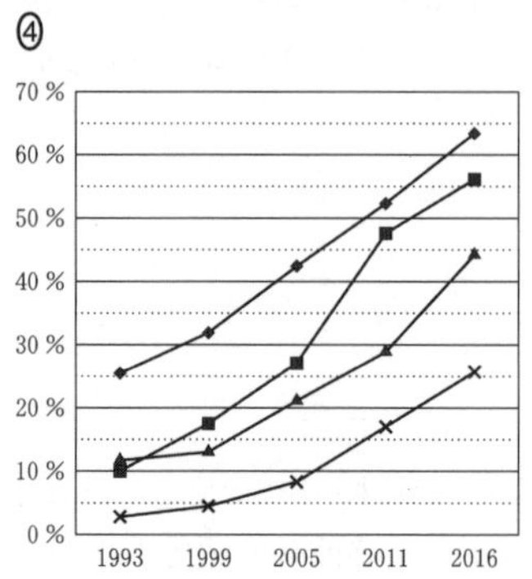

正解は④。日本での調査結果の詳細は第4段落で説明されている。まず，第3文には，1993年を除いて，年齢層が低い順に，健全な歯が残っている割合が高いことが述べられているので，①は不適当。第5文には「1993年には，年齢層Aの25.5%は少なくとも20本の歯を持っていたが，2016年までには年齢層Dの割合は，年齢層Aの最初の数字より実に0.2%高かった」とあり，2016年の年齢層Dの割合は25.7%だとわかる。それゆえ，②は不適当。第6文には「年齢層Bは，最初は着実に増加していたが，2005年から2011年の間に劇的に増加した」とあるので，③は不適当。④はすべての説明と一致している。

問4　「ポスターの最後の見出しの下に，あなたは文章に基づいた具体的なアドバイスを付け加えたいと思っている。次の記述のうちどの2つを使うべきか（順不同）」
8・9

① 朝食前に歯磨きをしよう。
② 毎日，鏡を見て歯をチェックしよう。
③ 少なくとも1年に1回は歯科医の診察を受けよう。
④ 頻繁に歯にプラスチックジェルを塗ろう。
⑤ 毎日，歯と歯の間に歯科用フロスを使おう。

正解は③と⑤（順不同）。③は，最終段落第1文に，「毎年あるいはもっと頻繁に歯科医の診察を受けに行くことが重要である」と述べられているので正解。また，⑤は，第5段落第4文に，「歯科医は，歯間に挟まった物を取り除くための特別な糸を使って，毎日フロスをすることも重要だと考えている」とあるので，正解。

①については，第５段落第１文で，食事の「後」の歯磨きが推奨されているので不適当。②は，第２段落第１文に，「歯の基本的な役割は明らかなのに，口は身体を映す鏡となっていることを認識していない人が多い」と述べられているが，これは実際の鏡のことではなく，映し出すものという比喩にすぎないので，「鏡を見て」という箇所が不適切。④については，第５段落第５文に，プラスチックジェルを塗ってもらうことの予防効果が述べられているが，最終文には，これは一度だけで効果があることが示されており，「頻繁に」ではないので不適当。

【練習問題6A－1】★★★

別冊解説 p.89

A　You are in a discussion group in school. You have been asked to summarize the following article. You will speak about it, using only notes.

Audiobooks Versus Paper Books

Though some might argue that audiobooks do more harm than good to literature, there is no denying that in this day and age audiobooks are increasingly used and incredibly useful to many. Reading a book and listening to an audiobook are not the same, and, although the content might be identical, the experience is different.

Both paper books and audiobooks have advantages and disadvantages, so let's have a look at the differences and analyze the discussion for and against.

For starters, let's look at all the good parts of paper books. Are you the type of person who likes to sniff new books and get high on the smell of bound paper? Well, only paper books can match your taste.

For the people who like to write down notes on the margins of books, audiobooks are of no use. They would need a separate notebook to write their thoughts, and it would be difficult to connect them with the part of the book that led to that thought. Meanwhile, a pen would be enough in a paper book.

Paper books are also great for those who are not good at remembering what they hear and have better visual memory.

However, now that there are alternatives to paper books, we can also see some disadvantages to the traditional way of enjoying books. These disadvantages are linked to storage and transportation, as books usually take up a lot of space, especially if you are a passionate reader and own a lot of them.

On the other hand, audiobooks have changed the way people experience reading. Many say that audiobooks have made the stories more alive, more visual, and this is due to the fact that the text is read by professional actors with experience in interpreting text. They usually narrate the books with enthusiasm and this improves the listening experience a great deal.

Audiobooks are also great for saving time and multitasking. People can listen to their favorite authors while commuting to work, doing chores around the house, exercising or cooking.

Another advantage of audiobooks is that you can pace the information to your liking. You can increase the speed at which you listen without affecting your comprehension, and this is especially effective for students, for instance, or other people who want to go through a lot of content in a short period of time.

Additionally, audiobooks are flexible and convenient. With paper books, you have to carry them with you, find a quiet place to sit down and read, and be fully present in order to understand what you are reading. With audiobooks, you can carry them in your pocket, on your phone or iPod, which means they are accessible wherever you are. You can plug in your earphones, pick up where you left off, and enjoy the story regardless of the time of day or your location.

Last but not least, audiobooks are environment-friendly and comfortable, as they give your eyes a break from all the digital devices you normally use.

As for the disadvantages of audiobooks, we will name just two: you need technology to enjoy them and you can easily get distracted and miss parts of the narration.

Your notes:

Audiobooks Versus Paper Books

Introduction

◆ Audiobooks are increasingly used and incredibly useful to many.

◆ Listening to an audiobook [1], although the content might be identical.

The advantages of paper books:

◆ You can touch or smell a book.

◆ You can write down notes on the margins of books.

◆ Books are good for those who have better visual memory than auditory memory.

The disadvantages of paper books:

◆ [2]

The advantages of audiobooks:

◆ The stories are more vivid, because the text is read by professional actors.

◆ They are good for saving time and multitasking.

◆ You can pace the narration to your liking.

◆ [3]

◆ [4]

The disadvantages of audiobooks:

◆ You need technology to enjoy them.

◆ [5]

問1　Choose the best option for [1].

① does more harm than good to literature
② is not a different experience from reading a book
③ is not the same experience as reading a book
④ needs to be analyzed more carefully than reading a book

問2　Choose the best option for [2].

① They are too traditional for us to concentrate on.
② They can easily be destroyed.
③ They may not match your taste.
④ They occupy a lot of space.

問3　Choose the best options for [3] and [4]. (The order does not matter.)

① They are good for people who have good memory.
② They become increasingly popular among the young.
③ They do less harm to the environment.
④ You can give your ears a break from your digital devices.
⑤ You can have access to them anytime anywhere.
⑥ You can lend them easily to your friends.

問4　Choose the best option for [5].

① The actors and the listeners have different perceptions on books.
② The narration makes the listeners more enthusiastic.
③ You can easily miss part of the narration when absent-minded.
④ You cannot have enthusiasm in understanding the contents.

解答時間	分

【練習問題6B－1】★★★

別冊解説 p.95

B You are studying about the world population. You are going to read the following article to understand how the world population has grown.

Modern humans evolved in Africa about 200,000 years ago and began migrating to other parts of the globe about 100,000 years ago. Our earliest ancestors relied on hunting and gathering their food to survive. Only a finite number of people could be supported on the wildlife in an area for a limited amount of time.

Then just 12,000 years ago, several cultures shifted from hunting and gathering to farming. Humans became the first and only species ever to control its own food supply. Civilizations grew and so did the human population. About 2,000 years ago, the estimated world population was 170 million people. The largest civilizations at this point in history were the Roman Empire and the Han Dynasty in China. The next 1,700 years were marked by the growth and conquest of empires, global navigation and exploration. People had yet to understand the science behind life and death, or how to prevent and treat most diseases. As a result, many children died young. Our global population grew, but slowly, reaching about 500 million around 1500 and 1 billion by 1804.

By the late 1700s, the world was embarking on the Industrial Revolution, a period of history in Europe and North America, where there were significant advances in science and technology. The Industrial Revolution brought the invention of the steam engine and the use of electricity. During this period, there were also many inventions that promoted longer life. These included improvements in farming, nutrition, medicine and sanitation. Now, people were able to fight once-deadly germs, produce more and different kinds of food, and cure more illnesses. Before long, these new discoveries and inventions spread throughout the world, lowering death rates, especially among children, and improving people's quality of life.

Now you might be wondering what happened to the birth rates while the death rates were coming down. In Europe and North America, the Industrial Revolution eventually led to people having fewer children because more people were now moving to the cities. New farm machinery, such as the cotton gin and wheat thresher, allowed more crops to be harvested in less time with fewer laborers. At the same time, industrialization created more jobs for people in factories and offices in the growing cities. But because most of the world was not yet industrialized and large families were still needed to farm the land, birth rates stayed higher than death rates.

The human population started growing rapidly. By 1927, the world population had doubled to two billion (in just 123 years). It doubled again to four billion by 1974 (in just 48 years). In more recent years, the rate of population growth has been decreasing, but our population is still growing steadily, adding a billion people every about 12 – 13 years.

問1　Humans living about 12,000 years ago could increase the population because [6].

① enough wildlife to feed all the humans could be supplied in Africa
② humans in Africa began to move to other places on the earth such as Europe and China
③ humans started to rely on farming in addition to hunting and gathering and control their food supply
④ the Roman Empire was strong enough to keep spreading throughout Europe and China

問2 Out of the following four graphs, which illustrates the situation the best? [7]

①

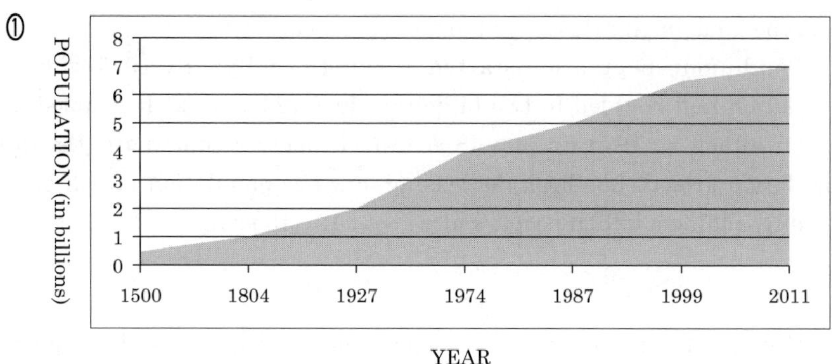

②

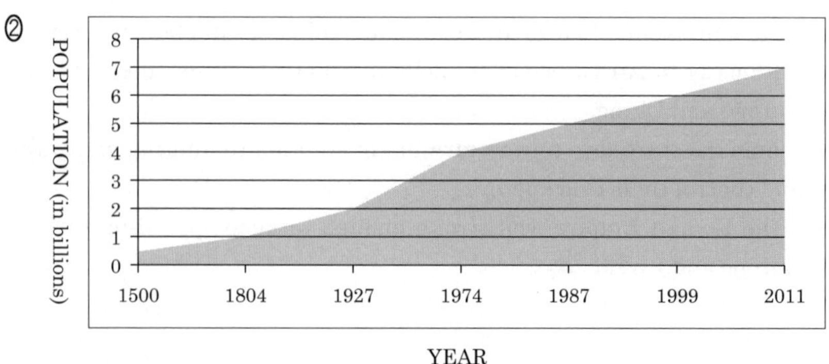

③

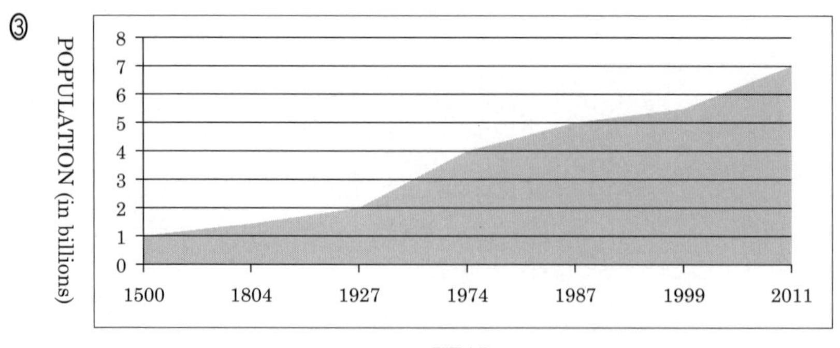

④
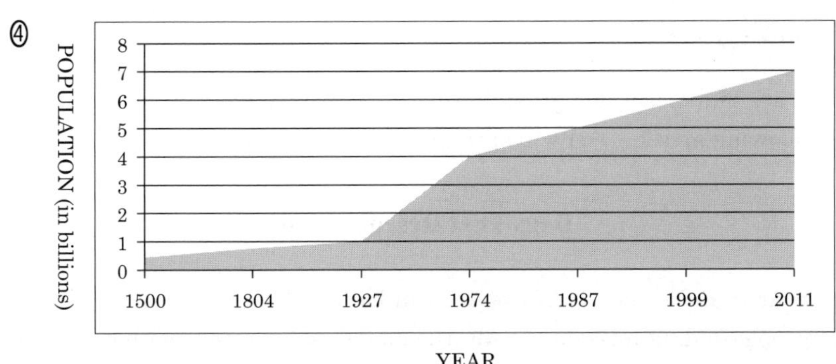

問3 According to the article, which two of the following tell us about the influence of the Industrial Revolution? (**Choose two options.** The order does not matter.) [8] · [9]

① Families had fewer children and the birth rate lowered around the world.
② Fewer children were born in Europe and North America.
③ Many things were invented that promoted long life.
④ The birth rate got higher thanks to many inventions.
⑤ The population in Europe was increased by the use of electricity.

問4 The best title for this article is [10].

① A History of Civilization
② The Increase in Population
③ The Industrial Revolution
④ The Reason of Population Decline

解答時間	分

【練習問題6A－2】★★★

別冊解説 p.100

A You are in a discussion group in school. You have been asked to summarize the following article. You will speak about it, using only notes.

Dogs That Rescue People

Search and rescue (SAR) teams can be found all over the world carrying out people-finding missions. SAR assists law enforcement with crime scenes, weather-related disasters, earthquakes, avalanches, collapsed buildings, drownings, and missing people. These highly trained teams feature SAR dogs and their handlers. In a search and rescue operation the area covered in a day by one dog would require 30 people to complete the same amount of work.

The kind of dog that is successful in SAR is not limited to a particular breed. In general most SAR dogs are from sporting and herding breeds. Many SAR dogs are mixed breeds. More important than the breed are the necessary characteristics of dogs suitable for SAR. Considered elite athletes, a SAR dog must demonstrate endurance, agility, and trainability. Although dogs should be fully grown when they start training, most trainers begin by searching for puppies that show the basic traits of friendliness (not shy), high energy, curiosity, independence, and focus. In addition, they look for another key characteristic: high play drive. A strong play drive is what keeps a dog focused on the job of searching. It also makes the job of searching a very pleasurable game for the animal.

SAR dogs love the job because for them it is playing a game that they love. In order to keep the dog performing, they need to be rewarded when they are successful. The reward varies from animal to animal. Some will work hard at the search game for a special treat. Others will work hard for a fun activity such as catching a ball at the end of the search. It's the trainer's job to figure out what their animal wants and what will keep their dog motivated.

There are two primary classifications of SAR dogs: air-scenting and trailing. The difference is in how the dogs are trained and how they work on the job. Trailing, commonly called tracking, means that the dogs work with their noses to the ground. They are following a scent trail left on the ground by the person they are trying to find. Trailing dogs need a starting point, usually the place where the missing person was last seen and something with the person's scent on it. They also need a scent trail that has not been contaminated by other foot traffic. When tracking dogs are called immediately to the scene of a missing person, they are much more likely to be successful in finding the person.

Air-scent dogs work with their noses in the air. They pick up a scent and follow it to where it smells strongest, which is its point of origin. Airscenting dogs sometimes specialize in searching for human remains, including under water or under snow.

Every SAR dog has a human trainer, or handler, who spends about 1,000 hours, and 30 thousand dollars getting themselves and their dog ready to perform in SAR missions. Paid positions in SAR are very rare. SAR teams make up a vast network of volunteers who are on call 24 hours a day, seven days a week.

Your notes:

Dogs That Rescue People

▶ How helpful are search and rescue (SAR) dogs?

- In a search and rescue operation one SAR dog can cover the area that would require 30 people for the same amount of work.

▶ What are SAR dogs like?

- They are not limited to a particular breed.
- The necessary characteristics suitable for SAR: [1], [2], and trainability.
- They love the job because [3].
- They need to be rewarded when they succeed.

▶ Two classifications of SAR dogs: air-scent dogs and trailing dogs.

- Air-scent dogs work with their noses in the air. [4]
- Trailing dogs work with their noses to the ground. They follow a scent trail left on the ground by the missing person.

▶ SAR dog trainers:

- [5]
- Paid positions in SAR are very rare.

問1　Choose the best options for [1] and [2]. (The order does not matter.)

① imaginative boldness
② liveliness and swiftness
③ sporting breeds
④ the ability to keep doing something difficult for a long time
⑤ the desire for a special treat
⑥ the drive for people-finding missions

問2　Choose the best option for [3].

① it is helpful for search and rescue activities
② it is similar to an activity they love
③ they love their trainers
④ they need to be taken care of by their handler

問3　Choose the best option for [4].

① They need something with the missing person's scent on it.
② They often follow a scent trail left on the ground.
③ They sometimes search for dead bodies.
④ They work very hard just for fun.

問4　Choose the best option for [5]

① It is their job to find the SAR teams that need their dog.
② It takes a lot of time and money for them to prepare for SAR missions.
③ They begin training their dog soon after it is born.
④ They should get involved in a vast network of volunteers.

解答時間	分

【練習問題6B−2】★★★

別冊解説 p.105

B You are in a student group preparing for an international science presentation contest. You are using the following passage to create your part of the presentation on phytoplankton.

Phytoplankton are mostly microscopic, single-celled photosynthetic organisms that live suspended in water. Like land plants, they take up carbon dioxide, make carbohydrates using light energy, and release oxygen. They are what is known as primary producers of the ocean—the organisms that form the base of the food chain.

Because they need light, phytoplankton live near the surface, where enough sunlight can penetrate to power photosynthesis. The thickness of this layer of the ocean—the euphotic zone—varies depending on water clarity, but is at most limited to the top 200 to 300 meters (600 to 900 feet), out of an average ocean depth of 4,000 meters (13,000 feet).

Phytoplankton consist of two very different kinds of organisms. The larger category include single-celled algae known as protists—advanced eukaryotic cells, similar to protozoans. These forms include diatoms and are most abundant near coasts. Occasionally, these organisms form blooms—rapid population explosions—in response to changing seasons and the availability of nutrients such as nitrogen, iron, and phosphorus.

The other type of phytoplankton cells, more primitive but far more abundant than algae, is photosynthetic bacteria. These tiny cells, some only a micron across, are invisible but present in numbers of hundreds of thousands of cells per tablespoon of ocean water. Too small to be caught in any net, these organisms were unknown until the 1970s, when improved technology made them visible. Scientists now know these bacteria are responsible for half of the ocean's primary productivity and are the most abundant organisms in the sea. The group also includes cyanobacteria, which are believed to be among the oldest organisms on Earth and the origin of the photosynthetic organelles in plant cells known as chloroplasts.

Phytoplankton are some of Earth's most critical organisms and so it is vital to study and understand them. They generate about half the atmosphere's oxygen, as much per year as all land plants. Phytoplankton also form the base of virtually every ocean food web. In short, they make most other ocean life possible.

Through photosynthesis these organisms transform inorganic carbon in the atmosphere and in seawater into organic compounds, making them an essential part of Earth's carbon cycle. Because they take up carbon dioxide from the atmosphere, when they die they carry this atmospheric carbon to the deep sea, making phytoplankton an important actor in the climate system. Phytoplankton growth is often limited by the scarcity of iron in the ocean. As a result, many people are discussing plans to fertilize large areas of the ocean with iron to promote phytoplankton blooms that would transfer more carbon from the atmosphere to the deep sea.

Phytoplankton are critical to other ocean biogeochemical cycles, as well. They take up, transform, and recycle elements needed by other organisms, and help cycle elements between species in the ocean. Photosynthetic bacteria are especially important in the nutrient-poor open ocean, where they scavenge and release scarce vitamins and other micronutrients that help sustain other marine life.

Some phytoplankton have a direct impact on humans and other animals. Dense blooms of some organisms can lessen oxygen in coastal waters, causing fish and shellfish to suffocate. Other species produce toxins that can cause illness or death among humans and even whales that are either exposed to the toxins or eat shellfish that accumulate toxins. Such harmful algal blooms (HABs) cause significant economic loss every year in the seafood industry and in tourist communities, and scientists are working to understand the causes of these blooms and to devise ways to predict and prevent them.

Your presentation slides:

Phytoplankton

1. What are Phytoplankton?

▶
▶
▶
▶ } 6

2. Two kinds of phytoplankton

▶ Single-celled algae and diatoms
▶ 7

3. Why are phytoplankton important?

▶ 8
▶ 9

4. Phytoplankton's direct impacts on humans and other animals

▶ Dense blooms of some organisms can reduce oxygen in coastal waters.
▶ Other species produce toxins that can cause illness or death among humans and even whales.

5. Marine Food Chain [10]

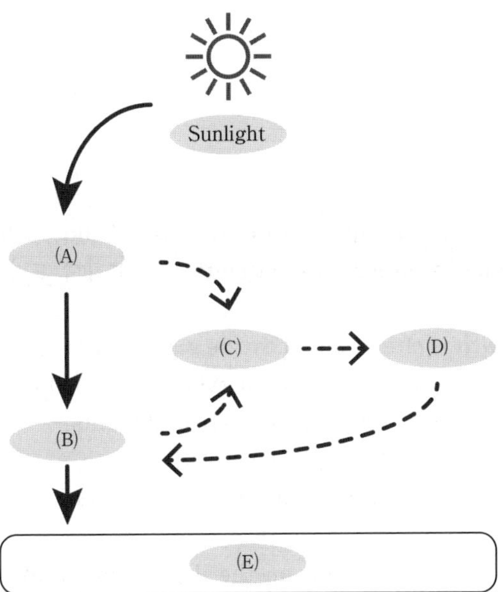

- Zooplankton eat phytoplankton and in turn are consumed by larger animals such as fish, whales, squid, shellfish and birds.
- Some of the organic matter originally produced by plankton is absorbed by bacteria.
- Some bacteria are eaten by zooplankton.

問 1　Which of the following should you **not** include for [6]?

① They are abundant near the sea surface.
② They are mostly single-celled photosynthetic organisms.
③ They are too small to be productive.
④ They make carbohydrates using light energy.
⑤ They release oxygen.

問2 Which of the following is the best for [7]?

① Eukaryotic cells
② Photosynthetic bacteria
③ Protists
④ Protozoans

問3 For the **Why are phytoplankton important?** slide, select two features of phytoplankton. (The order does not matter.) [8]・[9]

① Their growth is often limited by the scarcity of iron in the ocean.
② They make up the base of almost every ocean food web.
③ They produce as much oxygen as all land plants.
④ They reduce oxygen in coastal waters.
⑤ They release toxins which lead to significant economic loss.

問4 Complete the missing labels on the illustration of **Marine Food Chain** slide. [10]

① (A) Bacteria (B) Organic matter (C) Larger animals
(D) Phytoplankton (E) Zooplankton
② (A) Bacteria (B) Zooplankton (C) Organic matter
(D) Phytoplankton (E) Larger animals
③ (A) Organic matter (B) Phytoplankton (C) Zooplankton
(D) Bacteria (E) Larger animals
④ (A) Phytoplankton (B) Organic matter (C) Zooplankton
(D) Larger animals (E) Bacteria
⑤ (A) Phytoplankton (B) Zooplankton (C) Organic matter
(D) Bacteria (E) Larger animals

問5　What can be inferred about phytoplankton blooms? 11

① They cannot absorb scarce vitamins and other micronutrients that help sustain other marine life in the nutrient-poor open ocean.

② They may carry less carbon from the atmosphere to the deep sea if people fertilize the ocean with iron.

③ They may decrease oxygen in coastal waters or may cause illness or death among larger animals.

④ They will cause a global climate change and promote the availability of nutrients such as nitrogen, iron, and phosphorus.

解答時間	分

MEMO

MEMO

問題・解説作成協力（敬称略）

能塚竜次　林彰子　山本里紗　Karl Allen　Preston Houser

株式会社エディット　株式会社シー・レップス

ナレーション

Ann Slater

短期攻略　大学入学共通テスト

英語リーディング　改訂版

編著者	霜　康司
発行者	山﨑良子
印刷・製本	日経印刷株式会社
発行所	駿台文庫株式会社

〒101-0062　東京都千代田区神田駿河台1-7-4
小畑ビル内
TEL. 編集　03(5259)3302
販売　03(5259)3301
《改訂版②－332pp.》

落丁・乱丁がございましたら，送料小社負担にてお取替えいたします。

ISBN978-4-7961-2379-2　Printed in Japan

駿台文庫 Web サイト
https://www.sundaibunko.jp

【問題１ A－1】

本冊 p.52

1 －② 問2 2 －③

なたはアメリカで学んでおり，午後の活動として写真のコースを取りたいと思って

オスカー写真学校にようこそ

スカー写真学校は本当に最高の写真学校です。誰でも参加できる特別なコースが
ります。

なたのお好みのどのコースも取ることができます。少なくとも３日前に予約す
ば 10% の割引があります！
込者数が定員に達したら申し込みの受付を停止します。
レッスンにつき 10 ドルでデジタルカメラを借りることができます。レッスン
予約の際にお知らせください。

電話：0999-54-xxxx
メール：oscarphoto@kmail.example.com

コース A（3 レッスン） ドル（1 レッスンにつき 50 ドル） コースは初心者向けです。デジタ メラで写真を撮る方法を学べます。	コース B（4 レッスン） 220 ドル（1 レッスンにつき 55 ドル） フィルムカメラの使い方と家でフィル ムを現像するやり方を学べます。
コース C（5 レッスン） ドル（1 レッスンにつき 50 ドル） は人物写真の基礎を学びたい人向 中級コースです。	コース D（5 レッスン） 300 ドル（1 レッスンにつき 60 ドル） これは風景写真について学びたい人向 けの上級コースです。

駿台受験シリーズ

短期攻略 大学入学共通テスト 英語リーディング

改訂版

解答・解説編

駿台文庫

もくじ

語句

□ in advance「前もって」
□ applicant「申込者」
□ intermediate「中級の」
□ application「申し込み」
□ enrollment「登録，入会」
□ landscape「風景」

設問解説

問1　[1]　正解②

「もし風景写真を学びたくて5日前にコースを予約したら，修了するのに合計 [1] かかるだろう」

① 225ドル　**② 270ドル**　③ 275ドル　④ 300ドル

正解は②。風景写真を学べると書いてあるのはコースDで，合計300ドルと書かれている。また，箇条書きの1つめにPlease reserve at least three days in advance and receive a 10% discount!「少なくとも3日前に予約すれば10%の割引があります」とあるので，300ドルから30ドルを割り引いて，270ドルになる。

語句

□ complete「～を終える，終了する」

問2　[2]　正解③

「オスカー写真学校について正しいのはどれか」 [2]

① コースの1つは1年間写真を学んだ人向けである。

② 1レッスンあたりで最も安いコースはコースBである。

③ 学校でデジタルカメラを借りることができる。

④ レッスンの3日前に学校に電話すれば，どれでも好きなレッスンを予約することができる。

正解は③。箇条書きの3つめにYou can rent a digital camera for $10 per lesson.「1レッスンにつき10ドルでデジタルカメラを借りることができます」とあるので，③は正しい記述である。

①はどこにも書かれていない。②は1レッスンあたりで最も安いのはAとCの50ドルであるので，正しくない。④は，箇条書きの2つめにWe stop accepting applications when the number of applicants reaches the enrollment limit.「申込者数が定員に達したら申し込みの受付を停止します」とあるので，3日前に電話しても取れないレッスンもありうる。したがって④は正しくない。

【練習問題１B－1】

本冊 p.54

解答

問1 [3]－② 問2 [4]－③ 問3 [5]－②

全訳

あなたはボランティアの機会を探している時に，興味深いウェブページを見つけた。

英語のボランティアガイドが必要です

私たちの市の最も人気のある観光地の１つに旧市街地があります。写真写りのいい建物が多くあり，そのいい写真がソーシャルネットワーキングサービス（SNS）に投稿されているので，観光客，特に海外からの観光客の数が最近増加しています。そこで，外国からの訪問者が私たちの市を楽しめるように英語を話せるボランティアガイドが必要です。

ボランティアガイドに申し込むのに必要なのは
・16歳を超えていること
・十分な英語力があること（中級レベル）
・１ヵ月に４日以上ガイドとして働けること

６月６日から９日まで市役所で面接を行います。面接では，英語での質問も行われます。旧市街地およびボランティアガイドの仕事について学ぶため，６月20日の会議に参加してください。

旧市街地についてさらに学びたい場合，無料で講義を受けることができます。市立大学の郷土史の専門家である林教授が講義を行い，ガイドが郷土史と旧市街地について理解するお手伝いをします。講義は７月４日に行われます。

興味がある方は，ここにある申込書に記入し，オンラインで送付してください。

語句

- □ volunteer「ボランティア」
- □ guide「ガイド」
- □ photogenic「写真写りのよい」
- □ especially「特に」
- □ grow「増える」
- □ apply「申し込む」
- □ intermediate level「中級レベル」
- □ interview「面接」
- □ in order to V「V するために」
- □ lecture「講義」
- □ local「地元の，郷土の」
- □ application form「申込書」
- □ opportunity「機会」
- □ sightseeing place「観光地」
- □ post「～を投稿する」
- □ overseas「海外」
- □ recently「最近」
- □ sufficient「十分な」
- □ at least「少なくとも」
- □ attend「～に参加する」
- □ free「無料の」
- □ expert「専門家」
- □ complete「～を完成する」
- □ online「オンラインで，ネットワーク上」

設問解説

問1　[3]　正解 ②

「このウェブページの目的は，[3] ことができる人を探すことである」

① 日本語で訪問者に講義を行う
② 旧市街地付近にて英語で外国人観光客を案内する
③ 旧市街地に住む外国人を助ける
④ いい写真を撮って SNS に掲載する

正解は ②。タイトルに「英語のボランティアガイドが必要です」とあり，最初の段落を読むと旧市街地に増えている外国人観光客向けのガイドが必要であると具体的に書かれている。② の guide は動詞で「～を案内する」という意味。一方，本文にある guide は名詞で「観光ガイド」という意味。

問2　[4]　正解 ③

「ウェブページの情報によると，ボランティアガイドになりたい人は [4] ならない」

① 郷土史の専門家でなくては
② 高卒または大卒でなくては
③ 英語の日常会話を理解しなくては
④ 旧市街地で週５日以上働かなくては

正解は③。To apply to be a volunteer guide, one must; 以下に書かれている条件を確認する。2つめの条件に「十分な英語力があること（中級レベル）」とある。「日常会話を理解」するのは中級レベルだと考えられるので③が正解。

②の graduate は「卒業生」という意味。また，④の more than four days は「5日以上」という意味になるから注意が必要だ。〈more than + A（数）〉は「Aより大」でAを含まない。たとえば more than one person で「2人以上」の意味になる。

問3 5 **正解②**

「ボランティアガイドに申し込むとき，5 必要がある」

① 大学の林教授に電話する

② 申込書に書き込み，オンラインで送付する

③ 申込書に書き込み，林教授に持参する

④ 市について書き，SNS に投稿する

正解は②。申し込みに関する最後の1文の指示を正確に読み取る。「ここにある申込書に記入し，オンラインで送付してください」とあるので②が正解。

①の call は「～に電話する」，③の take A to ～は「Aを～に持っていく」という意味。

【練習問題1A－2】

本冊 p.56

解答

問1 [1]－③　問2 [2]－①

(全訳)

あなたは17歳の高校生で，弟と妹と一緒に参加できる活動を探している。自然史博物館のウェブサイトに次のページを見つける。

グループのお泊まり冒険

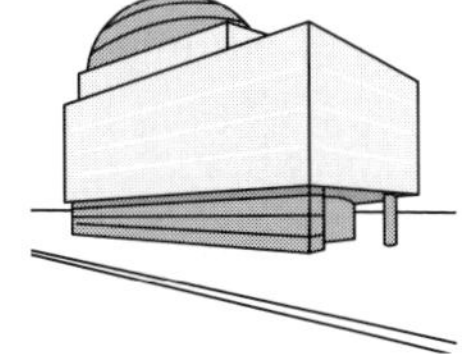

自然史博物館でお泊まりの冒険をするプログラムに参加して，**夜**にコレクションを探検しよう！！

このプログラムは子ども6人に対して大人が少なくとも1人はいる家庭もしくはグループのための企画されています。
「お泊まり冒険」の参加者は全員少なくとも3歳になっている必要があります。
詳しい情報はここをクリックしてください。

値段

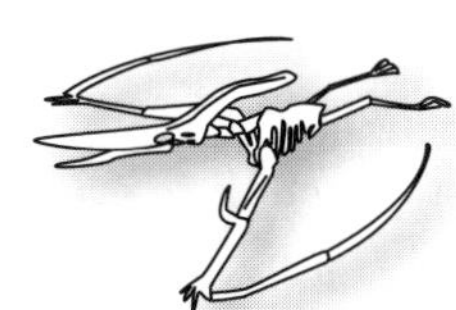

▶ 大人：　　45ドル
▶ 15 － 19歳：35ドル
▶ 3 － 14歳：25ドル

このプログラムに含まれるもの

▶プログラムの夜中の間の軽いスナック
▶参加者全員に博物館のワッペン
▶博物館の教育係による夜の3つの教育的活動
▶朝に軽食
▶終日の博物館の入場

語句

□ take part in A「A に参加する」　□ participant「参加者」
□ portion「部分」　□ admission「入場」

設問解説

問1 [1] 正解 ③

「あなたがこのプログラムに参加するなら，おそらく [1] のがいいだろう」

① 夜のために軽いスナックを持っていく
② 朝食に食べるものを持っていく
③ 冒険の前に晩ごはんを食べる
④ 冒険の前の晩ごはんを抜く

正解は ③。dinner については記述がなく，軽いスナックが夜にもらえるだけなので，晩ごはんを食べておくのがよいと考えられる。

問2 [2] 正解 ①

「[2] グループにはこのプログラムはすすめられない」

① 親１人と子ども７人の
② ３歳の男児がいる
③ 車がない
④ 子どもがいない

正解は ①。広告の最初の方に This program is designed for families or groups with at least one adult to every six children.「このプログラムは子ども６人に対して大人が少なくとも１人はいる家庭もしくはグループのために考えられています」とあるので，① のグループだと条件を満たさないことになる。

その次の文で All participants in the Overnight Adventure must be at least three years old.「『お泊まり冒険』の参加者は全員少なくとも３歳になっている必要があります」とあるので，② の３歳児ならこのプログラムに参加できる。また，③，④ については本文に記載がないので，このプログラムをすすめられると考えられる。

語句

□ recommend「～を推奨する」

【練習問題１B－2】

本冊 p.58

解答

問1 [3]－④　問2 [4]－④　問3 [5]－①

全訳

受講する講座を探している時に，あなたは，通っているカルチャーセンターのウェブサイトで，面白そうな講座を見つけた。

英語の朗読（声に出して読む）

読み取り，話し方，聞き取りを上達させよう！

たくさん英語をしゃべった後には，聞くことをよりよく理解できます。ならば，たくさんしゃべること，声に出して読むことを通して，聴く力を育てませんか。この講座は，英語の朗読の経験はないという方向けの講座です。3月22日から27日（保守点検のため26日は休館日）にわたる5日間の講習で，聞き手にとって理解しやすい音読に必要な基本的技術を学びます。あわせて，読解力の向上も期待できます。

評論，物語，随筆，記事など，さまざまな種類の文章を読んでいきます。単語の発音を調べるために，辞書が必要です。流ちょうに英語をしゃべることと，声に出して読むことはとても異なるので，流ちょうな英語を話せなくても構いません。

日程

初日	英語朗読の基礎 (重要な技術を学び，それを使う練習をします。)
2・3日目	講師の指導のもとさまざまなタイプの文章を読む (さまざまな文章を声に出して読み，技術をさらに深めていきます。)
4日目	朗読発表の準備 (朗読する文章を選び，グループを作って練習を行います。)

5日目	朗読発表とディスカッション （各参加者の朗読を録音し，その録音を聞きながら，それぞれに対する意見を述べ合います。）

- ご自分の朗読**のみ**録音可能です。講義や他の受講者の様子を録音することは**禁止されています。**
- 講義や話し合いは主に日本語で行われます。

詳細はここをクリックしてください。
（締め切り：3月20日午前11:00）

語句

☐ website「ホームページ，ウェブサイト」
☐ search for A「Aを探す」
☐ take a class「授業を受ける，受講する」
☐ why not ～？「なぜ～しないのですか，～してはどうですか」
☐ ability「能力」
☐ those「人々」
☐ experience「経験」
☐ maintenance「維持すること，保守管理」
☐ passage「文章」
☐ make oneself understood「自分の言いたいことを理解してもらう」
☐ at the same time「同時に」
☐ essay「随筆，作文」
☐ article「記事」
☐ (,) etc.（文末でカンマと一緒に用いて）「～など」
☐ pronunciation「発音」
☐ fluent「流ちょうな」
☐ fundamental「基本」
☐ essential「必要不可欠な」
☐ further「より広く，より高度に」
☐ preparation「準備」
☐ record「～を記録する」
☐ while (S + be) Ving「（Sが）Vしている間に」
☐ lecture「講義」
☐ mainly「主に」
☐ deadline「締め切り」

設問解説

問1　[3]　正解④

「このウェブページの目的は，[3] について，サイトで情報を探している人に向けて説明することである」

① 英語で書かれた記事をよりよく読解する方法
② 朗読の講座の登録方法と受講方法
③ 英語を理解するために，声に出して読むことがどれだけ有効かということ
④ 朗読が何なのかということと，講座の主旨

正解は④。本文には講座の簡単な説明，講座の日程，注意事項が書かれている。*Rodoku* (Reading Aloud) in English と書かれた見出しからも，朗読に関することが書かれているとわかる。

①は，よりよく読むことだけを説明しているわけではないため，正解として適していない。また，②は講座の登録方法などに関する記述はないため，正解にならない。③は，該当する記述が本文にないので不適当。

問2　[4]　正解④

「この講座を通して，受講者は，[4]」

① 単語や表現を，平易に，かつ正確に発音することが求められる
② さまざまな種類の文章をよりよく，より速く読むことができるようになる
③ 英語をよりうまく読み取り話す方法について，発表する
④ たくさんの文章を読み，他人の朗読を聞く

正解は④。第２段落第１文に You will read various types of passages「さまざまな種類の文章を読んでいきます」とあるが，これは④の read many passages「たくさんの文章を読む」に該当する。さらに，日程の４日目の practice in groups「グループでの練習」と５日目の listening to the recording「録音を聞くこと」という記述を読めば，④の listen to others' readings「他人の朗読を聞く」が正解とわかる。

①は，第２段落最終文に，You don't have to speak fluent English「流ちょうな英語を話せなくても構いません」とあり，文章の内容に反する。②は，more quickly「より速く」にあたる記述が，文章中に見当たらない。③は，５日目の内容から，発表するのは読む方法についてではないことがわかるため，正解とならない。

問3 [5] 正解 ①

「このウェブサイトによると, [5] 」

① **英語と日本語が使用される**
② 講座は, 6日間にわたって行われる
③ 受講者は, 講義の録音を許可されている
④ 保守点検のため, 日曜日はセンターが休館となる

正解は ①。最後の注意事項に,「講義や話し合いは主に日本語で行われます」とあるので, ① が正解である。

② は, 第1段落第4文に, During five days of training「5日間の講習の間」とあり, 本文の内容に反する。注意事項の1つめで, 講義の録音が禁止されていることがわかるため, ③ は正解とならない。④ は, 休館日である26日が何曜日なのか, 本文に記述がない。

【練習問題１A－3】　本冊 p.60

解答

問1 [1]－③　問2 [2]－③

全訳

友人のミランダが彼女の初めてのロンドン旅行からちょうど帰ってきたところだとあなたは聞いた。あなたは彼女の携帯電話にメッセージを送った。

あなた：おはよう！　日本に戻っている？
ミランダ：やあ！　そう，今東京に戻っているけど，まだ時差ぼけです。
あなた：わかる。でも旅行は楽しかったのでしょう？
ミランダ：もちろん！　何もかもドキドキした！　とても楽しかった。
あなた：よかった。
ミランダ：もし暇だったら，コーヒーを飲みながら話をしない？
あなた：[2]

語句

□jet lag「時差ぼけ」
□have a good time「楽しむ」
□catch up「（人の近況などを）知る」
□over a coffee「コーヒーを飲みながら」

設問解説

問1 [1] 正解③

「今ミランダが主に感じていることはどんなことだと思うか」[1]

① 彼女はあらゆることにドキドキしている。
② 彼女はとても元気であるに違いない。
③ 彼女は眠いに違いない。
④ 彼女は気楽に感じているに違いない。

正解は③。ミランダがjet lag「時差ぼけ」と言っているので，③が正解。

他の選択肢も可能性はあるが，メッセージに根拠がないものは選んではいけない。①はミランダのメッセージでは過去形を使っているのでここでは選ばない。②，④はメッセージから読み取れない。

問2 [2] 正解 ③

「ミランダの最後のメッセージにあなたはどう答えるだろうか」 [2]

① 私はロンドンに行きたくなかったから。

② 今私はミラノに行こうと思っているから。

③ いいね。Jズ・カフェはどう？

④ はい。本当に新しいコーヒーの流行をとらえたい。

正解は ③。最後のミランダのメッセージの「もし暇だったら，コーヒーを飲みながら話をしない？」に対しては ③ が最も自然な会話の流れになる。

why don’t we ～？は「～しませんか」と誘っているので，①，② のように Because ～と応えるのは不適切。④ は，catch up「(人の近況などを）知る」を間違えてとらえたと考えられる誤答。

【練習問題1B－3】

本冊 p.62

解答

問1 [3]－③　問2 [4]－③　問3 [5]－③

全訳

あなたは今年の3月に妹と両親とで東京からボストンへの旅を計画している。利用したいと思っている航空会社のフライトスケジュールをあなたは見ている。

東京発ボストン着のフライト時間とフライト情報

フライト	出発／到着 都市	出発／到着 日	出発／到着 時間	空席		注
				ビジネスクラス	エコノミークラス	
JP008	東京／ ボストン	3/15 3/15	11:15 11:10	×	3	Wi-Fi
JP010	東京／ ボストン	3/15 3/15	19:15 19:10	○	9	
JP012	東京／ ボストン	3/16 3/16	11:15 11:10	×	2	Wi-Fi Ⓔ
JP014	東京／ ボストン	3/16 3/16	19:15 19:10	8	○	Wi-Fi Ⓔ

記号の説明

○：10席以上の空き　　1-9：空席の数

×：空席なし　　Wi-Fiマーク：席でのWi-Fi利用可。

Ⓔ：席での電源コンセント利用可。

フライト時間：12時間55分

直行便の価格：ビジネスクラス 2,514 米国ドル／エコノミークラス 1,199 米国ドル

大切なご案内：

▶無料手荷物許容量を超える荷物には，超過手荷物料金が適用されます。
▶預け入れ荷物の中に入れた電子機器のスイッチは切っておいてください。
▶楽器，スポーツ用品（ゴルフクラブ，サーフボード，自転車など），陶器，ガラス製品，アルコールの瓶など，壊れやすい品物は輸送のため適切にしっかりと荷造りするよう，ご自身が気をつけてください。
▶当社はお荷物への損害に対して責任を負います。ただし，その損害がお荷物の品質あるいは欠陥による場合はその限りではありません。
▶詳細は Checked Baggage をクリックしてください。

語句

☐ availability「空き具合，入手可能性」
☐ exceed「～を超える」
☐ excess「超過」
☐ apply「～を適用する」
☐ instrument「楽器」
☐ pottery「陶器」
☐ result from A「A から生じる」
☐ details「詳細」
☐ outlet「コンセント」
☐ allowance「許容量」
☐ charge「料金」
☐ fragile「壊れやすい，弱い」
☐ gear「用品」
☐ transport「輸送」
☐ flaw「欠陥」

設問解説

問 1 　3 　正解 ③

「3 月 15 日か 16 日にあなたが家族と東京からボストンに移動するならば，3 に搭乗することができる」

① JP008 便と JP010 便
② JP010 便と JP012 便
③ JP010 便と JP014 便
④ JP012 便と JP014 便

正解は③。設定によると自分と妹と両親の 4 人での旅行なので，4 席以上空いている便をさがすと，③が正解。

問2 [4] 正解③

「もし JP010 便に搭乗したら，あなたは [4] 」

① あなたの機器を Wi-Fi ネットワークにつなぐことができる
② 自分の席で電源コンセントを使うことができる
③ **午後7時頃にボストンに到着するだろう**
④ 家族を後に残すことになるだろう

正解は③。JP010 便の到着時間は 19:10 だから，③が正解。

フライトスケジュールの Notes を見ると，この便には座席に Wi-Fi も電源コンセントもないので，①や②は不適切。また，空席は4以上あるので，家族を後に残す必要はないので④は不適切。

問3 [5] 正解③

「このフライトスケジュールと通知についてどれが正しいか」 [5]

① もし電子機器のために電源が必要ならば，JP008 便に搭乗すべきだ。
② フライト中に旅客の荷物が破損した場合，この航空会社は損害賠償を支払わない。
③ **適切に荷造りされていればガラス製品を預け入れ荷物に入れてもよい。**
④ 預け入れ荷物の中に電子機器を入れてはいけない。

正解は③。Important notice の3つめの項目に，「楽器，スポーツ用品（ゴルフクラブ，サーフボード，自転車など），陶器，ガラス製品，アルコールの瓶など，壊れやすい品物は輸送のため適切にしっかりと荷造りするよう，ご自身が気をつけてください」とあるので，③が正解。

①は，JP008 便には電源コンセントはないので不適切。②は，Important notice の4つめの項目に「当社はお荷物への損害に対して責任を負います」とあるので，不適切。④は，Important notice の2つめの項目に「預け入れ荷物の中に入れた電子機器のスイッチは切っておいてください」とあり，電子機器を入れてもよいとわかるので不適切。

【練習問題2A－1】 本冊 p.80

解答

問1 [1]－④ 問2 [2]－① 問3 [3]－④
問4 [4]－① 問5 [5]－④

全訳

あなたはアメリカ合衆国東部のある都市に行く予定で，訪れる場所を見つけようとしている。以下は，訪れた人たちによって書かれた，いくつかの博物館のレビューである。

市立歴史博物館

★★★★☆ キャシー（3週間前）
もしあなたが，南北戦争の時代に興味があるなら，これは見逃せません。音声や映像を駆使した戦闘の展示は，本当に素晴らしいです。私の唯一の不満は，高い入館料です（15ドル）。お金を節約したければ，木曜の午後5時以降に来るという手があります。無料になります！（閉館は午後8時）

市立美術館

★★★★★ キャロル（2週間前）
18世紀・19世紀のアメリカの画家たちによる絵画の，申し分のないコレクション。はるばるシアトルからやって来て，良かったです！ 2人のキュレーターの方たちによるギャラリートークも気に入りました。2～3年後にまた来たいです。

★★☆☆☆ ケン（2ヵ月前）
浮世絵のコレクションを除けば，大して見るものはない。主に力点が置かれているのは地元画家たちによる絵画のようだが，私が知っている人は1人もいなかった。私のような日本美術のファンでなければ，訪れる価値はない。

市立自然科学博物館

★★★★★ ジェフ（5日前）
この博物館を訪れるのは，これで5回目。ここのキュレーターさんたちの機知や知識には，いつも感心させられます。毎日午後1時スタートのガイドツアーに参加することを，強くおすすめします。その日のテーマが何であれ，とても気に入るでしょう。

語句

□ review「レビュー，批評」
□ must-see「ぜひ見るべき物」
□ exhibit「展示」
□ entrance fee「入館料」
□ art museum「美術館」
□ collection「コレクション，（ジャンルごとに分けられた）収蔵品」
□ artist「芸術家，画家」
□ gallery talk「ギャラリートーク，美術館で行われる講演会」
□ curator「キュレーター，学芸員」
□ there is not so much to V「Vすべきものは大してない」
□ focus「焦点，力点」
□ unless「～でなければ」
□ wit「ウィット，機知，知力」
□ theme「テーマ」
□ the Civil War「南北戦争」
□ audio-visual「視聴覚の」
□ complaint「不満」
□ save「～を節約する」
□ all the way from ～「～からはるばる」
□ worth「～に値する」
□ *be* impressed with ～「～に感心する」
□ whatever「何であれ」

設問解説

問1　1　正解④

「キャロルの意見は　1　」

① あまり好意的でない
② ケンの意見に似ている
③ やや否定的である
④ とても好意的である

正解は④。キャロルは「申し分のないコレクション」，「はるばるシアトルからやって来て，良かった」，「ギャラリートークも気に入った」，「2～3年後にまた来たい」と，大絶賛しており，星5つの評価をしている。

ケンの評価は低めなので，②は不正解。

問2　2　正解①

「キュレーターたちは　2　によって賞賛されている」

① キャロルとジェフ
② キャシーとキャロル
③ キャシーとケン
④ ケンとジェフ

正解は ①。キャロルは第3文で，ジェフは第2文で，それぞれキュレーター（学芸員）に言及しており，どちらも賞賛している。よって，① が正解。

問3 [3] **正解 ④**

「もしあなたが [3] ならば，市立美術館を訪れる可能性が最も高い」

① シアトルから来ている
② 15 ドル支払う気がある
③ 浮世絵についてほとんど知らない
④ **19 世紀のアメリカの画家たちが好きである**

正解は ④。キャロルのレビューの第1文で，「18 世紀・19 世紀のアメリカの画家たちによる絵画の，申し分のないコレクション（がある）」と述べられているので ④ が正解。

① は市立美術館を絶賛しているキャロルがたまたまシアトルから来たというだけで，シアトルから来たことが市立美術館を訪れる理由にはならない。② *be* willing to V は「V する意欲がある」という意味。15 ドルという入館料について言及があるのは，市立歴史博物館。③ は日本美術のファンでないなら訪問する価値はないとケンが述べているので不適切。

問4 [4] **正解 ①**

「レビューに基づくと，以下のうちで**事実**（意見でなく）はどれか」 [4]

① **市立自然科学博物館では，午後1時にガイドツアーがスタートする。**
② 市立美術館は訪れる価値がない。
③ 市立美術館は訪れる価値がある。
④ 市立歴史博物館の入館料は高い。

正解は ①。ジェフのレビューの第3文から，市立自然科学博物館では毎日午後1時にスタートするガイドツアーがあることがわかる。他の時間に始まるガイドツアーもあるかもしれないが，午後1時にスタートするガイドツアーがあるという事実に変わりはないので正解は ①。

②，③ は意見としてはありうるが，事実とは言えない。同様に ④ も，キャシーが市立歴史博物館の入館料を高いと言っているが，それは意見であり，客観的事実とは言えない。

問5　5　正解④

「レビューに基づくと，以下のうちで**意見**（事実でなく）はどれか」　5

① 市立美術館で，ケンは浮世絵を２枚以上見た。

② 市立歴史博物館では，木曜の午後５時以降は入館料を払う必要はない。

③ 市立歴史博物館では，音声や映像を駆使した展示を見ることができる。

④ あなたは，市立自然科学博物館のガイドツアーをとても気に入るだろう。

正解は④。午後１時にスタートする市立自然科学博物館のガイドツアーをとても気に入るだろう，というのは客観的事実ではなく，ジェフの意見。まったく気に入らない，あるいは大して気に入らない可能性もある。

①～③はいずれも事実であって，意見ではない。

【練習問題2B－1】

本冊 p.83

解答

問1 [6]－④　問2 [7]－③　問3 [8]－③
問4 [9]－④　問5 [10]－②

(参考) https://www.theguardian.com/science/2015/sep/08/start-school-later-11am-students-sleep

(全訳)

あなたの英語の先生があなたに，次回の授業のディベートの準備をするのに役立つ記事をくれた。以下に示されているのは，この記事の一部と，それに対するコメントの1つである。

高校は午前10時に始まるべきである

ジェームズ・ハル，ロンドン
2022年12月11日・午後8:07

オックスフォード大学の睡眠の専門家であるポール・ケリー教授によると，イギリスの若者は1週間に，平均10時間の睡眠を奪われている。この問題を正すため，彼は高校が早い時間に始業するのをやめるべきだと主張している。ケリーは，16歳の人たちは午前10時にスタートするべきだと言う。ほとんどの学生たちは，この取り決めをとても気に入るだろう。

我々は体内に，「概日リズム」と呼ばれるものを持っており，この自然のリズムを無視することは，深刻な結果につながる可能性がある。我々は，極度の疲労を感じるかもしれない。不安感を持つかもしれない。太ってしまうことさえありうる。高校生たちにとって，朝2，3時間遅くスタートすることは，自然なことなのだとケリーは言う。

健康上の問題を抱えているということは，学業成績を下げることになりうる。もしイギリス中の学校が新しい始業時刻を採用するならば，中等教育修了一般資格(GCSE)試験のスコアは約10パーセント上がるだろうと，ケリーは主張している。

もし学生たちがより健康でより賢くなるなら，我々は真剣にその変更を検討するべきだろう。実際，ケリーと彼の同僚たちは，試行を計画している。ケリーは，それは100校が参加する，この種の研究で最大のものになると述べている。

10件のコメント

最新

大杉メグミ　2022年12月28日・午後5:14

ケリー教授の主張は，私には非常に説得力がある。私は高校生だが，学校で，特に午前中，眠気を感じている。しかし，この午前10時という始業時刻は，日本では上手くいかないかもしれない。日本人の多くが，放課後のクラブ活動に取り組んでおり，下校は午後6時頃である。もし学校が始まるのが10時になれば，クラブ活動の時間は非常に短くなるだろう。そのような取り決めは，あまり人気にはならないと思う。

語句

- □ prepare for A「Aの準備をする」
- □ debate「ディベート，（賛成・反対の2組に分かれて行う）討論会」
- □ correct「～を是正する，正す」
- □ insist「～を主張する」
- □ arrangement「取り決め」
- □ circadian rhythm「概日リズム，24時間周期のリズム」
- □ ignore「～を無視する」
- □ lead to A「Aにつながる」
- □ serious「重大な，深刻な」
- □ exhausted「非常に疲れた」
- □ anxiety「不安」
- □ academic「学校の」
- □ academic performance「学業成績」
- □ adopt「～を採用する」
- □ GCSE「中等教育修了一般資格［試験］」
- □ consider「～を検討する」
- □ trial「試行，トライアル」
- □ participation「参加」
- □ argument「主張」
- □ work well「上手くいく」
- □ *be* engaged in A「Aに従事している，Aに取り組んでいる」
- □ after-school「放課後の」

設問解説

問１ 6 **正解 ④**

「概日リズムを無視することの結果として，言及されて<u>**いない**</u>のは何か」 6

① 不安
② 学業成績の低下
③ 極度の疲労
④ 体重の減少

正解は ④。① は第２段落第３文に，② は第３段落第１文に，③ は第２段落第２文に言及があるが，④ については述べられていない。第２段落第４文に，「太ってしまうことさえありうる」と，体重の減少とは逆の可能性が書かれている。

問２ 7 **正解 ③**

「あなたのチームは，『日本の高校は朝の 10 時に始まるべきである』というディベートのトピックに賛成する。記事の中で，あなたのチームの役に立つ１つの<u>**意見**</u>（事実でなく）は， 7 というものである」

① 概日リズムを無視することは，重大な結果につながるかもしれない
② 睡眠不足は学生たちの学業成績に悪影響を与えうる
③ ほとんどの学生たちは，この取り決めをとても気に入るだろう
④ 我々は，体内に概日リズムを持っている

正解は ③。③ は記事の書き手のハルの意見だと考えられる。内容的に正しいものを選べ，という問題ではないので注意。

①，②，④ は，意見ではなく事実だと考えられる。

問３ 8 **正解 ③**

「もう一方のチームは，ディベートのトピックに反対する。記事の中で，その反対するチームの役に立つ１つの<u>**意見**</u>（事実でなく）は， 8 というものである」

① 多くの高校生が，クラブ活動に取り組んでいる
② ケリー教授と彼の同僚たちは，試行を計画している
③ そのような取り決めは，あまり人気にはならないだろう
④ イギリスの若い人々は，睡眠時間を奪われている

正解は ③。③ はメグミのコメントに書かれている意見であって，事実ではない。

①，②，④ は，意見ではなく事実だと考えられる。問２と問３は，正反対の内容が正

解になるが「意見」を問う問題なのでこういうこともある。

問4　[9]　正解 ④

「第2段落の中の serious という単語は，[9] に最も意味が近い」

① 重要な
② 冗談でない
③ くだらなくない
④ **非常に悪い**

正解は ④。直後に，「我々は，極度の疲労を感じるかもしれない。不安感を持つかもしれない。太ってしまうことさえありうる」と述べていることから，ここでは serious が「非常に悪い」という意味で使われているとわかる。serious には，「真剣な」という意味の他に，「重大な」「深刻な」などの意味もある。

問5　[10]　正解 ②

「彼女のコメントによるとメグミは，[10]」

① 午後は眠くならない
② **遅い始業時刻が，日本で現実的かどうか疑っている**
③ ケリー教授の主張は間違っていると思っている
④ 通常，午後6時頃帰途につく

正解は ②。メグミは，クラブ活動の時間が非常に短くなってしまうという理由を挙げ，始業時刻を遅くすることの，日本での実現性に疑いをかけているので ② が正解。

① は，コメントの第2文で，「学校で，特に午前中，眠気を感じている」と言っているが，午後は眠くならないとは言っていない。③ は，第1文で，「ケリー教授の主張は，私には非常に説得力がある」と言っている。convincing は「説得力がある」という意味。④ は，第4文で，「日本人の多くが，放課後のクラブ活動に取り組んでおり，下校は午後6時頃である」と言っているが，自分もそうであるとは言っていない。

【練習問題2A－2】

本冊 p.86

解答

問1 [1]－① 問2 [2]－④ 問3 [3]－①
問4 [4]－① 問5 [5]－②

全訳

あなたは，週末に会社の同僚を招待する予定で，ネットでいくつかのサラダのレシピを探している。以下はレシピを見て料理を作った人々のレビューである。

おいしいタイ風サラダ

★★★★☆ バード（2日前）
今までで最高においしい脂肪燃焼サラダ！　トマト，ピーナッツ，レタス，キュウリ，セロリ，赤トウガラシなどたくさんの具材が入っている。子どもが食べるには辛すぎるかもしれない。今回は主なたんぱく質としてエビを使ってみたけれど，他にもチキンや揚げたイカなども合う。自宅でやってみてはどう？

健康ガーデンサラダ

★★☆☆☆ リサ・ママ（3週間前）
肉，魚，スパイスが入っていない，定番でとても素朴な感じの簡単なサラダ。でも，私にはとてもつまらない感じになってしまった。なぜこんなに多くの良いレビューがあるのかさっぱりわからない。今回はオリーブオイルを使ってみたけれど，今度はグレープシードオイルを使ってみようかな。私はヴィーガン（菜食主義者）でもベジタリアンでもないけれど，そういう方には素晴らしいサラダだと思う。

★★★★☆ リー（12時間前）
このレシピは私のお気に入りの1つ！　何か軽いものが必要なときは，これがベスト。素朴な味に飽きてしまったら，ドレッシングを変える。

ベスト・ポテトサラダ	★★★★★ キティー・ラバー（5日前）
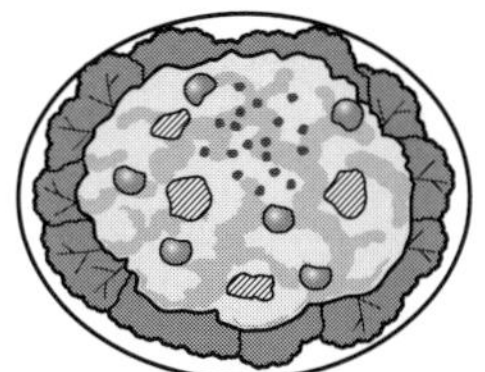	他の多くのレビュアーのように，このコストが安いレシピが大好き！　今回はこのレシピを使って作るのが3回目。味はジャガイモの切り方やどんなマヨネーズを使うかで変わってきます。今回はジャガイモをすべてすりつぶしました。このレシピの好きなところは，ハムではなく，ソーセージをすすめているところ。次はサーモンでやってみようかな。

語句

□ colleague「同僚」
□ include「～を含む」
□ lettuce「レタス」
□ and so on「など」
□ spicy「辛い」
□ go well「合う」
□ fat-burning「脂肪燃焼の」
□ ingredient「具材」
□ cucumber「キュウリ」
□ too ～ to V「～すぎてVできない」
□ protein「たんぱく質」
□ plain「素朴な」
□ end up Ving「(最終的には) Vになってしまう」
□ boring「退屈な」
□ vegan「完全菜食主義者［ヴィーガン］」
□ depending on A「Aによりけり」
□ grapeseed「ブドウの種［グレープシード］」
□ low-cost「低コストの」
□ mash「～をつぶす」
□ recommend〈人〉to V「Vするのを〈人〉にすすめる」
□ instead of A「Aの代わりに」

設問解説

問1 [1] 正解 ①

「もしあなたが [1] なら，きっとおいしいタイ風サラダを選ぶだろう」

① 何か辛いものが必要
② ベジタリアン用のレシピがほしい
③ 何回も作ったことのあるレシピがほしい
④ 何か軽いものを探している

正解は①。fat-burning，red pepper や spicy などという言葉から，このサラダが辛いということがわかるので，①が正解。

その他の選択肢については，タイ風サラダには当てはまらない。

問2 [2] 正解 ④

「もしあなたが [2] なら，きっとベスト・ポテトサラダを選ぶだろう」

① 料理する時間があまりない
② 野菜をもっととりたいと感じる
③ 冷蔵庫に野菜がたくさんある
④ 安くておいしいレシピがほしい

正解は④。本文の low-cost は cheap と同意だ。また，他にも多くの良いレビューがあることが述べられており，キティー・ラバーのレビューも星５つになっていることから，④が正解。

①，②，③に関しては，レビューでは言及されていない。

問3 [3] 正解 ①

「健康ガーデンサラダについての意見は [3] 」

① 異なっている
② 否定的である
③ 中立である
④ 肯定的である

正解は①。１つめのレビューは星２つとなって辛口のコメントだが，一方で，星４つの良いレビューもあり，意見が異なっているので，①が正解。この問題の設問文の主語が opinions となっているところにも留意したい。

問4 4 **正解** ①

「レビューによると，以下のどれが個人的な意見ではなく，**事実**か」 4

① **健康ガーデンサラダには多くの良いレビューがある。**

② キティー・ラバーはこれまですでに4回ベスト・ポテトサラダを作ったことがある。

③ ベスト・ポテトサラダは，とあるブランドのマヨネーズを使用するようにすすめている。

④ おいしいタイ風サラダはとても辛いので，子どもは食べられない。

正解は①。①は，リサ・ママの評価は星2つだが，レビューの中に「なぜこんなに多くの良いレビューがあるのかさっぱりわからない」とあり，リーも星4つをつけているので，事実だと考えられる。

②は今回を含めると3回になるので不正解。③は特定のマヨネーズをすすめてはいないので，不正解。④は，バードが「子どもには辛いかもしれない」と書いてはいるが，これはバードの意見であって，実際に辛くても食べられる子どもがいるかもしれないので不正解。本文ではmayが使われているところもヒントになる。

問5 5 **正解** ②

「レビューによると，以下のどれが事実ではなく**意見**か」 5

① 健康ガーデンサラダはおいしいタイ風サラダよりも辛くない。

② **健康ガーデンサラダはとても退屈だ。**

③ ベスト・ポテトサラダは多くの評価者から愛されている。

④ おいしいタイ風サラダはたくさんの種類の野菜が入っている。

正解は②。②はあくまでもリサ・ママの意見であり，事実とは言えないので正解。

①は本文にno spice「スパイスなし」とあるので事実である。③はLike many other reviewers, I love ...とあるので事実。④もincludes many ingredients like tomato, ... and so on「トマト…などたくさんの具材が入っている」と書かれているので事実と言える。

2A・B

【練習問題2B－2】

本冊 p.89

解答

問1 6 －① 問2 7 －② 問3 8 －②
問4 9 －① 問5 10 －③

全訳

あなたは男性の育児休暇取得についての議論をする予定である。議論に備えるため，あなたのグループは以下の記事を読んでいる。

最近の調査によると，日本の約17.13％の新たに父親になった人々が育児休暇を取っています。年々，その数は増加していますが，日本の男性社会においては，男性の育児休暇取得はまだまだ大きな挑戦と言えるでしょう。では，ここで議題です：「あなたはもっと多くの日本の男性が育児休暇を取るべきだと思うか否か」

育児休暇を取ることには素晴らしいメリットが1つあります。新生児が生まれた後の数週間でも，もし男性が育児休暇を取った場合，妻にとっては多大な助けになります。今日では新生児のいる夫婦にとって自身の両親からサポートを得ることは以前よりも難しくなってきています。夫は身体的のみならず，妻の精神的サポートもはたすことができます。新生児を抱えたばかりの母親たちは，毎日多くの予期せぬ状況と向き合うので，多くのストレスを感じるかもしれません。助けを得られるかどうかが，それを減らす鍵となります。もう1つのメリットは，育児休暇は男性にとってたいていは新鮮なもので，仕事に戻った際により効率よく仕事をこなすことができるということです。

一方で，男性が育児休暇を取るべきではないとする理由もあります。第一に，育児休暇中は給与が無いということです。これは，家計を圧迫することにもなりえます。第二に，多くの人々は男性が取得することに依然として反対で，それが取得している男性への心理的圧力をかけることになってしまうことです。

この問題について，あなたはどう思いますか？　私は，男性が育児休暇を取ることによって，子どもを育てていくことの大変さの理解につながると信じています。妻がやっている大変な仕事をよりよく知ることによって，彼女たちとの関係性もさらに強まるに違いありません。もっと言えば，男性が自身の子どもを育てることに積極的になるにつれ，家族の絆もより深まるでしょう。そのようなことが奨励されるべきではないと主張できる人はいないでしょう。

語句

□ parental leave「育児休暇」
□ male-oriented「男性優位の」
□ physical「身体的な」
□ unexpected「予期せぬ」
□ refreshing「新鮮な」
□ efficiently「効率的に」
□ family finances「家計」
□ relationship「関係」
□ eagerly「一生懸命に」
□ bond「絆」
□ survey「調査」
□ benefit「利点」
□ mental「精神的な」
□ reduce「〜を減らす」
□ allow A to V「AにVできるようにする」
□ salary「給与」
□ strengthen「〜を強める」
□ furthermore「さらに」
□ raise「〜を育てる」
□ encourage「〜をすすめる」

設問解説

問1　[6]　正解①

「この記事で述べられている調査では，人々は『[6]』と質問された」

① 育児休暇を取ったか
② どのくらいの期間，育児休暇を取ったか
③ どのくらいの頻度で育児休暇を取っているか
④ 育児休暇をいつ始めたか

正解は①。本文で調査結果を述べているのは，第1段落第1文の「最近の調査によると，日本の約17.13%の新たに父親になった人々が育児休暇を取っています」だけである。よって，①が正解とわかる。

他の選択肢について本文に記述はない。

問2　[7]　正解②

「あなたのグループは，男性の育児休暇取得**を支持する**理由を考えたいと思っている。この記事の中での1つの理由は，育児休暇を取る男性は[7]ということである」

① どのくらいの期間取得するのかを決められる
② 妻を身体的かつ精神的に手助けできる
③ 両親からのサポートがない
④ 会社に迷惑をかけてしまうことになるかもしれない

正解は②。本文第2段落第4文にHusbands can provide not only physical support but also mental support to their wives.「夫は身体的のみならず，妻の精

神的サポートもはたすことができます」とあるので，②が正解。

①と④は本文では言及されていない。③は本文中にある語句を使っているが，この問いでは「育児休暇を取る男性は」が主語であるから，内容的に適切ではない。

問3 [8] 正解②

「もう1つのグループは，男性の育児休暇取得に**反対する**理由を考えたいと思っている。この記事の中での1つの理由は，育児休暇を取る男性は [8] ということである」

① 精神的な病気になる可能性がある

② 育児休暇中は給与を得られない

③ 両親から経済的支援を受けられないかもしれない

④ 会社での働きぶりが良くないかもしれない

正解は②。男性が育児休暇を取るべきではないという理由は第3段落に書かれている。その第2文に First, during parental leave, they get no salary.「第一に，育児休暇中は給与が無いということです」とあり，②が正解だとわかる。

他の選択肢は本文中に反対する理由としての記述がない。

問4 [9] 正解①

「育児休暇を取得した男性にとっての利点が，この記事に書かれている。次のうち，どれか」 [9]

① これまでよりも少ない時間で生産的になる。

② できるだけ早く帰宅できる。

③ 仕事をすることがより新鮮に感じる。

④ 家族と過ごす時間がより取れる。

正解は①。第2段落に男性が育児休暇を取る利点が2つ述べられている。最終文に allowing them to work more efficiently after they return to their jobs「仕事に戻った際により効率よく仕事をこなすことができる」とあるので，①が正解。

同じ最終文に，parental leave is usually refreshing for men「育児休暇は男性にとってたいていは新鮮なものである」と書かれているが，③は仕事が新鮮となっているので不可。②，④はありそうな答えだが，本文には書かれていないので不適当。

問5　10　正解 ③

「この記事の筆者はさらに多くの男性が育児休暇を取るべきであることについて, 10 」

① 誰もそう考えるべきではないと推奨している
② 部分的に同意している
③ 強く同意している
④ 強く反対している

正解は ③。最終段落から読み取れる。特に最後の 1 文 Nobody could argue that such things should not be encouraged.「そのようなことが奨励されるべきではないと主張できる人はいないでしょう」で, such things がこの前に述べられていること（男性が育児休暇を取る利点）を指しているとわかれば ③ を選べる。

【練習問題2A－3】

本冊 p.92

解答

問1 1 －② 問2 2 －③ 問3 3 －①
問4 4 －④ 問5 5 －③

全訳

あなたは学校の演劇クラブのメンバーで，クラブはクリスマスパーティーを開く予定である。インターネットで，パーティーのために作りたい季節の飲み物のレシピを見つけた。

クリスマスの季節の飲み物のレシピ

これは私たちのウェブサイトでベストテンに評価されている飲み物とデザートのレシピの1つです。この祝日のための飲み物で，みんなの気分はきっと明るくなりますよ。

家族みんなが楽しめるエッグノッグ

材料（12 ～ 16 人分）

- 大きめの卵　6個
- 卵黄　2つ
- 砂糖　1/2 カップ（＋大さじ2杯）
- 塩　小さじ 1/4 杯
- 全乳（乳脂肪を含むもの）　カップ4杯
- バニラエッセンス　大さじ 1/4 杯
- 粉末ナツメグ　小さじ 1/2 杯
- ヘビークリーム（泡立てて）　カップ 1/4 杯

作り方

第1段階

1. 材料をそろえる。
2. 卵，卵黄，砂糖，塩を平鍋の中で混ぜ，よくかき混ぜる。
3. 牛乳をゆっくりと注ぎ入れる間もかき回し続け，完全に混ぜ合わせる。

第2段階

1. コンロに点火して最も弱火にセットする。
2. 鍋をコンロにかけ，混ぜたものを温度が 70℃で，スプーンの背に液が十分粘りつくほどの濃さになるまでかき回す。この間，45 分から1時間ほどかかるはず。

第３段階

1.　卵が熱で固まったダマなどを取り除くために，混ぜ合わせたものを大きなボールに漉して入れる。
2.　バニラエッセンスとナツメグを入れる。かき混ぜる。
3.　ガラスのピッチャーに注ぎ入れる。少なくとも４時間，最長３日間冷やしてから，人に出す。
4.　この飲み物を出すときには，ボールに脂肪分の多いクリームを入れ軽くツノがたつまで泡立てる。泡立てたクリームを冷やした飲み物に，切りこむようにしてざっと混ぜ込む。
5.　冷やしたカップにエッグノッグを入れ，ナツメグを散らして出す。

批評・評判

foodie@cookweb　*2022年12月22日16時15分*

これを作ってパーティーに持っていきました。本当にクリスマス休日らしい気分が盛り上がりました。大人から子どもまでみんなが楽しめました。

美味しいもの大好き　*2023年1月4日11時7分*

子どもの頃，私の家には毎年クリスマスになるとエッグノッグがありました。このレシピのおかげでなつかしい思い出がよみがえってきました。

語句

□ recipe「レシピ，（料理の）調理法」
□ beverage「飲み物」
□ *be* sure to V「かならずVする」
□ spirit「気分，精神」
□ ingredient「材料，成分」
□ yolk「卵の黄身」
□ whole milk「全乳（脂肪分を取り除いていない完全乳）」
□ vanilla essence「バニラエッセンス」
□ nutmeg「ナツメグ（スパイスの一種）」
□ heavy cream「ヘビークリーム（脂肪分の多いクリーム）」
□ whip「～を泡立てる」
□ combine「～を一緒にする」
□ stir「かき回す」
□ seasonal「季節の」
□ rate「～を評価する」
□ brighten「～を明るくする」
□ eggnog「エッグノッグ」
□ serving「（飲食物の）１人分」
□ grate「〈食べ物〉をおろす，小さくする」
□ instruction「作り方説明，使用説明（書）」
□ pan「平鍋（片手で長い柄のものが普通）」
□ pour「～を注ぐ」

2A・B

□ burner「バーナー（コンロなどの火口）」
□ ～ degrees Celsius「摂氏～度」
□ strain「〈液体〉を（こし器などで）漉す」
□ pitcher「ピッチャー，水差し」
□ serve「料理や飲み物を人に出す」
□ peak「とんがり，頂き」
□ sprinkle「～をまき散らす」
□ comment「批評」
□ setting「設定」
□ coat「～を覆う」
□ remove「～を取り除く」
□ refrigerate「冷蔵［冷凍］する，冷却する」
□ form「～を形作る」
□ chill「～を冷やす」
□ review「論評」

設問解説

問１ [1] 正解 ②

「このレシピはあなたが [1] たいときにいいだろう」

① 寒い日に何か温かいものを楽しみ
② 季節の気分を味わい
③ 何か手早く準備できるものを飲み
④ 子どもたちに飲み物の作り方を教え

正解は②。レシピの最初に「この祝日のための飲み物で，みんなの気分はきっと明るくなりますよ」とあり，また冒頭の設定の文に，「（クリスマス）パーティーのために作りたい季節の飲み物」という表現もあるので，②が正解。

「冷やして出す」ので①は不適当。作り方の項目にも「少なくとも４時間，最長３日間冷やす」とあり「手早く準備できる」とは言えないので③も不適当。子どもたちに教えるという記述はないので④も不適当。

問２ [2] 正解 ③

「このエッグノッグのレシピによると，飲めるようになる前に少なくとも [2] 待たなければならない」

① 45分　② 60分　**③ ４時間**　④ ３日

正解は③。作り方の Step 3 の３に「少なくとも４時間，最長３日間冷やしてから」とあるので③が正解。

問３ [3] 正解 ①

「家庭で開くクリスマスパーティーに行く人はこの飲み物を持っていくかもしれない。なぜなら [3] からだ」

① どんな年齢層の人でも飲める
② 冷蔵庫で何日も保存できる
③ 人々を驚かすような珍しい飲み物だ
④ 材料を３，４種類しか使わない

正解は①。この飲料にはアルコールや強い香辛料も入っていない。またこのレシピのタイトルは Eggnog for the Whole Family「家族みんなが楽しめるエッグノッグ」なので①が正解。

②の保存期間については記述がない。伝統的なクリスマスシーズンの飲み物で unusual とは言えないので③は不適当。材料は７種類使っているので④は誤り。

問４　［4］　正解④

「ウェブサイトによると，このレシピについての１つの<u>事実</u>（意見ではなく）はそれが［4］ということだ」

① 美味しくて健康によい
② 作りやすい
③ 子ども用に作られている
④ 卵８個で作られる

正解は④。材料には６個の卵と２つの卵黄とあるので「卵８個」と言える。

①の「美味しい，健康によい」は「意見」なので不適当。作りやすいかどうかも人によって異なる「意見」なので②も不適当。特に子どものための飲み物ではなく「家族みんなが楽しめる」とあることから③は不適当。

問５　［5］　正解③

「ウェブサイトによると，このレシピについての１つの<u>意見</u>（事実ではなく）は［5］ということだ」

① 子どもたちと一緒に作ると楽しい
② 最高のエッグノッグのレシピだ
③ 誰もが気分がよくなる
④ 材料が入手しやすい

正解は③。レシピの後の批評欄に「本当にクリスマス休日らしい気分が盛り上がりました。大人から子どもまでみんなが楽しめました」とあるので③が正解。

その他の選択肢については記述がない。

【練習問題2B－3】

本冊 p.95

解答

問1 [6]－② 問2 [7]－① 問3 [8]－④
問4 [9]－② 問5 [10]－④

全訳

あなたの英語の先生が次の授業でのディベートに向けた準備の役に立つようにと，ある記事をくれた。以下にこの記事の一部とコメントの１つが載っている。

アメリカのいくつかの学校でピーナッツが禁止される

ドンナ・チャン，ボストン在住
2022年9月5日・午後3時12分

全国でいくつかの学校区がピーナッツとピーナッツ製品を禁止することに決めた。ピーナッツにアレルギーのある子どもの数がここ数年の間に倍増したからである。アレルギーは，かゆみ，皮膚の赤らみ，胸が締めつけられるような感じなどの反応を引き起こす。さらに，アレルギー反応の中には健康に害を与え，死亡という事態さえも引き起こす恐れがあるものがある。死に至るような事件はまれだが，アレルギー反応は教員や親の間で心配の種になっている。

バージニア州の教育委員会のメンバーであるマイケル・サンプソンは次のように述べた。「すべてのピーナッツ製品を禁止するのは行きすぎだと感じる人もいるかもしれません。しかし，すべての子どもにとって安全な環境を提供することが我々の責任だと思います。私たちの子どもたちを守るより良い方法が考えだせるまでは，後悔するよりは安全策を取る方がましです」

しかし，ピーナッツを禁止することに賛成の人ばかりではない。親や教員の中には，禁止することはアレルギーを持っていない子どもに対して不公平になり，ピーナッツ抜きランチテーブルなど他の解決策の方が納得がいくと言う人たちもいる。またピーナッツ禁止はすべりやすい坂のようなもので，すぐにすべてが禁止の対象になるのではないかと心配する人も多い。家で猫を飼っている子どもは，猫の毛が服についているかもしれないので学校に来られるのかと疑問に思う親もいる。

21 件のコメント

最新のもの

グレース・モーガン　2022 年 9 月 7 日・午後 7 時 28 分

すべてのピーナッツ製品を禁止するのはばかげています。私の息子はアレルギーを持っています。アレルギー反応が起きる場合に備えて，薬を持ったか確かめてから学校に行かせます。また，学校のほうでも息子の条件を承知しています。親と学校が適切な行動をとるように協力していくべきです。

語句

□ article「記事」
□ debate「討論（会）」
□ ban「～を禁止する」
□ district「地方」
□ *be* allergic to A「A にアレルギーがある」
□ double「～を倍にする」
□ allergy「アレルギー」
□ cause「～を引き起こす，～の原因となる」
□ reaction「（刺激に対する）反応」
□ such as「（たとえば）～のような」
□ itchiness「むずがゆさ」
□ tightness「きついこと，締めつけられる感じ」
□ chest「胸」
□ harm「～を害する」
□ incident「出来事，事件」
□ concern「心配，懸念」
□ amongst「～の間で」
□ school board「（米国の）教育委員会」
□ figure out「～を解決する，理解する」
□ educator「教育者」
□ argue「議論する，主張する」
□ solution「解決策」
□ peanut-free「ピーナッツの入っていない」
□ peanut-free lunch table「ピーナッツ抜きのランチテーブル」

★ A-free「A 抜きの」**(例)** salt-free「塩を加えない」，tax-free「免税の，非課税の」

★米国の学校には持ってきたランチを食べる食堂があるが，そのうちのいくつかのテーブルに peanut-free table の表示を出して，そこではアレルギーの子どもだけが食事をする。アレルギーのある子どもの近くにアレルギーの元になる食品がないようにする方策。

□ reasonable「納得がいく，理屈が通る」
□ *be* concerned「心配している」
□ slippery「つるつる滑る」
□ silly「愚かしい」
□ make sure「確認する」
□ medicine「薬」
□ in case「～する場合に備えて」
□ take steps「措置を講ずる，行動を起こす」
□ proper「適切な」

設問解説

問1 6 **正解 ②**

「この記事によると，合衆国の学校の中には，6 という理由で学校の中でピーナッツを禁止しているところがある」

① ここ2，3年の間にアレルギーによる死亡事故が倍増している
② 人々がアレルギーの危険について心配している
③ 収穫したてのピーナッツはさらにずっと有害である
④ 合衆国政府が学校にそうするように命令を出した

正解は ②。第1段落の冒頭で「全国でいくつかの学校区がピーナッツとピーナッツ製品を禁止することに決めた」と述べ，最終文で「死に至るような事件はまれだが，アレルギー反応は教員や親の間で心配の種になっている」とその理由を述べていることから ② が正解。

第1段落第1文後半で「アレルギーのある子どもの数がここ数年の間に倍増した」とあるが，倍増したのは死亡事故の数ではないので ① は不適当。③，④ については本文に記述がないので誤り。

語句

□ risk「危険」　□ harmful「有害な」

問2 7 **正解 ①**

「あなたのチームは『学校ではピーナッツやピーナッツ製品を禁止すべきだ』というディベートの論題に賛成の立場である。この記事の中の，あなたのチームにとって役に立つ意見（事実ではなく）は 7 というものである」

① 危険をおかすよりはピーナッツを抜きにしたほうがいい
② 多くの親たちがピーナッツを禁止していない学校があることに腹を立てている
③ 学校ではピーナッツ抜きのテーブルを作ることを考慮中だ
④ バージニアの教育委員会はピーナッツ禁止を主導している

正解は ①。第2段落でバージニア州の教育委員会のメンバーはピーナッツ禁止論を述べているが，そのことばの最終部分で「私たちの子どもたちを守るより良い方法が考えだせるまでは，後悔するよりは安全策を取る方がましです」と述べている。これに一致する ① が正解。

② については本文中に言及がない。③ は「禁止しなくてもいい」という反対の立場からの解決策なので不適当。④ は事実であって意見ではない。

□ lead「(討論など) を引っ張っていく，先導する」

問3　8　正解④

「もう1つのチームはこのディベートの論題に反対の立場に立つ。記事の中で，そのチームにとって役に立つ意見（事実ではなく）は 8 というものである」

① 禁止令はピーナッツバターが好きな子どもにとって不公平だ
② アレルギーを持っている子どもたちは家で勉強するべきだ
③ 親たちも先生たちも過剰反応している
④ **ピーナッツ抜きのランチ用のテーブルを設けるなど，他の解決法がある**

正解は④。第3段落の第2文に「ピーナッツ抜きランチテーブルなど他の解決策の方が納得がいくと言う人たちもいる」とあることから④が正解。

②，③については記述がない。第3段落の第2文に「禁止することはアレルギーを持っていない子どもに対して不公平になり…」とあるが「ピーナッツバターが好きな子どもにとって不公平」とは言っていないので，①は不適当。

語句

□ oppose「～に反対する」　□ overreact「過剰に反応する」

問4　9　正解②

「この記事の第3段落で『ピーナッツ禁止はすべりやすい坂のようなものである』と言っているのは 9 という意味である」

① 毎年ピーナッツがらみの事件が増えている
② **学校でどんどん多くのものが許されなくなるだろう**
③ より多くの学校がピーナッツ禁止令に加わるだろう
④ 学校でのピーナッツの問題は難しい

正解は②。第3段落の slippery slope という語のすぐ後に「すぐにすべてが禁止の対象になるのではないかと心配する人も多い」とあることから，②が正解。

毎年増えているのはピーナッツアレルギーの子どもの数で「ピーナッツがらみの事件」ではないので①は不適当。③，④については記述がない。

語句

□ involve「～を含む」

問5 [10] 正解 ④

「コメントによると，グレース・モーガンはピーナッツの禁止に [10] 」

① 特に何の意見も持っていない
② 部分的には賛成である
③ 強く賛成している
④ 強く反対している

正解は ④。グレース・モーガンは冒頭で「すべてのピーナッツ製品を禁止するのはばかげている」と強い言葉でこの取り決めを否定しているので，④ が正解。

□ particular「特別な」
□ disagree「一致しない，意見が異なる」

【練習問題3A－1】

本冊 p.110

解答

問1 [1]－②　問2 [2]－②

全訳

あなたは，あなたの学校の女子生徒によって書かれたブログで，以下の話を見つけた。

弟とのピクニック

5月12日　日曜日

弟の巧と小高山に行きました。母も一緒に，母の車で行くことになっていたのですが，朝，母の体調が良くなかったのです。巧と私は，母を家に残してバスで行くことにしました。

私たちは午前9時に家を出て，バスは私たちを，10時になる10分前に小高南に運んでくれました。小高山はそれほど高くはありません。私たちは急ぎませんでしたが，1時間20分後に頂上に到着しました。曇っていましたが，それでも私たちは，美しい景色を楽しむことができました。私たちは，私が今朝作ったおにぎりを食べました。巧はそれを，おいしいと言いました。

正午に，下山を開始しました。帰りは別のルートをとり，1時間後に小高北バス停に着きました。

午後2時半くらいに家に帰った時，母は眠っていました。父が，私たちにコーヒーを淹（い）れてくれました。ほどなく母が起きて，具合は良くなったと言いました。母が来ることができなくて残念でしたが，今は元気になったので私はうれしいです。

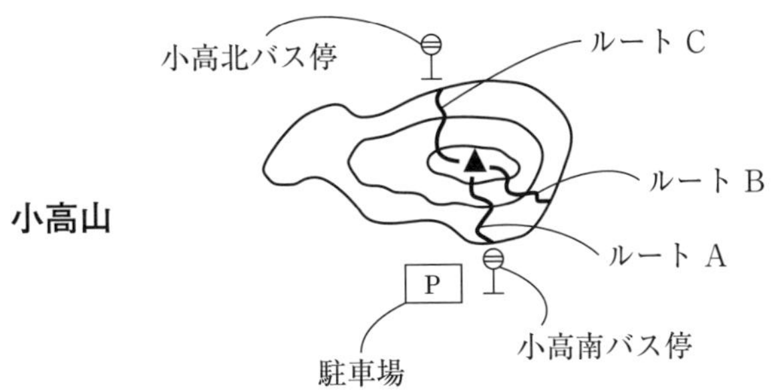

語句

☐ *be* supposed to V「Vすることになっている」
☐ leave「～を残す，～を出発する」
☐ hurry「急ぐ」
☐ still「それでも」
☐ rice ball「おにぎり」
☐ parking lot「駐車場」
☐ take A to B「AをBに連れていく」
☐ summit「頂上」
☐ scenery「景色」
☐ way back「帰り道」

設問解説

問1 [1] 正解②

「筆者と彼女の弟は [1] をとった」

① 登りはルートA，下りはルートB
② 登りはルートA，下りはルートC
③ 登りはルートB，下りはルートA
④ 登りはルートB，下りはルートC
⑤ 登りはルートC，下りはルートA
⑥ 登りはルートC，下りはルートB

正解は②。第2段落第1文にthe bus took us to Kodaka-Minamiとあるので，行きはルートAだと推察できる。第3段落第2文で，「帰りは別のルートをとり」と述べていることから，帰りはルートBかCをとったのだろうと推察できる。第2文後半で，「1時間後に小高北バス停に着きました」と言っていることから，登りはルートA，下りはルートCだったとわかる。

問2 [2] 正解②

「彼らは午前 [2] に頂上に着いた」

① 11:00
② 11:10
③ 11:20
④ 11:30

正解は②。小高南に着いたのが10時10分前（9時50分）。それから1時間20分後に頂上に着いたのだから，②の11時10分が正解。

【練習問題3B－1】

本冊 p.112

解答

問1 3 －⑥　問2 4 －①　問3 5 －④

全訳

あなたは英語学習者向けの雑誌に以下の記事を見つけた。

知らない人に笑いかける

ハセガワエイタ（会社員）

あなたはどのくらい頻繁に誰かに笑いかけますか。他人と会うといつも笑いかける人もいるかもしれません。恥ずかしすぎてほとんど笑わない人もいるかもしれません。

ぼくにはアメリカ出身の同僚がいます。彼の名前はデイヴィッドで，彼はとても友好的です。ぼくに会うとよく笑いかけます。他の同僚にも笑いかけます。ぼくは，彼は生まれつきそういう人間なのだと思っていました。

ある日，デイヴィッドとぼくは，たくさんの外国人が昼食を食べるレストランに昼食を食べに行きました。ぼくたちが着いた時，すべての席が埋まっていたので，入口で待たなくてはなりませんでした。するとレストランから何人か出てきて，ぼくたちを見て笑いかけましたが，ぼくは何もしませんでした。彼らのことはまったく知らなかったので恥ずかしいとさえ思いましたが，デイヴィッドが彼らに笑いかけているのに気づきました。「彼らを知っているの？」とたずねると，「いいや」と彼は答えました。ぼくは知らない人に決して笑いかけないので，とても驚きました。ぼくは，ぜんぜん知らない人になぜ笑いかけるのかたずねました。

「アメリカの文化では，知らない人と目が合うと笑いかけるのが一般的だよ」とデイヴィッドは言いました。ぼくは，「へぇ，それは知らなかった。ぼくは恥ずかしすぎるから知らない人に笑いかけることは絶対にできないよ」と答えました。すると彼は「君の文化では知らない人には笑いかけないことは知っているよ。それでも，ぼくは日本でも笑いかけ続ける。どうしてかわかるかい？　ぼくは，笑いかけることが人を幸せにすると思っているからだ。ぼくが笑いかける人が幸せを感じたらぼくも幸せを感じる」と言いました。

笑いかけることに対する彼の考え方はすばらしいとぼくは思います。アメリカには日本とは異なるすてきな文化があります。今は，デイヴィッドが行うことをまねしたいと思っています。ぼくは日本に住む日本人でよく恥ずかしいと思いますが，知らない人と目が合ったとき笑いかけるようにしようと思います。

語句

□ English learner「英語学習者」
□ how often ～?「どのくらいの頻度で～？」
□ smile at A「A に笑いかける」
□ shy「恥ずかしい」
□ friendly「友好的な，気さくな」
□ by nature「生まれつき」
□ common「一般的な」
□ reply「返答する」
□ different from A「A と異なる」
□ copy「～をまねる」
□ stranger「知らない人，見知らぬ人」
□ seldom「ほとんど～しない」
□ colleague「同僚」
□ whenever「～する時はいつでも」
□ occupy「～を占有する，使用する」
□ catch *one's* eye「目が合う」
□ keep Ving「V し続ける」
□ feel like Ving「V したい気がする」

設問解説

問1　[3]　正解 ⑥

「この話によると，笑いかけることに関するエイタの気持ちは以下の順序で変化した：[3]」

① 恥ずかしい → 知りたいと思う → 賛成する → 驚く → 感心する
② 恥ずかしい → 知りたいと思う → 感心する → 驚く → 賛成する
③ 恥ずかしい → 感心する → 知りたいと思う → 賛成する → 驚く
④ 恥ずかしい → 感心する → 驚く → 賛成する → 知りたいと思う
⑤ 恥ずかしい → 驚く → 賛成する → 知りたいと思う → 感心する
⑥ 恥ずかしい → 驚く → 知りたいと思う → 感心する → 賛成する

正解は ⑥。本文第３段落第４文 I even felt **shy** because I didn't know them at all,「彼らのことはまったく知らなかったので恥ずかしいとさえ思いました」とあるから，最初に shy「恥ずかしい」と思ったことがわかる。その後，第３段落第７文で I would never smile at strangers, so I was quite **surprised**.「ぼくは知らない人に決して笑いかけないので，とても驚きました」とあり，surprised「驚いた」ことがわかる。そのあと第４段落でそのことについてデイヴィッドと会話を進めていることから

curious「知りたい，好奇心のある」と思ったことがわかる。そして，第5段落第1文にI think the way he thinks about smiling is great.「笑いかけることに対する彼の考え方はすばらしいとぼくは思います」とあり，デイヴィッドが知らない人に話しかける理由を聞いて筆者は**impressed**「感心した」ことがわかる。最後に，第5段落第3文にNow I feel like copying what David does.「今は，デイヴィッドが行うことをまねしたいと思っています」とあるから，**agreed**「賛成している」ことがわかる。

問2　[4]　正解①

「デイヴィッドとエイタがレストランの入り口にいた時，デイヴィッドは [4] 人に笑いかけた」

① **以前に会ったことがない**
② とてもよく知っている
③ 話しかけたい
④ 一緒に働いている

正解は①。第3段落第5～6文に，I asked, "Do you know them?," "No," he answered.「『彼らを知っているの？』とたずねると，『いいや』と彼は答えました」とあり，レストラン入口でデイヴィッドが笑いかけたのは「知らない人」，つまり以前に会ったことがない人だとわかる。

問3　[5]　正解④

「この話から，エイタは [5] ということがわかった」

① アメリカ文化についてさらに知りたかったのでデイヴィッドに一緒に昼食を食べるよう頼んだ
② 面白いのでアメリカの文化と日本の文化の違いについて話すのが好きだった
③ デイヴィッドが言ったことを理解したあとでも，恥ずかしすぎて知らない人に笑いかけたくなかった
④ **デイヴィッドとレストランに行き，アメリカの文化のとてもいい点に気づいた**

正解は④。筆者とデイヴィッドがレストランに行った時に知らない人にも笑いかけるアメリカ文化に筆者が気づき，すばらしいと思ったと書いてあるので，正解。

①は，筆者はアメリカ文化について知りたいとは書いていないので不適当。②は文化について話し合うのが好きという記述はない。③は，恥ずかしすぎるというところまでは合っているが，そのあと最終段落にデイヴィッドの行動をまねしたいと思っていると書かれているため不適当。

【練習問題3A－2】

本冊 p.114

解答

問1 1 －④　問2 2 －③

全訳

あなたは次のような話をあるブログの中に見つけた。それはあなたの学校にやってきた男子交換留学生の書いたものだった。

運動会

5月25日，日曜日

僕の友人ユキの弟コータローは，小学生だ。先週の日曜，僕はユキの家族と一緒にコータローの学校の運動会に行った。アメリカでも運動会はある。それとどれぐらい似ているのかと興味があった。

まず，日本の子どもたちの着るものだが，彼らは白いTシャツと青いショートパンツを着ていた。またクラスによって違う色の帽子をかぶっていた。最初の種目は二人三脚だった。コータローとパートナーの子は2着だった。さらに2，3の種目の後，僕たちは昼食を食べた。ユキのお母さんは美味しいおにぎりを作ってきていた。

午後，各学年のクラスがリレーのレースをして，各学年でどのクラスが最も速いか競った。コータローは彼のチームの最終走者だったのでユキと僕は盛り上がった。そして彼のクラスが優勝した。僕らは彼に声援を送り続け，ゴールのラインを越えた時には抱きついた。最後の種目は，家族や友人を含めて誰もが参加する綱引きだった。僕たちの側は負けたが，とても楽しかった。

日本の運動会は，アメリカのものよりも少しきちんと組織立っているかもしれないということがわかったが，最も重要なことは，なかなか楽しいものだということだ。

語句

□ exchange student「交換留学生」　□ elementary school「小学校」

□ compare「似ている，匹敵する」

□ wear「～を身に着けている，かぶっている，着ている」

□ depending on A「Aに従って」
□ grade「学年」
□ hug「抱きしめること」
□ including A「Aを含めて」
□ three-legged race「二人三脚」
□ cheer「～に声援を送る」
□ tug-of-war「綱引き」
□ lose「負ける」

設問解説

問1　1　正解④

「学校の運動会では，1」

①　低学年の子どもたちしか帽子をかぶらなかった
②　学校が全員のための昼食を用意した
③　生徒の家族は参加が許されなかった
④　最後に綱引きが行われた

正解は④。第3段落第4文で「最後の種目は，家族や友人を含めて誰もが参加する綱引きだった」とあることから，④が正解。

第2段落第2文で「クラスによって違う色の帽子をかぶっていた」とあるが，低学年のみとは書いていないので，①は不適当。同段落最終文にユキのお母さんがおにぎりを作ってきたとの記述があるので②は誤り。綱引きには，「家族や友人を含めて誰もが参加」とあるので③は誤り。

問2　2　正解③

「このブログの書き手が 2 ということがわかった」

①　昼食のためにおにぎりを作って持ってきた
②　アメリカの運動会の方がもっと楽しいと思った
③　友人の弟がレースに勝ったので興奮した
④　綱引きの試合に勝った

正解は③。第3段落第2，3文で「チームの最終走者だったのでユキと僕は盛り上がった。そして彼のクラスが優勝した。僕らは彼に声援を送り続け，ゴールのラインを越えた時には抱きついた」とあることから，③が正解。

第2段落最終文でユキのお母さんがおにぎりを作ってきたと書かれているので①は不適当。第4段落最終文に日本の運動会について「楽しかった」と書かれており，アメリカの運動会との比較はされていないので②は不適当。第3段落最終文で「綱引きには負けた」とあることから，④は誤り。

【練習問題3B−2】

本冊 p.116

解答

問1 [3]−③　問2 [4]−③　問3 [5]−④

全訳

あなたは雑誌の中で，以下の話を見つけた。

ヘミングウェイと私
山仲亮子（小説家）

私は小説を読むのが本当に大好きな子どもでした。小学校に入学した時，私の将来の夢は小説家になることでした。両親の仕事のため，私たち家族は私が12歳の時，故郷の福岡を離れてイリノイ州のシカゴに引っ越しました。アーネスト・ヘミングウェイ生誕の地が郊外にあると知った私は，彼に興味を持つようになりました。私は将来，彼のようになりたいと思いました。ほどなく私は，短編小説を書き始めました。

6年後，私はフロリダ州キーウェストに引っ越しました。私がその町を選んだのは，そこが，ヘミングウェイが最後の8年間を過ごした場所だったからです。私はそこの大学で，アメリカ文学を専攻しました。私の将来の夢は，依然として小説家になることでした。もちろん，文学の学位を得れば小説家になれるというわけではありません。卒業後，私はアメリカの新聞社のジャーナリストとして，東京で働き始めました。ヘミングウェイは，小説家になる前，ジャーナリストでした。彼はヨーロッパにいた時の経験を書いて，ベストセラー作家になりました。じゃあ，私にできない理由があるだろうかと考えました。

その後20年間，私はジャーナリストとして働きました。それは，忙しい仕事でした。小説を書くための時間を確保することはできませんでした。私は子ども時代の夢を，ほぼ諦めていました。そんなとき，私は自動車事故にあったのです。病院のベッドの上で私は，ヘミングウェイは第一次大戦中に大怪我をして，アメリカに送り返されていたことを思い出しました。彼はその後，小説家になった…。幸いにも，私は手を動かすことはできました。私は再び，小説を書き始めました。

45歳にして，私の最初の小説が出版されました。これまで5冊の小説を書いてきましたが，幸運なことに，それらすべてが好評を得ています。私がヘミングウェイのような文学界の巨匠になることは決してないでしょうが，少なくとも，子どもの頃からの夢はかなったのです。

語句

□ future ambition「未来の野心，将来の夢」
□ novelist「小説家」
□ move to A「Aに引っ越す」
□ Ernest Hemingway「アーネスト・ヘミングウェイ（アメリカのノーベル賞作家）」
□ birthplace「生誕の地」
□ suburb「郊外の地区」
□ come to V「Vするようになる」
□ short story「短い話，短編小説」
□ major in A「Aを専攻する」
□ literature「文学」
□ degree「学位」
□ graduation「卒業」
□ best-selling author「ベストセラー作家」
□ afford「〈時間など〉を持つ余裕がある」
□ give up「～を諦める」
□ *be* in an accident「事故にあう」
□ heavily「ひどく」
□ publish「～を出版する」
□ so far「これまでのところ」
□ favorably「好意的に」
□ accept「～を受け入れる」
□ master「巨匠」
□ *be* fulfilled「かなう，実現する」

設問解説

問1　[3]　正解 ③

「著者は，以下の順序で場所から場所へと移動した：[3]」

① シカゴ → 福岡 → キーウェスト → 東京
② シカゴ → 福岡 → 東京 → キーウェスト
③ 福岡 → シカゴ → キーウェスト → 東京
④ 福岡 → シカゴ → 東京 → キーウェスト

正解は③。第1段落第3文で，親の仕事の都合で福岡からシカゴに移り，第2段落第1文で，シカゴからキーウェストに移動したとわかる。同じ段落の第6文で，キーウェストの大学を卒業した後，東京で働き始めたとわかる。

問2　[4]　正解 ③

「著者は [4] にいる時に，物語を書き始めた」

① フロリダ
② 福岡
③ イリノイ
④ 東京

正解は③。第1段落の最終文に,「ほどなく私は, 短編小説を書き始めました」とあるが, これは家族でイリノイ州のシカゴに引っ越した後で, フロリダ州のキーウェストに引っ越す前のことなので, ③のイリノイが正解。

問3 [5] 正解④

「著者は [5] ため, 自分の夢をほとんど諦めていた」

① 文学の学位を得ることができなかった

② ヘミングウェイのようになることはできないだろうと自覚した

③ 事故に巻き込まれた

④ ジャーナリストとしてあまりにも忙しかった

正解は④。第3段落第1～4文から, ジャーナリストの仕事が忙しく, 新しい小説を書く時間が取れず, 子どもの頃の夢をほぼ諦めていたことがわかる。よって, 正解は④。*be* busy Ving は「V するのに忙しい」の意味。本文の almost を設問文では nearly と言い換えているが, どちらも「V しそうだ」ということで, 実際にはまだ V していないことを示す。

【練習問題3A−3】

本冊 p.118

解答

問1 [1]−③　問2 [2]−④

全訳

あなたはシアトルの大学で学んでいる。あなたは手話クラブに興味を持ち，そのパンフレットの記事を読んでいる。

手話は音のパターンの代わりに手の動きを使って意味を伝える言語である。手話には異なる種類があり，アメリカ手話，イギリス手話，日本手話などがある。こうした言語には類似点もあるけれども，世界共通ではなく，相互に通じない。

手話で効果的に話をするためには，基本的な手話の単語やフレーズを知っておく必要がある。たとえば，これはアメリカ手話における「父」を表す手話である。右手の親指を額に置く。手は開いて，指を少し振る人もいるが，振らなくてもよい。親指を顎に下げると，母を表す手話をしていることになる。しかし，親指を額につけると，開いた指が，どこかのネイティブアメリカンの部族の長がかぶる頭飾りの羽根のように見える。この手話が父を意味するようになったのは，かつて父親が家族の「長」だと考えられていたからかもしれない。

言語を学ぶように，手話によって会話する技術を身につけるには時間と根気が必要だ。しかし，手話を学ぶことは，よく聞こえない人たちと意思伝達するだけでなく，表現技術を向上させるのにも役立つだろう。

誰でもこの楽しみに参加しよう。新しいメンバーを常に歓迎します！

語句

- □ sign language「手話」
- □ convey「～を伝える」
- □ universal「世界共通の」
- □ intelligible「理解できる」
- □ effectively「効果的に」
- □ thumb「親指」
- □ wave「～を振る」
- □ feather「羽根」
- □ tribal「部族の」
- □ as with「～のように，～と同様に」
- □ improve「～を向上させる」
- □ help A V（原形）「A が V するのに役立つ」
- □ brochure「パンフレット」
- □ and so on「など」
- □ mutually「相互に，互いに」
- □ similarity「類似点」
- □ place = put「～を置く」
- □ forehead「額」
- □ spread-out「広げた」
- □ headdress「頭飾り」
- □ at one time「昔，かつて，あるときに」
- □ persistence「根気，頑張り」

設問解説

問1 1 **正解 ③**

「アメリカ手話では次のイラストの中でどれが『父』を表す手話か」 1

③

正解は③。第 2 段落第 3，4 文に You place the thumb of your right hand against your forehead. Your hand is open, and some people wave their fingers slightly, but you don't need to.「右手の親指を額に置く。手は開いて，指を少し振る人もいるが，振らなくてもよい」とあり，③が正解。

なお，④は第2段落第5文にあるように「母」を表す手話である。

問2　[2]　正解 ④

「この記事によると，聞こえない人たちと意思伝達するには [2] が重要だ」

① 感情を表す能力
② 世界共通の手話の知識
③ 身振りの技術
④ 手話の訓練

正解は ④。第3段落第1文に As with learning any language, it takes time and persistence to develop communication skills through sign language.「言語を学ぶように，手話によって会話する技術を身につけるには時間と根気が必要だ」とあり，time and persistence「時間と根気」を training と言い換えている ④ が正解。

なお，① は，第3段落の最後の文の中にある your expressive skills「表現技術」と近い。しかし，本文は「手話を学ぶことは，よく聞こえない人たちと意思伝達するだけでなく，表現技術を向上させるのにも役立つだろう」と述べているだけである。設問が求めているのは「聞こえない人たちと意思伝達するために重要なこと」であるので ① は不適切。② は，第1段落に「世界共通の手話」はないことが述べられているので不適切。③ は，本文では body language「身振り」について述べていないので不適切。

【練習問題3B－3】

本冊 p.120

解答

問1 [3]－① 問2 [4]－② 問3 [5]－④

参考 https://www.dogonews.com/2018/6/16/male-bottlenose-dolphins-use-names-to-identify-friends-and-rivals
https://en.wikipedia.org/wiki/Animal_language

全訳

あなたはある雑誌で下のような記事を読んだ。

自然界における驚くべきコミュニケーション

人間はこの惑星で最も知的な動物ですが，イルカはそれに迫るくらいの２番目に知的な動物です。彼らはお互いに水面を尾で歩くことを教え合い，困っているときは助け合います。獲物を捕獲したらすぐに食べてしまう多くの生き物とは異なり，イルカは時間をかけて食べ物の支度をすることを知っていましたか？ 新たな研究で，イルカが人間の名前と類似した目的で，お互いに独自の音を使用することがわかっています。イルカごとに違う音（声）があるようです！

私たちはイルカよりもはるかに長くチンパンジーを研究してきました。私たちは，何十年もの間，彼らは，たとえばヘビを見ると特定の低音を発するなどで，他のチンパンジーに危険を警告するということを知っています。単純な手話を使うことを教わっているチンパンジーもいます。

20年前，ケイティ・ペインはアフリカゾウが発する音について研究を始めました。彼女はゾウの辞書を制作していますが，彼らが発する音のほとんどは人間には聞くことができず，それを記録するためには特別な技術が必要なので，さらに長い年数がかかるでしょう。

もちろん，人間は長い間，鳥の鳴き声に魅了されてきました。人類の誕生以来，人々はさまざまな鳥たちがコミュニケーションのために歌う歌について熟知しています。 鳥はまた，他の方法でもコミュニケーションをとります。特別なダンスをしたり，他の鳥を惹きつけるために羽の色を変える鳥も多くいます。

しかし，科学者がイルカについて発見した彼らを特別なものにする大きな違いは，彼らがメッセージを伝えるためだけでなく，個々に異なる音を使うことです。彼らは若い時に独自の音を作り始め，成長し社交するにつれて，他のイルカを呼ぶ音を追加します。このように友好的で複雑な動物について，将来的に，確実にもっと研究がなされることでしょう。

語句

□ intelligent「知的な，頭の良い」　□ planet「惑星」
□ close「近い」　□ tail「尾」
□ *be* in trouble「困っている」　□ immediately「すぐに」
□ spend time Ving「Vすることに時間を費やす」
□ similar (in purpose) to A「（目的において）Aに似ている」
□ warn A of B「AにBを警告する」　□ by Ving「Vすることによって」（手段）
□ sign language「手話」　□ fascinate「～を魅了する」
□ *be* familiar with A「Aに精通する，Aをよく知っている」
□ in other ways「他の方法で」　□ feather「羽」
□ attract「～を惹きつける」　□ socialize「社交する」

設問解説

問1　[3]　正解①

「本文によると，人々はどのような順番で動物たちのコミュニケーションの仕方について学んできたか」　[3]

①　鳥 → チンパンジー → ゾウ → イルカ
②　鳥 → チンパンジー → ヘビ → イルカ
③　鳥 → ゾウ → チンパンジー → イルカ
④　チンパンジー → 鳥 → ゾウ → イルカ
⑤　チンパンジー → ゾウ → 鳥 → イルカ
⑥　イルカ → チンパンジー → ゾウ → 鳥

正解は①。本文では，第4段落で「人類の誕生以来」鳥の声に精通してきたこと，第2段落で「何十年もの間」チンパンジーについて知っていることが述べられており，第3段落で「20年前」にゾウについての研究が始まったこと，第1段落で「新たな研究で」イルカが出す音について発見したことが述べられているので，鳥 → チンパンジー → ゾウ → イルカという順番になる①が正解。

問2　[4]　正解 ②

「科学者たちは [4] ことを発見した」

① 鳥は音楽を通して質問し，答えることができる
② チンパンジーは手話を学ぶことができる
③ イルカは多くの異なる種類の食べ物を食べる
④ ゾウは，おそらく世界で最もうるさい動物である

正解は ②。第 2 段落の最終文に Some have ... simple sign language.「単純な手話を使うことを教わっているチンパンジーもいます」とあるので，② が正解。

① は第 4 段落で different birds sing in order to communicate「さまざまな鳥たちがコミュニケーションのために歌う」とあるが，「音楽を通して質問し，答える」という記述はない。③ は本文でイルカの食べ物の種類についての言及はない。④ は第 3 段落で most of the sounds they make cannot be heard by humans「ゾウが発する音のほとんどは人間には聞くことができない」とあるので不適当。

問3　[5]　正解 ④

「イルカのコミュニケーションは，彼らが [5] という点で他の動物とは異なる」

① タッチし合うことで物事を議論する
② コミュニケーションをとるために歌い，音を出す
③ 危険を警告するために複雑なコードを使用する
④ 特定の個体に特定の音を使用する

正解は ④。第 5 段落第 1 文 The big difference that scientists have discovered about dolphins that makes them so special, however, is that they use different sounds for individuals, and not just to communicate messages.「しかし，科学者がイルカについて発見した彼らを特別なものにする大きな違いは，彼らがメッセージを伝えるためだけでなく，個々に異なる音を使うことです」という記述から ④ が正解。他の選択肢が誤りとなる理由は以下の通り。

①：「タッチし合うこと」という記述は本文中にない。
②：コミュニケーションをとるために歌うのはイルカではなく鳥である。
③：危険を警告するために音を発するのはチンパンジーである。

【練習問題４－１】

本冊 p.138

解答

問１ 1 －①　問２ 2 －①　問３ 3 －②
問４ 4 －⑤, 5 －②　問５ 6 －②

全訳

あなたは，人々の睡眠習慣に関するリサーチをしている。あなたは，２つの記事を見つけた。

世界の人々はどのくらい長く寝ているのか？

キム

2018 年７月

世界中で，1970 年代以来，人々が毎晩とる睡眠の量が着実に減り続けている。多くの人々は，テクノロジーの進歩がその減少に影響を与えてきたと信じている。というのは，それが，しばしば私たちの睡眠を乱すからだ。下のグラフは，５つの国の男性と女性の平均睡眠時間を示している。

そのグラフで１つ目を引く点は，中国の人々の睡眠時間の長さだ。小さな子どもを除けば，私の周りに１日９時間より長く眠る人は誰もいない。どうやったら彼らは，そんなにも長く眠ることができるのだろう？　１つの可能性のある説明は，中国では第一次産業で働いている人々の比率がとても高い（27.0%）ということだ。国際労働機関（ILO）の統計によると，他の国々のそれは，1.4%（アメリカ）から 3.4%（日本）の間である。肉体労働をしている人は，より多くの睡眠が必要なのかもしれない。

日本は，中国に対して著しい対照を示している。日本人男性は，中国人男性より１時間８分寝ている時間が短く，日本人女性は，中国人女性より１時間 28 分寝ている時間が短い。もしすべての日本人女性が７時間 36 分より長く寝ているのなら，大したことではないかもしれない。しかし，この「７時間 36 分」というのは平均値であり，それはつまり，日本人女性の多くは毎日７時間も眠っていないということを意味するのだ。人によっては，それで十分かもしれないが，他の多くの人たちには，長期的に見て，問題を引き起こす可能性がある。日本人，特に日本人女性は，もっと眠る必要があるだろう。

私の国の人々は，上手くやっているようだ。男性も女性も，平均して８時間半よりも少し多く寝ている。これは，非常に適切であるように私には思える。

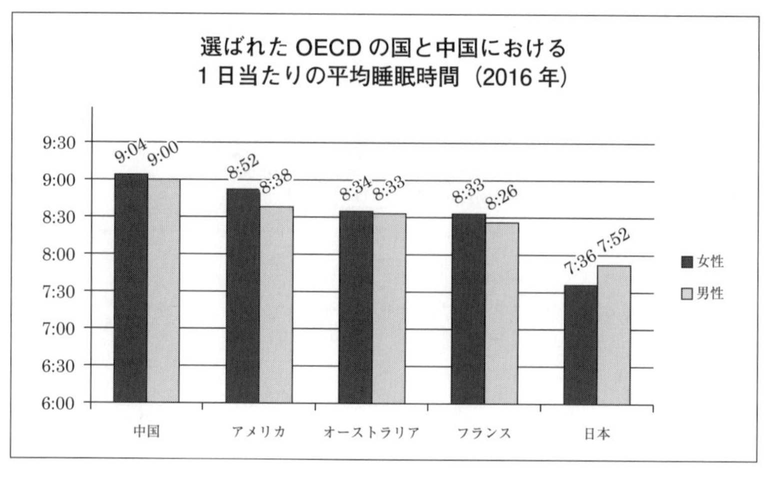

「世界の人々はどのくらい長く寝ているのか？」に対する意見

井藤芳実

2018年8月

キムさんが指摘しているように，日本は短い睡眠時間の問題に対処しなければならない。しかし，それですべてではない。グラフが示しているように，我が国の女性は男性より16分睡眠時間が短い。私たちは，性差の問題にも取り組まなければならない。

1つ私がここで指摘しておきたいのは，日本人男性は女性より，家事に費やす時間がずっと少ないということだ。OECDのデータによれば，2011年，女性は1日に3時間45分を家事（家族の世話と日常的家事）に使ったのに対し，男性はわずか31分しか使っていない。フルタイムで働いている妻が家事のほとんどをもやっているというのを見かけることもよくある。悲しむべき事実は，家事は女性によってなされなければならないと本気で信じている男性が，いまだに多くいるということである。私たちは，彼らのこのような考え方を改めさせるところから始めなければならないのかもしれない。

私の見たところ，2つのことは確かである。第一に，多くの日本人は，十分な睡眠をとっていない。第二に，我が国の多くの女性が，重い負担のせいで睡眠時間を削ることを余儀なくされている。今，私たちがするべきことは，これらの問題に速やかに対処することである。

語句

[設定文]

- □ habit「習慣」
- □ article「記事」

[キムの記事]

- □ globe「地球」
- □ steadily「着実に」
- □ rise「進歩，向上」
- □ frequently「頻繁に」
- □ disrupt「～を混乱させる，～を中断させる」
- □ noticeable「目を引く」
- □ possible「可能性のある」
- □ explanation「説明」
- □ ratio「比率」
- □ primary industry「第一次産業」
- □ International Labour Organization「国際労働機関」
- □ statistics「統計」
- □ physical labor「肉体労働」
- □ marked「著しい」
- □ contrast「対照，対比」
- □ big deal「大事」
- □ in the long run「長期的に見ると，長い目で見て」
- □ appropriate「適切な」
- □ selected「選ばれた」
- □ OECD = Organisation for Economic Co-operation and Development「経済協力開発機構」

[井藤芳実の記事]

- □ mention「言及する，指摘する」
- □ deal with A「A に対処する」
- □ address「～に取り組む」
- □ issue「問題」
- □ gender gap「性差，ジェンダーギャップ」
- □ point out「指摘する」
- □ routine「日常的な」
- □ force「～に強いる」
- □ cut down on ～「～を削減する」
- □ burden「負荷」
- □ right away「今すぐに」

設問解説

問1 [1] 正解 ①

「キム（1つめの記事の筆者）は，[1] と考えている」

① 人がどのくらい眠るべきかは，その人の仕事によって変わる
② 人は長く寝すぎると，長期的に見て病気になるかもしれない
③ 自分の国の人は，もっと眠るべきだ
④ 日本では，性差が問題である

正解は①。キムの記事の第2段落で，中国の人々の睡眠時間が長いのは，第一次産業従事者の比率が高いから，という説明が成り立つかもしれないと述べている。

②のような記述はない。③は，最終段落の内容に矛盾。④は，井藤芳実の意見で，キムの意見ではない。

問2 [2] 正解 ①

「キムは [2] 出身である」

① オーストラリア
② 中国
③ フランス
④ アメリカ

正解は①。キムの記事の最終段落で，「私の国の人々は，上手くやっているようだ。男性も女性も，平均して8時間半よりも少し多く寝ている」と述べられている。グラフから，男女とも8時間半より少し長く寝ている国を選べばよいので①のオーストラリアが正解。

問3 [3] 正解 ②

「井藤芳実によると，[3]」

① 中国の人々は，日本の人々よりも長く寝る十分な理由がある
② 2011年に日本人男性は，平均して1日に約30分家事をした
③ 日本人女性は平均して毎日3時間以上家の外で仕事をしている
④ たいていの日本人男性は，家事をするべきなのは女性だと考えていない

正解は②。②は，第2段落第2文「OECDのデータによれば，2011年，女性は1日に3時間45分を家事（家族の世話と日常的家事）に使ったのに対し，男性はわずか31分しか使っていない」に一致する。

①は，中国人が長く寝る理由に言及しているのはキムなので不適当。have a good reason to V は，「V する十分な理由がある」の意味。③は，家事を3時間45分していたとは述べられているが，家の外での労働時間には言及がないので不適当。④は，第2段落第4文「悲しむべき事実は，家事は女性によってなされなければならないと本気で信じている男性が，いまだに多くいるということである」に不一致。

問4　［4］　正解⑤　　［5］　正解②

「キムは［4］について書いており，井藤芳実は［5］に言及している（それぞれの空欄に最も適切な選択肢を①～⑥から選びなさい）」

①　第二次産業に従事している人々
②　自分の国が直面している問題
③　中国の平均年収
④　アメリカにおける性差
⑤　2つの国の間の大きなギャップ
⑥　彼らの国での危険な生活

キムは，中国人と日本人の睡眠時間の差が大きいことについて，第2・第3段落で述べているので，［4］には⑤が入る。

井藤芳実は，日本人の睡眠時間の短さと，日本における性差の問題に言及しているので，［5］には②が入る。

問5　［6］　正解②

「両方の記事からの情報に基づいて，あなたは宿題のためのレポートを書こうとしている。あなたのレポートのタイトルとして最もふさわしいのは『［6］』だろう」

①　健康になるために睡眠時間を削りなさい
②　日本人女性はより多くの睡眠を必要としている
③　睡眠不足と事故の関係
④　なぜ女性はより長く眠るのか？

正解は②。キムは第3段落で，井藤芳実はすべての段落で，日本人女性の睡眠が不足していることに言及しているので②が正解。

他の選択肢は本文に言及がない。

4

【練習問題4－2】

本冊 p.142

解答

問1 [1]－③　問2 [2]－③　問3 [3]－②
問4 [4]－①, [5]－②　問5 [6]－①

参考 https://www.jpss.jp/en/studyabroad/1/
https://ksumba.wordpress.com/2010/08/29/benefits-of-studying-abroad/

全訳

授業で，高校生が下のグラフを見て，レポートを書いた。ツァオと仁が書いたものを見なさい。

以下は，日本の ABC アカデミー語学学校の留学生の母国を示す図と，アメリカの 100 人の上級管理職が，留学が企業にどのようなメリットをもたらすのかについて答えた図です。

グラフ 1: 日本にいる留学生はどの国から来ているか（%）

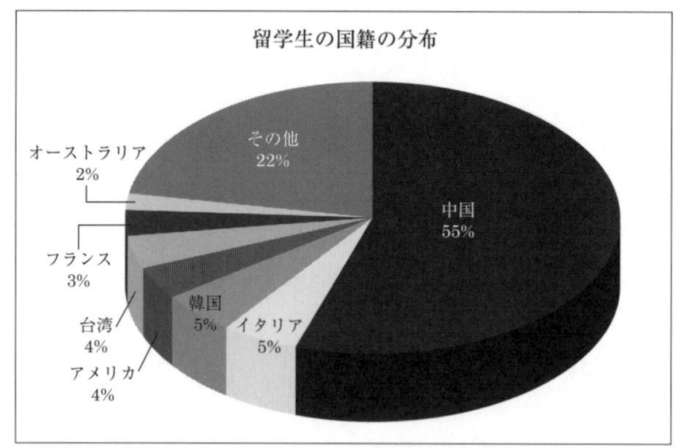

グラフ2:雇用者は学生が留学からどのようなスキルを得ると思っているか(%)

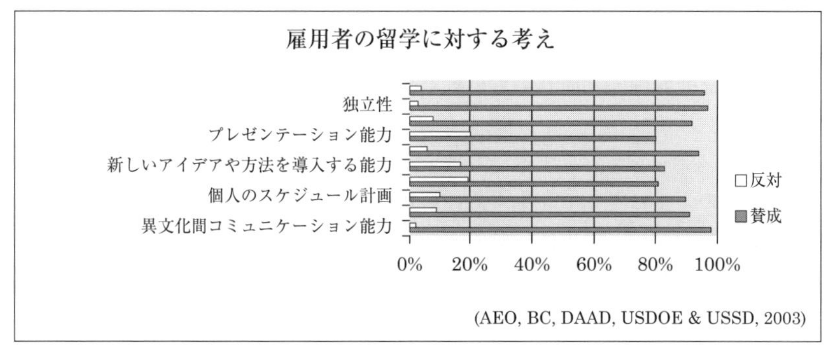

ツァオ・ツァオ

私は去年日本語を勉強するために日本に来ました。数十年前には多くの中国の十代の若者たちにとって不可能なことでしたが，今，中国は経済的に豊かになっています。私のクラスには３人のオーストラリア人がいて，オーストラリアでは高校で日本語を勉強することがよくあるようです。

今日，組織はグローバルになり，就職活動をする上で，国際的な意識を持っていることは有利なことだと思っていました。しかし，米国の管理職に対する調査によると，他の国についての知識と異文化の人々との良好なコミュニケーション能力が重要です。おそらく若い管理職たちは，そのような経験を持つ社員を欲しています。日本の学生はもっとグループワークをして，他の習慣や考えをクラスメートに紹介するべきです。

最近は留学する日本人学生の数が減っています。費用が１つの要因だと思いますが，近年は，オンラインで容易に外国人と友達になれて，語学練習もできます。外国の高校生の時間が空いているときに接続でき，さらには彼らと一緒にグループ課題までできる学校のビデオチャットプログラムを提案したいと思います。

松本　仁

中国と韓国は日本の隣国なので，彼らがここにきて勉強する理由は明らかです。しかし，なぜ韓国人と同じくらい多くのイタリア人が日本語を勉強しているのでしょうか。

プレゼンテーションをする能力はアメリカ人に大いに評価されているようですが，日本の学生はプレゼンをする技術がない，あるいは慣れていません。日本の伝統的な教育では，学生は一般的に情報を丸暗記することを求められますが，これは最近変化してきており，良いことだと思います。管理職は1人で仕事をする能力をあまり尊重していないようです。最近，私たちの学校では「スマートボード」を使っていて，技術を使用して研究したトピックを提示することは楽しいです。

アメリカの上司たちが，革新的，つまり，新しいアイデアを思いつくのが得意で，変化を提案することを恐れないという社員を賞賛しているのは興味深いです。先生の講義を聞いて個別にノートを取るという授業ではなく，海外の人々とコンタクトをとり，話をするより多くの機会を生徒に与え，自分たちで考えを深められるように，学んだことを分かち合うクラス活動（アクティビティ）の時間を作ることを先生たちにお願いしたいと思います。

語句

[グラフ]

□ distribution「分布」
□ nationality「国籍」
□ employer「雇用者」
□ gain「～を得る」
□ cross cultural「文化間の」

[ツァオ・ツァオの記事]

□ apparently「どうやら～，見たところ～（らしい）」
□ organization「組織」
□ internationally minded「国際的な意識を持った」
□ advantage「利点」
□ when（主語＋be 動詞）job-searching「仕事を探しているとき」
□ survey「調査」
□ assignment「課題」

[松本 仁の記事]

□ value「～を評価する，～を重要視する」
□ smart board「電子ボード」
□ innovative「革新的な」

設問解説

問1 [1] 正解 ③

「日本にいる留学生がどこから来たのかについて，[1] は驚きを表した」

① ツァオと仁の両方
② ツァオ
③ 仁
④ ツァオでも仁でもない

正解は ③。仁のレポートの第1段落第2文に However, I wonder why as many Italians as Koreans are studying Japanese!「しかし，なぜ韓国人と同じくらい多くのイタリア人が日本語を勉強しているのでしょうか」とあるので，③ が正解。

ツァオは第1段落で自分の出身国の中国とオーストラリア人のことについては言及しているが，留学生の出身国については驚きを表すようなことは述べていないので ①，② は不適当。

問2 [2] 正解 ③

「ツァオのレポートの中で，[2]」

① 彼はテクノロジーは学生が自分の頭の中に事実を記憶するのに役立つと考えている
② 彼は海外の人々と話し活発に学ぶ機会をもっと持ちたいと思っていない
③ 彼は比較的若い上司は外国人同士の交流に価値を置いていると考えている
④ 彼は企業に留学のためのお金を集める特別なサポートをしてほしいと考えている

正解は ③。ツァオのレポートの第2段落に Perhaps younger managers ... experience.「おそらく若い管理職たちは，そのような（＝外国人同士の交流）経験を持つ社員を欲しています」とあることから ③ は正しい。

①，④ については記述がないので不適当。② についてはツァオのレポートの最終文の内容と一致しない。

問3 [3] 正解 ②

「ツァオも仁も彼らのレポートで『[3]』について言及しなかった」

① 異文化間コミュニケーション能力
② 個人のスケジュール計画
③ プレゼンテーション能力
④ 新しいアイデアや方法を導入する能力

正解は②。①はツァオのレポートの第２・３段落や仁のレポートの第３段落等で言及されており，③は仁のレポートの第２段落等で言及，④は仁のレポートの第３段落第１文で言及されているので，いずれも不適当。②はツァオも仁も言及していないので，これが正解。

問４ [4] 正解①　[5] 正解②

「レポートでは，ツァオは [4] ことを望んでいると言い，仁は先生が [5] ことを望んでいると言っている（それぞれの空欄に最も適切な選択肢を①～⑥から選びなさい）」

① 海外の学生とチャットする
② クラス活動（アクティビティ）を新たに作る
③ 日本で仕事を得る
④ 仕事の経験をする
⑤ より多くの言語を学習する
⑥ 授業中にスマートフォンを使用する

ツァオのレポートの第３段落最終文でビデオチャットプログラムについての記述があり，foreign high school students とつながれるようにしてほしい，という提案がされていることから [4] は①が正解。また，仁のレポートの第３段落最終文で「講義を聞いて個別にノートを取るという授業ではなく，…クラス活動（アクティビティ）の時間を作ることを先生たちにお願いしたい」とあるので [5] は②が正解。

他は本文に記述がないので不適当。

問５ [6] 正解①

「キャリアアドバイスの本の中に４つの記事が掲載されていた。以下のタイトルから見て，ツァオと仁の両方の計画に最も役に立ちそうなのは『 [6] 』である」

① 異文化コミュニケーションで育つ
② あなた自身の完璧なスケジュールを計画する方法
③ 独立性は確固としたアイデアを築くことを可能にする
④ 革新 : 変化が成功のカギ

正解は①。ツァオのレポートの第３段落第２文で it is easy to make friends with foreigners and practice languages online these days「近年は，オンラインで容易に外国人と友達になれて，語学練習もできます」とあることや，仁のレポートの第３段落最終文で... more opportunities to contact and talk to people overseas「海外の

人々とコンタクトをとり，話をするより多くの機会」について言及されていること等から，①が正解。

②については2人のレポートに記述がないので不適当。仁のレポートの第2段落第3文でIt looks like managers don’t respect the ability to work alone so much.「管理職は1人で仕事をする能力をあまり尊重していないようです」と独立性に関連した記述があるが，「確固としたアイデアを築くこと」には記述がないので③は不適当。仁のレポートの第3段落第1文でinnovative「革新的な」社員についての記述はあるが，成功のカギと関連付けていないので④は不適当。

【練習問題4－3】

本冊 p.146

解答

問1 [1]－② 問2 [2]－④ 問3 [3]－①
問4 [4]－②, [5]－⑤ 問5 [6]－①

全訳

あなたは家事と若者について調べ物をしていて，２つの記事を見つけた。

家事の手伝い 著者 カシュミラ・タタ
2017年9月

子どもたちに家事の手伝いをさせることは，今彼らのためになるだけでなく，将来彼らがより良い大人になるという結果をもたらしうる。日々の雑用をしている子どもたちは，自分が家族というチームの一員だと感じ，長期的に重要な生活の技能を学ぶことにもなるということが，調査によってわかった。子どもたちが家庭で仕事をするとき，彼らは任務を果たす能力に自信を持つようになるということを研究は示した。さらに，子どもが親や兄弟姉妹と一緒に家事をすることで，他の人との協働という，大人の生活の中で非常に役に立つもう１つの技術を学ぶ助けになる。しかし，バランスということが欠かせない。子ども時代は短いのだから，若者は自分の同年代の人と遊ぶ機会を持ち，スポーツや余暇もまた楽しまなくてはならない。

2017年の国際的な調査の結果，５ヵ国の13歳から17歳までの子どもが毎日家事をするのに費やす時間の量がわかっている。国によってその時間は大きく異なり，ある国では大きな男女差が示された。

全体的に見て，2005年に行われた前回の調査以来，家事をする時間は減った。平均して10代の子どもたちが日常の決まった雑用に費やす時間は，10年前の1日２時間に比べて，今では1.8時間になっている。女子の結果は18%減り，男子の結果は意外なことに７%増えている。これらの変化が生じた理由の１つは，ゲームやソーシャルメディアのような時間を食う現代的な活動に魅力があることが挙げられる。また，もう１つの理由は家事労働をずっと楽なものにする家電の普及である。またさらに，伝統的な男女の役割の区別が現代社会では消えつつあることもある。最後に，子どもが教育を受ける権利と個人の自由を支援する点で，発展途上国における広報活動や慈善活動が功を奏したこともある。

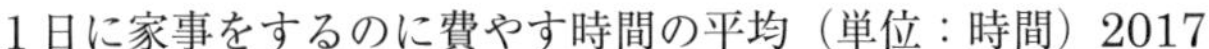

1日に家事をするのに費やす時間の平均（単位：時間）2017

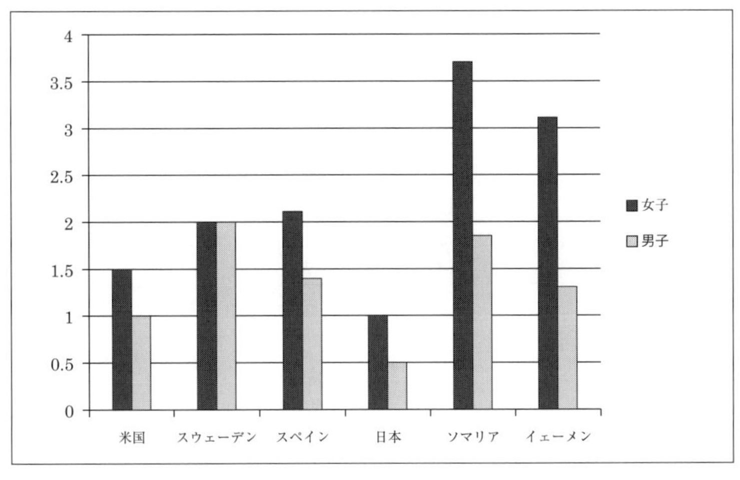

「家事の手伝い」についての意見　　**F・M 著**

2017 年 10 月

国際的な保育士として，私は世界中あちこちで暮らし，さまざまな種類の子どもたちの日常生活を見てきた。今日でさえも，いくつかの貧しい国で若い人たちが非常に難しい家事をして多くの時間を過ごしているのを見ると，私は悲しい気持ちになる。このような事例では，幼い兄弟姉妹の世話をすることまで含まれている。もし 10 代の子どもたちが忙しく家族の世話ばかりしていたら，彼らの全将来に影響を及ぼしかねない貴重な学校の時間を失うことになるだろう。

しかし，私は自分自身の国での結果を見てうれしかった。この結果は社会のあらゆる分野で高いレベルの平等が実現できているためだと思う。ここでは，妻が夫と同じだけの時間働き，同じような給料を得る。家に帰ってからは日常の決まった雑用を一緒にして，子どもたちも必ず加わるようにする。このことは子どもの中に責任感をつちかうだけでなく，またできるだけ多くの時間を毎日家族一緒に過ごせるということにもなる。

　これらの例はさておき，私としては男子女子ともに家事をする時間の少ない国々でもっと家事をするようにしてほしいと思う。若い人たちには家事をすることなど退屈に思われるかもしれないが，大学でひとりで生活したりするときや，就職し結婚したときの準備の助けになるかもしれない。親としては当然，子どもたちのために何でもやってやることが，彼らへの愛を示す一番の方法だと思うだろう。だが実際は，物事を自力でする方法を教えることもまた，可愛いわが子に与える非常に価値ある贈り物になりうるのだ。

語句

[カシュミラ・タタの記事]

□ housework「家事」
□ lead to A「A（結果）につながる」
□ take part in A「A に参加する」
□ chore「（日常の定期的な）雑用，家事」
□ skill「技術，技能」
□ confidence「自信」
□ perform「～を遂行する」
□ furthermore「さらに」
□ benefit「～のためになる」
□ adult「大人，成人」
□ daily「毎日の」
□ long-term「長期（間）の」
□ develop「～を発達させる，持ち始める」
□ ability「能力」
□ task「仕事，任務」
□ sibling「兄弟姉妹」
□ learn to V「V できるようになる」
□ essential「本質的な，欠くことのできない，重要な」
□ opportunity「機会」
□ as well「～もまた」
□ peer「年齢などが同等の人，仲間」
□ vary「変わる」
□ certain「ある～」 ★名詞の前で。
□ gender gap 「男女差，性差，ジェンダーギャップ」
□ overall「全般的に言えば」
□ on average「平均して」
□ actually「実際に」
□ appeal「（人の心を動かす）魅力」
□ decrease「減る」
□ drop「急激に減る，落ち込む」
□ increase「増える」
□ time-consuming「時間を浪費するような」
□ social media「ソーシャルメディア」 ★ブログ，SNS などオンライン上の双方向なサービスの総称。
□ technology「科学技術」
□ role「役割，役目」
□ charity「慈善（活動・団体）」
□ support「～を支援する」
□ individual「個人の」
□ traditional「伝統的な」
□ campaign「（政治的，社会的）運動」
□ developing nation「発展途上国」
□ education「教育」
□ freedom「自由」

［F・Mの記事］

□ childminder「保育士，チャイルドマインダー」 ★親が働いている間，有料で子どもを預かる人。多くは自宅で預かる。主に《英》。

□ observe「～を観察する」

□ sadden「～を悲しませる」

□ challenging「難しい」

□ case「場合」

□ care for A「Aの世話をする」

□ valuable「価値のある，大切な」

□ affect「～に影響する」

□ similar「同じような」

□ join in「参加する，加わる」

□ aside from ～「～はさておき，～のほかに」

□ contribution「貢献，発言」

□ boring「退屈な」

□ on one's own「1人で，独力で」

□ naturally「当然，自然に」

□ in fact「実際は」

設問解説

問1 [1] 正解②

「カシュミラ・タタもこの保育士も [1] について言及していない」

① 社会の中での男女の地位の変化

② ひとり親家庭の増加

③ 現代の機械の便利さ

④ 勉強のために時間をとる必要性

正解は②。「2人とも言及してい**ない**」ことを選ぶ点に注意。②のひとり親家庭の増加については，どちらも述べていないので正解。

①はカシュミラ・タタが第3段落第6文で，男女の社会の中での役割が変化してきたことを指摘している。③は同段落の第5文で家電の普及について述べている。④は保育士が，若者が勉強時間を持つ必要性について第1段落最終文で述べている。

問2 [2] 正解④

「この保育士の国での家事の時間における性差は [2] 」

① 減りつつある

② 2倍である

③ 増えつつある

④ ない

正解は ④。保育士の F・M は第２段落冒頭で「私は自分自身の国での結果を見てうれしかった。この結果は社会のあらゆる分野で高いレベルの平等が実現できているためだと思う」と述べている。スウェーデン以外の国では女子の家事労働時間の方がずっと長いので，「自分の国」とはスウェーデンのことを指すと考えられる。グラフでは男女の時間に差はないので ④ が正解。

問３ [3] 正解 ①

「記事によると，[3] という点から家事をすることは子どもにプラスの影響がある」

① 他の人たちとの協力
② 彼らの感受性を発達させる
③ 将来の結婚相手
④ スポーツをする能力

正解は ①。① は，家事をすることを通じての他の人との協働について，カシュミラ・タタが第１段落第４文で価値を認めているので，正解。

②，③ についてはどちらにも記述がない。④ のスポーツについては，カシュミラ・タタが第１段落最終文で「若者にはスポーツを楽しむ時間も必要」と述べているが，家事をすることによるプラス効果としては述べられていないので不適当。

語句

□ positive「積極的な，プラスの」　□ effect「結果」
□ in terms of A「A に関しては，A の観点から」
□ collaborate「協力する」

問４ [4] 正解 ②　[5] 正解 ⑤

「カシュミラ・タタは，子どもたちの中には [4] 子もおり，保育士は [5] 子もいると述べている（それぞれの空欄に最も適切な選択肢を ① ～ ⑥ から選びなさい）」

① スポーツを楽しめない
② 家事をするよりもインターネットを使う方を選ぶ
③ 大学へ行ったときには家事をしない
④ もっと愛情にあふれた家庭生活を必要としている
⑤ 家庭で親の役をしている
⑥ 国際的な慈善活動に参加する

カシュミラ・タタは第３段落第４文で，女子の家事手伝いの時間が減った理由などを「これらの変化が生じた理由の１つは，ゲームやソーシャルメディアのような時間を食う現代的な活動に魅力があることが挙げられる」と述べているので，[4] は②が正解。

保育士は第1段落第2，3文で「今日でさえも，いくつかの貧しい国で若い人たちが非常に難しい家事をして多くの時間を過ごしている…このような事例では，幼い兄弟姉妹の世話をすることまで含まれている」と述べていることから，[5] には⑤が入る。

他の選択肢については，どちらの記事にも記述がないので不適当。

問5 [6] 正解①

「あなたは両方の記事の情報に基づいて宿題のレポートを書こうとしている。そのレポートのタイトルとして最も適しているのは『[6]』だろう」

① 家事の手伝いは一生続く良い習慣をつけさせる

② 家事のやり方を発展途上国からどう学ぶか

③ かつてなく多くの10代の若者が家事をしている

④ 今学校は生徒に家事を教えている

正解は①。カシュミラ・タタが第1段落第2文で「日々の雑用をしている子どもたちは…長期的に重要な生活の技能を学ぶことにもなるということが，調査によってわかった」と述べ，また保育士は第3段落第2文で「若い人たちには家事をすることなど退屈に思われるかもしれないが，大学でひとりで生活したりするときや，就職し結婚したときの準備の助けになる」と述べていることから，①が正解。

③はカシュミラ・タタが第3段落第1文で「全体的に見て，2005年に行われた前回の調査以来，子どもが家事をする時間は減った」と指摘しているのと矛盾するので，不適当。②，④についてはどちらの記事にも記述がない。

4

【練習問題5－1】

本冊 p.164

解答

問1 [1]－③　問2 [2]→[3]→[4]→[5]　⑤→③→②→①
問3 [6]－②　問4 [7]－③　問5 [8]・[9]－①・③

全訳

あなたの英語の先生がクラスのみんなに，心を揺さぶる話を見つけて，メモを使いながら討議グループにそれを示すように命じた。あなたはある雑誌記事を見つけた。

最も偉大なバロック音楽の作曲家

バロック時代の最も偉大な２人の作曲家は，ジョージ・フリデリック・ヘンデルと，ヨハン・セバスティアン・バッハであろう。ヘンデルは，ブランデンブルク＝プロイセン領（現在はドイツ）のハレで，1685年に生まれた。偉大な音楽家の家系に生まれたバッハと異なり，ヘンデルの父親は外科医だった。

ヘンデルは非常に幼い頃から，楽器の演奏で秀でた才能を見せていた。彼は，ハレ教区の教会でオルガニストをしていたフリードリヒ・ヴィルヘルム・ツァホウから，ハープシコード，バイオリン，オルガンを習った。ツァホウはヘンデルの類いまれな才能に気づき，彼に体系的に音楽のさまざまな様式を学ばせた。彼はまたヘンデルに，作曲を教えた。ヘンデルは，９歳で作曲を始めたと言われている。

1702年，ヘンデルは，ハレにあるカルヴァン派の大聖堂のオルガニストになった。給料は良かったが，契約はわずか１年だった。翌年，彼はハンブルクに移った。彼は，ハンブルク歌劇場のオーケストラに，バイオリンとハープシコードの演奏家として雇われた。1705年，彼の初めてのオペラである『アルミーラ』が上演された。ハンブルクで彼は，さらに３つのオペラを制作した。彼は，気鋭のオペラ作曲家として認識された。

1706年，オペラに強い興味を持っていたジァン・ガストーネ・デ・メディチは，ヘンデルをイタリアに招待した。ヘンデル初の全編イタリア語のオペラ『ロドリーゴ』は，1707年にフィレンツェで上演された。1709年には，彼は別のオペラ作品である『アグリッピーナ』をヴェネツィアで上演した。それは大成功作となり，27夜連続で上演された。イタリアではまた，彼は『復活』や『時と悟りの勝利』などのオラトリオも作曲した。オラトリオとは，聖書の中の物語に基づく，歌手とオーケストラのための，物語形式の音楽作品である。

ヘンデルは1712年にイングランドに渡り，永久にそこに住むことに決めた。（1727年には，国籍を変更した。）1713年，彼は女王アンのために『ユトレヒト・テ・デウム』と『ユビラーテ』を作曲し，毎年200ポンドが与えられることになった。1717年には，管弦楽組曲『水上の音楽』がテムズ川の上で，国王ジョージ1世のために演奏された。大変な感銘を受けた王は，3回繰り返して演奏させた。

1720年，王立音楽アカデミーが設立された。ヘンデルは，『ジュリオ・チェーザレ（ジュリアス・シーザー）』，『タメルラーノ』，『ロデリンダ』などの傑出したオペラを書いた。1728年，そのアカデミーは機能を停止したが，間もなくヘンデルは新しいカンパニーをスタートさせ，そのために，いくつかの大当たりのオペラを書いた。1737年，ヘンデルは脳卒中を発症し，右手の4本の指が動かなくなった。彼が再び演奏できるようになるとは誰も期待しなかったが，奇跡的に，1年も経たないうちに，彼は演奏と作曲を再開した。

ヘンデルは1733年，彼にとって初の英語のオラトリオである『アタリア』を作曲した。1741年，彼は第3代デヴォンシャー伯爵によって，アイルランドの首都ダブリンに，地元の病院のためのチャリティーコンサートを行うために招かれた。翌年，彼のオラトリオ『メサイア』は，ダブリンで初演された。彼は1741年にオペラ事業から撤退したが，オラトリオで大成功を収めた。今日でさえ，ヘンデルの『メサイア』は世界中の人々によって演奏され，愛されている。

1752年，ヘンデルは完全に視力を失い，作曲をやめた。それでも，音楽の演奏は続けた。1759年，彼は74歳で亡くなった。彼の葬儀には，3,000人を超える人々が参列した。

あなたのメモ：

最も偉大なバロック音楽の作曲家

■ジョージ・フリデリック・ヘンデルの生涯

時期	出来事
1680年代	ヘンデルは [1]
1690年代	ヘンデルは作曲をし始めた
1700年代以降	[2] → [3] → [4] → [5]

■ ドイツを去った後

▶イタリアで，ヘンデルは [6] として大成功を収めた。

▶イングランドで，ヘンデルは [7] 。

■ ヘンデルに関してあまり知られていない事実

▶ [8]

▶ [9]

語句

[第1段落]

□ Baroque「バロック音楽の，バロック様式の」

□ George Frideric Handel「ジョージ・フリデリック・ヘンデル」（ドイツ語では Georg Friedrich Händel「ゲオルク・フリードリヒ・ヘンデル」）

□ Brandenburg-Prussia「ブランデンブルク＝プロイセン」（現在はドイツの一部）

□ surgeon「外科医」

[第2段落]

□ exceptional「尋常でない，秀でた」

□ talent「才能」

□ instrument「楽器」

□ harpsichord「ハープシコード，チェンバロ」（ピアノの前身の鍵盤楽器）

□ parish「教会の教区」

□ recognize「～に気づく，～を認識する」

□ extraordinary「並外れた，類いまれな」
□ systematically「体系的に」
□ introduce A to B「A を B に紹介する，A を B に経験させる」
□ composition「作曲」
□ compose「作曲する」

[第3段落]

□ Calvinist「カルヴァン派の」
□ cathedral「大聖堂」
□ wage「給料」
□ contract「契約」
□ hire「～を雇う」
□ the Hamburg Oper am Gänsemarkt「ハンブルク歌劇場」(Oper = opera，am = at [on] the ゲンゼンマルクトは広場の名前で，劇場はそのすぐ側にある)
□ produce「～を上演する，～を作り出す」
□ brilliant「〈才能などが〉素晴らしい」

[第4段落]

□ keen「熱心な，強い」
□ all-Italian「全編イタリア語の」
□ turn out to be ～「結局～となる」
□ successively「連続して」
□ oratorio「オラトリオ」
□ narrative「物語形式の」
□ work「作品」

[第5段落]

□ permanently「永久に」
□ grant「～を授与する」
□ orchestral suite「管弦楽組曲」
□ perform「～を演奏する」
□ command「～を命じる」

[第6段落]

□ Royal Academy of Music「王立音楽院，王立音楽アカデミー」
□ outstanding「傑出した」
□ cease「停止する」
□ function「機能する」
□ company「カンパニー，一座」
□ successful「成功した，大当たりの」
□ suffer「〈病気など〉を患う」
□ stroke「脳卒中」
□ disable「～を動かなくする」
□ miraculously「奇跡的に」

[第7段落]

□ the Third Duke of Devonshire「第3代デヴォンシャー伯爵（1737 ～ 1744 年にアイルランドの総督を務めていた)」
□ enjoy success「成功を収める」

[最終段落]

□ eyesight「視力」
□ still「それでも」
□ funeral「葬儀」

設問解説

問1 [1] 正解 ③

「[1]に最も適切な選択肢を選びなさい」

① オルガン奏者になった
② オペラを作曲した
③ 子ども時代をハレで過ごした
④ 偉大な音楽一家に生まれた

正解は③。Your notes の [1] は 1680s となっている。第1段落第2文に「ヘンデルはブランデンブルク＝プロイセン領（現在はドイツ）のハレで，1685 年に生まれた」とあるので，③が正解。

①，②は 1700 年代以降のことで，④はバッハのことである。

問2 [2]→[3]→[4]→[5] 正解 ⑤→③→②→①

「5つの選択肢（①～⑤）から**4つ**を選び，起こった順に並べ替えなさい」

① ヘンデルは，ダブリンで『メサイア』の初演を行った
② ヘンデルは，国王ジョージ1世のために『水上の音楽』を演奏した
③ ヘンデルは，彼の初めての全編イタリア語のオペラを上演した
④ ヘンデルは，新しいオーケストラを始めた
⑤ ヘンデルは，カルヴァン派の大聖堂に雇われた

選択肢とその本文中の該当箇所を年代順に並べると次のようになる。

⑤ 第3段落第1文「1702 年，ヘンデルは，ハレにあるカルヴァン派の大聖堂のオルガニストになった」
③ 第4段落第2文「ヘンデル初の全編イタリア語のオペラ『ロドリーゴ』は，1707 年にフィレンツェで上演された」
② 第5段落第4文「1717 年には，管弦楽組曲『水上の音楽』がテムズ川の上で，国王ジョージ1世のために演奏された」
① 第7段落第3文「翌年（＝ 1742 年），彼のオラトリオ『メサイア』は，ダブリンで初演された」

④は本文中に記載がないので選んではいけない。

問3　[6]　正解 ②

「[6]に最も適切な選択肢を選びなさい」

① バイオリンの演奏家

② オペラの作曲家

③ オラトリオの作曲家

④ オルガンの演奏家

正解は②。Your notesには,「イタリアで, ヘンデルは[6]として大成功を収めた」とある。イタリアでの活動について書かれているのは第4段落。上演したオペラ『アグリッピーナ』が大成功したと述べられているので②が正解。

③は, イタリアでオラトリオの作曲をしたことも書かれているが, 大成功したとは書かれていないので不適切。

問4　[7]　正解 ③

「[7]に最も適切な選択肢を選びなさい」

① 亡くなるまでオペラを書き続けた

② 主に管弦楽組曲を書いた

③ 活動の中心をオペラからオラトリオに移した

④ 作曲家としてよりもオルガンの演奏家として成功した

正解は③。Your notesには,「イングランドで, ヘンデルは[7]」とあるのでイングランドに移住したと記されている第5段落以降を読む。第7段落第4文に,「彼は1741年にオペラ事業から撤退したが, オラトリオで大成功を収めた」とあるので③が正解。

問5　[8]・[9]　正解 ①・③

「[8]と[9]に最も適切な選択肢を2つ選びなさい（順不同）」

① ヘンデルは, 視力を失った後, 作曲をするのをやめた。

② ヘンデルは, 彼の最初のオラトリオをイングランドで書いた。

③ ヘンデルの父は, 音楽家ではなかった。

④ 第3代デヴォンシャー伯爵が, ヘンデルをイングランドに招いた。

⑤ 『水上の音楽』は初め, 女王アンのために作曲された。

①は, 最終段落第1文「1752年, ヘンデルは完全に視力を失い, 作曲をやめた」とあるので本文の内容に一致する。

5

②は，第４段落第５文「イタリアではまた，彼は『復活』や『時と悟りの勝利』などのオラトリオも作曲した」とあり，イングランドに行く前，イタリアにいる時に既にオラトリオを書いているので不適当。

③は，第１段落最終文「偉大な音楽家の家系に生まれたバッハと異なり，ヘンデルの父親は外科医だった」とあるので，本文の内容と一致する。

④は，第７段落第２文「1741 年，彼は第３代デヴォンシャー伯爵によって，アイルランドの首都ダブリンに，地元の病院のためのチャリティーコンサートを行うために招かれた」とあるので，不適当。第３代デヴォンシャー伯爵はイングランドにいたヘンデルをアイルランドに招いた。

⑤は，第５段落に，『ユトレヒト・テ・デウム』と『ユビラーテ』が女王アンのために作曲されたとは述べられているが，『水上の音楽』が女王アンのために作曲されたとは述べられていないので不適当。

よって，①と③が正解になる。

【練習問題5－2】

本冊 p.168

解答

問1 [1] → [2] → [3] → [4]　①→②→⑤→③
問2 [5]・[6] －③・④　問3 [7] －④
問4 [8] －①　問5 [9] －①

(参考) https://www.biography.com/people/martin-luther-king-jr-9365086

(全訳)

あなたの英語の先生がクラスのみんなに，心を揺さぶる話を見つけて，メモを使いながら討議グループにそれを示すように命じた。あなたはある雑誌である記事を見つけた。

公民権運動の象徴的存在の生涯

マーティン・ルーサー・キング・ジュニアは，1950年代から1960年代にかけてアフリカ系アメリカ人の公民権を求める運動を率いた重要な社会活動家だった。彼は，モンゴメリーでのバスボイコット運動や「私には夢がある」という彼の象徴ともいえる演説を含めて，アメリカの黒人の歴史の流れを変えるような多くの出来事の中でかなめとなる人物だった。

マーティン・ルーサー・キング・ジュニアは1929年ジョージア州アトランタで生まれた。幼いころからキングは学校でも群を抜いて優秀だった。9年生と11年生は飛び級で進級した。25歳になるまでに彼はボストン大学で博士号を取っていた。ちょうどその1年後の1955年，彼の公民権運動の活動家としての最初の重要な事件が起きた。ローザ・パークスという名のアフリカ系アメリカ人の女性が，長い1日の仕事の後で疲れ果てていたので，バスの中で立っていた白人男性に席を譲るのを拒んだのだ。彼女が逮捕された後，公民権運動の団体が，マーティン・ルーサー・キング・ジュニアをモンゴメリー市のバスをボイコットする運動の指導者に選んだ。彼は1957年にも引き続きその運動で指導者としての力を発揮した。そしてその年，南部キリスト教指導者会議（SCLC）という名の団体を設立した。その団体は多くの活動の中でもとりわけ，アフリカ系アメリカ人の選挙での投票を後押しすることに関わった。SCLCの助けを得て，マーティン・ルーサー・キング・ジュニアは1950年代後半から1960年代前半に，公民権の重要な催しを指導者として率い続けた。

マーティン・ルーサー・キング・ジュニアは奮闘して非常に苦しんだ。社会の中で黒人と白人を分離しておきたいと思う人々から不当に扱われることも多かった。1963年の春，彼はアラバマ州バーミンガムでのデモ行進の際に逮捕された。デモでは警察が，抗議運動の参加者に犬をけしかけたり，消防のホースで水を浴びせかけたりして不当に扱った。牢屋からマーティン・ルーサー・キング・ジュニアは有名な手紙を送り，非暴力抗議の重要性を説いた。同じ年の8月，ワシントン大行進で彼は力強い演説を行った。「私には夢がある」というタイトルのその演説の中で，マーティン・ルーサー・キング・ジュニアは，人々がもはや肌の色によって判断されず，人種に関係なく兄弟姉妹としてともに働くことができる将来像を示した。

悲しい事態の成り行きで，マーティン・ルーサー・キング・ジュニアは1968年4月，テネシー州メンフィスでこれも有名な演説を行った後，泊まっていたホテルのバルコニーに立っている時に暗殺されてしまった。彼の暗殺は全国で暴動を引き起こした。暗殺者とされるジェイムズ・アール・レイは1969年に牢獄に送られ，そこで残りの人生を送った。

今日，マーティン・ルーサー・キング・ジュニアはアフリカ系アメリカ人の公民権獲得の前進において，もっとも重要な人物と考えられている。彼の「私には夢がある」演説は国中の学校で学ばれている。それは公民権の歴史にとって重要だからというだけでなく，その力強い表現のためでもある。この公民権運動の指導者にちなんで名付けられた通りや建物や施設はアメリカ中にある。1983年に1月の第3月曜日はマーティン・ルーサー・キングの日と名付けられ，彼の残した業績が国の祝日として毎年祝われている。

あなたのメモ：

公民権運動の象徴的存在の生涯

■ マーティン・ルーサー・キング・ジュニアの生涯の出来事年表

1929年	ジョージア州アトランタに生まれる。
1950年代	1
	2
1960年代	3
	4
	キングは銃撃されて命を落とした。

■ 公民権運動：
・キングは南部キリスト教指導者会議（SCLS）を設立した。
・キングはバスを使わない運動を率いた。
・ 5
・ 6

■「私には夢がある」という演説：
・1963年にキングは「私には夢がある」という演説をした。
・キングが夢見た社会は 7 社会である。

■ 今の合衆国で見られるキングの及ぼした影響：
・アメリカの生徒たちは 8 。
・ 9

語句

[第1段落]

□ African American「アフリカ系アメリカ人」
□ civil rights「公民権」　□ key figure「重要人物」
□ including A「A を含めて」
□ Montgomery「モンゴメリー（米国アラバマ州の州都）」
□ iconic「偶像の，偶像的な」

[第2段落]

□ excel「衆に抜きんでる，他よりすぐれる」
□ skip「～を飛び級する，一足飛びに進級する」
□ earn「～を得る」　□ doctorate degree「博士号」
□ *be* exhausted「くたびれきる」　□ refuse「拒否する，断る」
□ arrest「～を逮捕する」　□ continue「続ける」
□ SCLC「南部キリスト教指導者会議」
□ vote「投票する」

[第3段落]

□ suffer「苦しむ」　□ abuse「～を虐待する，不当に扱う」
□ segregate「～を分離する，差別する」　□ demonstration「デモ，示威運動」
□ protestor「抗議する人，抗議運動の参加者」
□ spray「～をまき散らす」　□ hose「ホース」

□ jail「刑務所，牢屋」
□ preach「説教をする」
□ non-violent「非暴力主義の」
□ protest「抗議運動」
□ present「～を差し出す，示す」
□ vision「未来図，想像図」
□ regardless of A「A にかかわらず，A に関係なく」
□ race「人種」

[第４段落]

□ assassinate「暗殺する」
□ assassination「暗殺」
□ spark「～を引きおこす」
□ riot「暴動」
□ alleged「疑わしい，申し立てられた」
□ assassin「暗殺者」
□ *be* sentenced to A「A を宣告される」
□ prison「刑務所」
□ rest「残り」

[最終段落]

□ advancement「前進」
□ wording「言葉づかい，表現」
□ institution「施設，協会，団体」
□ legacy「遺産」
□ celebrate「～をほめたたえる」
□ federal「連邦政府の，アメリカ合衆国の」

[メモ]

□ icon「象徴，偶像」
□ found「～を創立する，設立する」
□ deliver「（演説を）する」
□ influence「影響（力）」

設問解説

問１ [1] → [2] → [3] → [4]　**正解 ① → ② → ⑤ → ③**

「５つの選択肢（① ～ ⑤）から**４つ**を選び，起こった順に並べ替えなさい」

① キングはバスボイコット運動を率いた。
② キングは黒人のための団体を組織した。
③ キングは未来像について語った。
④ キングは国の祝日にちなんで名付けられた。
⑤ キングは投獄された。

① 1955 年のバスボイコットを指導する。（第２段落第５文～第６文）
② 1957 年南部キリスト教指導者会議が設立された。（第２段落第７文）
③ 1963 年８月ワシントン大行進で演説「私には夢がある」をした。（第３段落第５文）
④ これは本文に書かれていないことである。最終段落最終文に書かれていることと混同しないようにしよう。
⑤ 1963 年の春にアラバマ州バーミンガムでのデモ行進で逮捕され，投獄された。（第３段落第３文～第４文）

問2　[5]・[6]　正解 ③・④

「[5] と [6] に最も適切な選択肢を２つ選びなさい（順不同）」

① キングは警察に襲われるのを避けるための独特な方法を考案した。

② キングはボストン大学で若い人々の教育に携わった。

③ キングは非暴力抵抗運動の重要性を強調した。

④ キングはアフリカ系アメリカ人の投票権獲得のための運動を推し進めた。

⑤ キングはバスで座ったままでいて白人のために立たなかった。

⑥ キングはアメリカの黒人の状況を変えるために白人の指導者との強い連携を築こうとした。

① キングの説いた非暴力の抗議運動は警察の攻撃を避けるためのものとは述べられていないので，不適当。

② ボストン大学はキングが博士号を取得したところだが（第２段落第４文），そこで教鞭をとったとは述べられていないので不適当。

③ 第３段落第４文に「牢屋からマーティン・ルーサー・キング・ジュニアは有名な手紙を送り，非暴力抗議の重要性を説いた」とあるのと一致する。

④ 第２段落第８文に「その団体（キングが設立した南部キリスト教指導者会議）は多くの活動の中でもとりわけ，アフリカ系アメリカ人の選挙での投票を後押しすることに関わった」とあるのと一致する。

⑤ 第２段落には，キングではなくローザ・パークスという女性がバスの中で白人男性に席を譲らなかったとあるから，⑤は本文にはないことである。

⑥ 白人の指導者との連携についての記述はないので，不適当。この記事に書いてあることからのみ判断することが求められている。

以上のことから，③，④が正解。

語句

□ emphasize「～を強調する」

問３　[7]　正解 ④

「[7] に最も適切な選択肢を選びなさい」

① アフリカ系アメリカ人がよりよくバスを利用できる

② 肌の色に応じて人々が仕事を選ぶことのできる

③ 人々が兄弟姉妹と一緒に商売をすることのできる

④ 人種に関係なく人々が協調して働いたり暮らしたりできる

5

正解は④。キングの夢見た社会は第３段落最終文に「私には夢がある」という演説の内容として書かれている。そこで「人々がもはや肌の色によって判断されず，人種に関係なく兄弟姉妹としてともに働くことができる」と述べられているので④が正解。

他の選択肢は本文に記述がない。

語句

□ regardless of A「A と関係なく」

問4　8　正解①

「 8 に最も適切な選択肢を選びなさい」

①　彼の有名な演説について教えられている

②　キングを歴史上最高の指導者だと考えている

③　現在の問題に直面している

④　彼の演説「私には夢がある」を暗記している

正解は①。①は最終段落第２文で「彼の『私には夢がある』演説は国中の学校で学ばれている」とあるのと一致する。

②，③，④は本文に記述がない。なお，④の learn A by heart「A を暗記する」は必修の熟語だ。

問5　9　正解①

「 9 に最も適切な選択肢を選びなさい」

①　キングの貢献に敬意を表すために全国的な祝日が作られた。

②　今では多くのアフリカ系アメリカ人の政治家がいる。

③　抗議のデモ行進が４月に全国で行われる。

④　演説の草稿を書く仕事は一般的な仕事になった。

正解は①。①は最終段落最終文で「1983 年に１月の第３月曜日はマーティン・ルーサー・キングの日と名付けられ，彼の残した業績が国の祝日として毎年祝われている」とあるのと一致する。

②，③，④は本文に記述がない。

語句

□ honor「敬意を表する」　□ contribution「貢献」

□ take place「起こる，行われる」

【練習問題6A－1】

本冊 p.196

解答

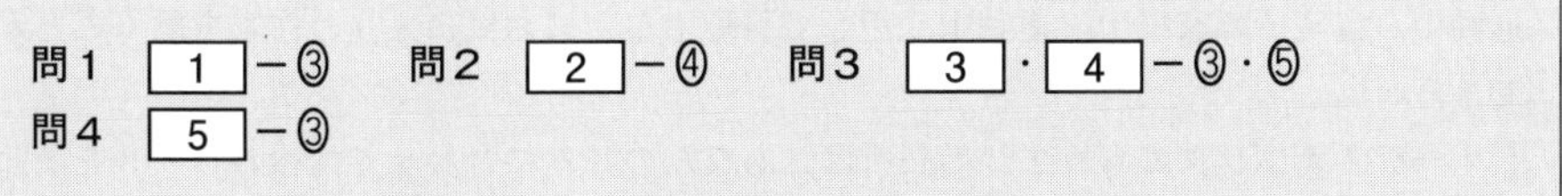

問1 [1]－③　問2 [2]－④　問3 [3]・[4]－③・⑤
問4 [5]－③

(出典) https://www.livraphone.com/audio-books-versus-paper-books/

(全訳)

あなたは学校で討論のグループに入っている。あなたは下の記事を要約するように求められた。あなたはメモだけを使ってこれについて話すことになる。

オーディオブック VS 紙の本

オーディオブックは文学にとって有害無益であると主張する人もいるかもしれないが，最近ではオーディオブックがますます利用されており，多数の人にとって非常に便利であるということは否定できない。本を読むこととオーディオブックを聴くことは同じではないし，たとえ内容がまったく同じでもその体験は異なる。

紙の本もオーディオブックも両方に長所と短所があるので，相違点を見てみて，賛成と反対の討論を分析してみよう。

はじめに，紙の本のすべての長所を見てみよう。あなたは，新しい本のにおいを嗅いで，製本された紙のにおいで良い気持ちになるのが好きなタイプだろうか。それなら，紙の本だけがあなたの好みと合う。

本の余白にメモを取るのが好きな人にとっては，オーディオブックはまったく使いものにならない。自分の考えを書くために別のノートが必要になるだろうし，自分の考えとその考えに至った本の部分とを結びつけるのが難しくなるだろう。一方で，紙の本ならペン１本だけで済む。

また，紙の本は，聞いたことを思い出すことが得意ではなく視覚的記憶により強い人たちにとってはすばらしいものである。

しかしながら，いまや紙の本の代替品があるのだから，本を楽しむ伝統的なやり方の短所も見えてくる。その短所とは収納と持ち運びに関係している。あなたが熱心な読者で本をたくさん持っているなら特に，本は通常多くのスペースを占めるからである。

一方，オーディオブックは，人々が読書を体験する方法を変えてきた。オーディオブックは物語をより生き生きとさせ，より視覚的にさせてきたと言う人も多く，これは，文章を解釈する経験のあるプロの俳優により文章が読まれるという事実によるものである。彼らはたいてい熱心に本を読み上げ，それによって聴く体験は大いに高まる。

またオーディオブックは，時間を節約し，同時に複数のことをするのに最適である。通勤中，自宅での家事中，運動中，そして料理中などにお気に入りの作家を聴くことができる。

オーディオブックのもう1つの長所は，あなたの好みに合わせて情報のペースを調節できることである。自分の理解力に影響を与えることのないくらいに聴くスピードを上げることができ，このことはたとえば特に学生や短期間に膨大な内容を確認したい人などには効果的である。

さらに，オーディオブックは融通が利き便利である。紙の本だと，持ち歩き，座って読める静かな場所を見つけ，読んでいるものを理解するために完全にその世界にいなくてはならない。オーディオブックだと，携帯電話，iPodに入れてポケットで持ち歩くことができ，それはつまりどこにいてもアクセスすることができるということだ。いつでもどこでもイヤホンを差して，前回止めたところを選んで，物語を楽しむことができる。

最後になるが大切なことは，オーディオブックは環境にやさしく，また通常使用するすべてのデジタル機器から目を離し休憩できるので心地よいということだ。

オーディオブックの短所といえば2点だけ挙げられる。楽しむためにはテクノロジーが必要であることと，気が散ってナレーションの一部を容易に聞き逃すことがあるということだ。

あなたのメモ：

オーディオブック VS 紙の本

導入

◆ オーディオブックはますます使われ，多くの人にとって非常に役に立っている。

◆ オーディオブックを聴くことは，内容は同じであるとしても，［1］。

紙の本の長所：

◆ 本に触ったり，本のにおいを嗅いだりできる。

◆ 本の余白にメモを書き留められる。

◆ 耳からより眼からのほうが記憶しやすい人にとって優れている。

紙の本の短所：

◆ ［2］

オーディオブックの長所：

◆ プロの役者が読むので，物語がより鮮明になる。

◆ 時間を節約したり，複数のことをするのに適している。

◆ 自分の好みに合わせてナレーションの速さを変えられる。

◆ [3]

◆ [4]

オーディオブックの短所：

◆ 楽しむためにはテクノロジーが必要である。

◆ [5]

語句

[第１段落]

□ audiobook「オーディオブック」　□ paper book「紙の本」

□ argue「〜と主張する」

□ do more harm than good to A「A にとって有害無益である」

□ there is no denying that 〜「〜であることは否定できない」

□ in this day and age「最近では，現代では」

□ increasingly「ますます」　□ incredibly「非常に」

□ identical「まったく同じ」

[第２段落]

□ advantage「長所」　□ disadvantage「短所」

□ have a look at A「A を見る，少し A を見る」

□ analyze「〜を分析する」　□ for and against「賛成と反対」

[第３段落]

□ for starters「まずはじめに」　□ sniff「〜のにおいを嗅ぐ」

□ get high on A「A にいい気分になる」　□ smell「におい」

□ bind（過去分詞形は bound）「〜を製本する」

□ taste「好み」

[第４段落]

□ margin「余白」　□ of no use「使い物にならない」

□ separate「別の」　□ thought「考え」

□ lead to A「A につながる，A の原因となる」

□ meanwhile「その一方で」

[第５段落]
☐ good at Ving「V するのがうまい」
☐ visual memory「視覚的記憶」
[第６段落]
☐ alternative「代替品」
☐ link to A「A に関係する」
☐ storage「収納」
☐ transportation「移動，持ち運び」
☐ take up「占める」
☐ passionate「情熱的な，熱心な」
☐ own「～を所有する」
[第７段落]
☐ on the other hand「一方」
☐ alive「生き生きとして」
☐ text「文章」
☐ interpret「～を解釈する」
☐ narrate「～を読み上げる，ナレーションをする」
☐ with enthusiasm「熱心に」
☐ improve「～をよくする，改善する」
[第８段落]
☐ save time「時間を節約する」
☐ multitask「同時に複数のことをする」
☐ commute「通勤する」
☐ do chores「家事をする」
☐ exercise「運動する」
[第９段落]
☐ pace「ペースを合わせる」
☐ liking「好み」
☐ affect「～に影響を与える」
☐ comprehension「理解」
☐ effective「効果的な」
☐ for instance「たとえば」
☐ go through「～を調べる，確認する」
[第 10 段落]
☐ additionally「さらに」
☐ flexible「融通が利く」
☐ fully「完全に」
☐ present「そこにいる」
☐ accessible「アクセス可能な」
☐ plug「～を差し込む」
☐ earphone「イヤホン」
☐ pick up「選ぶ」
☐ leave off「やめる」
☐ regardless of ～「～にかかわらず」
[第 11 段落]
☐ last but not least「最後になるが重要なのは」
☐ environment-friendly「環境にやさしい」
☐ comfortable「心地よい」
☐ break「休憩」
☐ digital device「デジタル機器」
[最終段落]
☐ as for A「A に関しては」
☐ name「～を挙げる」
☐ technology「技術」
☐ get distracted「気が散る」

□ narration「ナレーション，物語ること」

設問解説

問1　[1]　正解 ③

「[1] に最も適切な選択肢を選びなさい」

① 文学に対して益となるよりも害になる

② 本を読むこととは異なる経験ではない

③ 本を読むことと同じ経験ではない

④ 本を読むことよりも注意深く分析される必要がある

正解は③。第1段落の最後の文に，Reading a book and listening to an audiobook are not the same, and, although the content might be identical, the experience is different.「本を読むこととオーディオブックを聴くことは同じではないし，たとえ内容がまったく同じでもその体験は異なる」とあるので，③が正解。

①の do more harm than good など，誤答の選択肢の英語はしばしば本文の表現をそのまま使っている部分があるので，注意したい。

問2　[2]　正解 ④

「[2] に最も適切な選択肢を選びなさい」

① それは伝統的すぎて集中できない。

② それは簡単に破壊されうる。

③ それはあなたの趣味に合わないかもしれない。

④ それは多くの空間を占める。

正解は④。紙の本の短所については，第6段落に書かれている。その第2文に as books usually take up a lot of space, especially if you are a passionate reader and own a lot of them「あなたが熱心な読者で本をたくさん持っているなら特に，本は通常多くのスペースを占めるからである」とあるので④が正解。take up = occupy「〈場所〉を占める」の言い換えに注意。

問3　[3]・[4]　正解 ③・⑤

「[3] と [4] に最も適切な選択肢を選びなさい（順不同）」

① それは記憶力のよい人たちにとってはよいものである。

② それは若者の間でますます人気が出ている。

③ それは環境に与える害がより少ない。

④ デジタル機器から離れて耳を休ませることができる。
⑤ いつでもどこでもそれを利用することができる。
⑥ 友人に簡単に貸すことができる。

正解は③と⑤。オーディオブックの長所については，第7～11段落までに書かれている。それぞれの段落に1つずつ利点が挙げられているから，それを確認していけばよい。空所に入れるべきは，第10段落と第11段落の内容になる。

第10段落最終文に You can plug in your earphones, pick up where you left off, and enjoy the story regardless of the time of day or your location.「いつでもどこでもイヤホンを差して，前回止めたところを選んで，物語を楽しむことができる」とあり，最後の regardless of the time of day or your location が選択肢⑤では anytime anywhere と言い換えられており，⑤が正解。

第11段落には Last but not least, audiobooks are environment-friendly and comfortable, as they give your eyes a break from all the digital devices you normally use.「最後になるが大切なことは，オーディオブックは環境にやさしく，また通常使用するすべてのデジタル機器から目を離し休憩できるので心地よいということだ」とあり，本文の are environment-friendly を選択肢③では do less harm to the environment と言い換えており，③が正解。

誤答の選択肢について検討する。①は，記憶力についてはオーディオブックの長所としては述べられていない。②は，オーディオブックの長所ではない。④は ears「耳」ではなく eyes「眼」ならば正解になる。⑥は本文に記述がない。

問4 [5] 正解③

「[5]に最も適切な選択肢を選びなさい」
① 俳優と聞き手は本に関して異なる認識を持っている。
② ナレーションによって聞き手はより熱中する。
③ ぼんやりしているときにはナレーションの一部を聞き逃しやすい。
④ 内容を理解する際に熱意を持てない。

正解は③。オーディオブックの短所を選ぶ問題。本文最終段落の最後に ... and you can easily get distracted and miss parts of the narration「気が散ってナレーションの一部を容易に聞き逃すことがある」とあるので，③が正解。

①と④は本文に記述がない。②は短所ではなく長所として挙げられているので不適切。

【練習問題6B－1】

本冊 p.200

解答

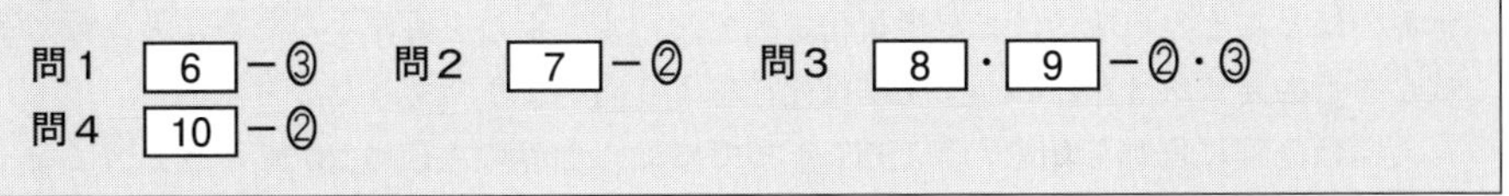
問1 6 －③　問2 7 －②　問3 8 ・ 9 －②・③
問4 10 －②

出典　"Population Education" *The History of Us, Unit 1 Student Reading*

全訳

あなたは，世界の人口について学習している。あなたは，どのように世界の人口が増えたかを理解するため，以下の記事を読もうとしている。

現生人類は約 20 万年前にアフリカで進化し，約 10 万年前に地球の別の場所に移住し始めた。我々の最も古い祖先は，生きるために食べ物の狩猟や採集に頼っていた。1 つの地域の野生生物で支えることができたのは，限られた時間だけ，ほんの限られた人数だけであった。

そして，ほんの 1 万 2,000 年前，いくつかの文化は狩猟と採集から農業に移行した。人間は，自分たちの食料供給を制御できる最初で唯一の種となった。文明は大きくなり，人口も増えた。約 2,000 年前，世界の推定人口は 1 億 7,000 万人であった。歴史の中でその時点で最も大きな文明はローマ帝国と中国の漢王朝であった。そのあとの 1,700 年は，帝国の成長と征服，そして地球規模の航海と探検が特徴であった。しかしまだ生死についての科学やほとんどの病気の予防と治療の方法を人々は理解してはいなかった。その結果，たくさんの子どもは小さいうちに亡くなった。世界の人口はゆっくりではあるが増えてゆき，1500 年頃には約 5 億人，1804 年までには 10 億人になった。

1700 年代後半までには，世界は産業革命というヨーロッパと北米の歴史の時代に入り，この時期に科学と技術において飛躍的な進歩があった。産業革命は，蒸気エンジンの発明と電気の使用をもたらした。この時期，より長い寿命を促進する発明も多くあった。その発明には，農業，栄養学，医学，衛生の改善があった。そのとき，人々はかつて致命的であった細菌と戦い，より多くの異なる種類の食べ物を作り，より多くの病気を治せるようになった。まもなく，これらの新しい発見と発明は世界中に広がり，特に子どもの死亡率を下げ，人々の生活の質を改善した。

ここであなたは，死亡率が下がっていた一方，出生率はどうなっていたかと思っているかもしれない。ヨーロッパと北米では，産業革命によって最終的には人々はより少ない数の子どもを持つようになった。なぜならそのときにより多くの人が都市に引っ越していたからだ。綿繰り機や小麦脱穀機のような新しい農業機械により，より少ない労働者でより少ない時間でより多くの穀物を収穫できるようになった。同時に，産業化により，成長しつづける都市において工場や会社でより多くの仕事が創出された。しかし，世界のほとんどの地域ではまだ産業化されておらず，土地を耕作するために大人数の家族がまだ必要であったため，出生率は死亡率より高いままであった。

人口は急速に増加し始めた。1927 年までには，世界の人口は 20 億人と 2 倍になった(たった 123 年で)。1974 年までには再び 2 倍の 40 億人となった(たった 48 年で)。より最近では，人口増加率は減ってきているが，人口はまだ着実に増えており，約 12 ～ 13 年ごとに 10 億人ずつ増えている。

語句

[第 1 段落]

- ☐ population「人口」
- ☐ modern human「現生人類」
- ☐ evolve「進化する」
- ☐ migrate to A「A へ移住する」
- ☐ globe「地球」
- ☐ ancestor「祖先」
- ☐ rely on A「A に頼る」
- ☐ hunting「狩猟」
- ☐ gathering「採集」
- ☐ a finite number「限られた数」
- ☐ wildlife「野生生物」
- ☐ a limited amount of time「限られた時間」

[第 2 段落]

- ☐ shift from A to B「A から B に移行する」
- ☐ species「種」
- ☐ food supply「食料供給」
- ☐ civilization「文明」
- ☐ estimated「推定の」
- ☐ the Roman Empire「ローマ帝国」
- ☐ the Han Dynasty「漢王朝」
- ☐ marked by A「A を特徴とする」
- ☐ conquest「征服」
- ☐ navigation「航海」
- ☐ exploration「探検」
- ☐ yet to V「いまだ V されない」
- ☐ prevent「～を予防する」
- ☐ treat「～を治療する」
- ☐ as a result「その結果」
- ☐ die young「若くして死ぬ」
- ☐ reach「～に到達する」

[第 3 段落]

- ☐ late「後半」
- ☐ embark on A「A に乗り出す」
- ☐ Industrial Revolution「産業革命」
- ☐ period「期間，時期」
- ☐ significant advance「飛躍的な進歩」
- ☐ invention「発明」
- ☐ steam engine「蒸気エンジン」
- ☐ electricity「電気」
- ☐ promote「～を促進する」
- ☐ farming「農業」

□ nutrition「栄養学」
□ medicine「医学」
□ sanitation「衛生」
□ once-deadly「かつては致命的な」
□ germ「細菌」
□ cure「～を治す」
□ illness「病気」
□ before long「まもなく」
□ discovery「発見」
□ lower「～を下げる，低くする」
□ death rate「死亡率」
□ quality of life「生活の質」

[第４段落]

□ birth rate「出生率」
□ eventually「最終的に」
□ move to A「A に引っ越す」
□ farm machinery「農業機械」
□ cotton gin「綿繰り機」
□ wheat thresher「小麦脱穀機」
□ allow A to V「A に V することを認める」
□ harvest「～を収穫する」
□ laborer「労働者」
□ at the same time「同時に」
□ factory「工場」
□ farm「～を耕作する」

[最終段落]

□ rapidly「急速に」
□ double「２倍になる」
□ steadily「着実に」

設問解説

問１　[6]　正解 ③

「約１万 2,000 年前に生きていた人間は，[6] ので人口を増やすことができた」

① すべての人間が食べられるだけの野生生物がアフリカで供給可能であった
② アフリカの人間はヨーロッパや中国など地球の他の場所に移動し始めた
③ 人間は狩猟や採集に加えて農業に頼り，食料供給を制御し始めた
④ ローマ帝国は十分に強かったのでヨーロッパと中国のいたるところに広がり続けた

正解は ③。約１万 2,000 年前については第２段落の第１～２文に「農業に移行し」,「食料供給を制御」するようになったとある。第３文に「人口も増えた」とあるので第１～２文がその理由であるとわかる。

なお，選択肢 ① の feed は「～に食べ物を与える」という意味。

問2　7　正解 ②

「以下の4つのグラフの中で，状況を最もよく表現しているのはどれか」　7

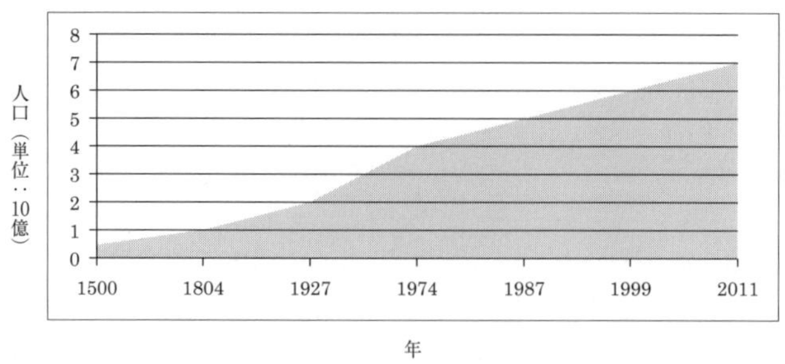

illustrateは「～を表現する，表す」の意味。本文第2段落最終文より，1500年頃に約5億人，1804年までに10億人になったとわかる。また第5段落から，1927年までに20億人，1974年までに40億人になり，約12～13年ごとに10億人ずつ増えたとわかる。よって②が正解。

①は，1974年から1999年までの増加の仕方が間違い。

③は，最初の1500年の人口が10億人となっているので間違い。

④は，1804年および1927年の人口が間違い。

よって，正解は②。

問3　8・9　正解 ②・③

「記事によると，以下のうち産業革命の影響について述べているのはどの2つか。（**2つの選択肢を選びなさい**。順不同）」　8・9

① 家族は子どもの数がより少なくなり，世界中で出生率が下がった。

② ヨーロッパと北アメリカでは，生まれる子どもがより少なくなった。

③ 長寿を促進するたくさんのものが発明された。

④ たくさんの発明のおかげで出生率は高くなった。

⑤ ヨーロッパの人口は電気の使用により増えた。

① 第4段落第2文に「ヨーロッパと北米では，産業革命によって最終的には人々はより少ない数の子どもを持つようになった」とあるが，出生率が下がったのは世界中の話ではないので不適当。また，第4段落最終文に「世界のほとんどの地域では～出生率は高いまま」とあり，ここからも不適当だとわかる。

② 第4段落第2文に「ヨーロッパと北米では，産業革命によって最終的には人々はより少ない数の子どもを持つようになった」とあるので正しい。

③　第3段落第3文に，「より長い寿命を促進する発明も多くあった」とあるので正しい。

④　第3段落最終文で，「これらの新しい発見と発明は世界中に広がり，特に子どもの死亡率を下げ」と述べているが，出生率が高くなったとは述べられていない。

⑤　第3段落に「電気の使用」は言及されているが，それと人口についての関係性は書かれていない。

問4　10　正解 ②

「この記事に最も適切なタイトルは 10 である」

①　文明の歴史

②　人口の増加

③　産業革命

④　人口減少の理由

正解は ②。現生人類がアフリカで進化してからどのような出来事により人口が増えていったかが述べられている記事なので ②「人口の増加」が適切である。

① と ③ はそれぞれについて記事中に言及はあるが，記事全体の内容ではなくタイトルとしてはふさわしくない。④ の decline は「減少」という意味。人口減少については言及されていない。

【練習問題6A－2】

本冊 p.204

解答

問1 [1]・[2]－②・④ 問2 [3]－②
問3 [4]－③ 問4 [5]－②

全訳

あなたは学校で討論のグループに入っている。あなたは下の記事を要約するように求められた。あなたはメモだけを使ってこれについて話すことになる。

人々を救助する犬

捜索・救助（SAR）チームは世界中で人々の捜索の任務にあたっている。SARは犯罪現場，自然災害，地震，雪崩，建物の倒壊，水難事故，行方不明者の捜索にあたって，法の執行機関を助けている。これらの高度な訓練を積んだチームにはSAR犬とその訓練士が入っているのが特徴になっている。捜索・救助にあたる活動で，１頭の犬が１日に担当できる範囲は，人間が同じ量の仕事をするなら，30人を必要とすることになるだろう。

SARで活躍できる犬種は，特定の種類とはかぎらない。概して，ほとんどのSAR犬は狩猟犬や牧羊犬の血をひいている。多くのSAR犬は雑種である。犬種よりも重要なのは，犬のSARに適した必須の性質だ。SAR犬はエリートの運動選手と思われているが，忍耐力や機敏さや訓練に耐える性質を示さなくてはいけない。訓練を始めるときには犬は十分に成犬になっていなくてはならないが，ほとんどのトレーナーは，人懐っこさ（物怖じするようではいけない），活力，好奇心，独立心と集中力といった基本的な特徴を示す仔犬を探すことから始める。さらに加えて，トレーナーたちはもう１つの重要な特質を探す。それは遊びの衝動を持っていることだ。遊びの強い欲求こそは犬を捜索の仕事に集中させるものである。また，その欲求があれば，捜索の仕事は動物にとってとても楽しいゲームになるのだ。

SAR犬は仕事が大好きだ。なぜなら彼らにとって仕事は好きなゲームをすることだからだ。犬に任務を遂行し続けてもらうためには，うまくできたときには褒美をやる必要がある。動物によってその褒美は異なる。特別のごちそうがほしくて捜索ゲームを頑張る犬もいる。また捜索の終わった後にボールをキャッチするなどの楽しい活動が待っていると一生懸命働く犬もいる。その犬が何を望むのか，何があれば犬のやる気が持続するのかを考えるのはトレーナーの仕事である。

SAR 犬はエアセンティング（空気をかぎ取ること）とトレイリング（足跡をたどること）の，主に 2 種類に分類される。その違いは犬の訓練の仕方や仕事の仕方にある。トラッキングともよく呼ばれるトレイリングでは，犬たちが地面に鼻をつけて働くことになる。犬は，探し出そうとする相手が地面に残したにおいの跡をたどるのである。トレイリング犬は出発点を必要とする。それはいなくなった人が最後に目撃された場所や，何かその人のにおいがついている物であることがふつうである。また犬には，他の人に踏まれて汚染されたりしていないにおいの跡が必要である。人の失踪した現場にすぐにトラッキング犬が呼ばれたときは，その人を発見するのに成功する確率がずっと高い。

エアセント犬は鼻を空中に向けて作業する。彼らはにおいをかぎとり，それをたどってそのにおいが最も強くなるところ，つまりそのにおいの元へ追っていく。エアセンティング犬は水中や雪の中にある人間の遺体を捜すのを専門にしている場合もある。

SAR 犬にはすべて人間のトレーナー，訓練士がついている。彼らは，犬と自分が SAR の任務を遂行できるようになるために，約 1,000 時間と 30,000 ドルを使う。報酬をもらって SAR に携わるケースはめったにない。SAR チームはボランティアの広大なネットワークを作り上げていて，1 日 24 時間，1 週間に 7 日出動に備えているのである。

あなたのメモ：

人々を救助する犬

▶ 捜索・救助（SAR）犬はどれくらい役に立つか？
- 捜索・救助活動において，1 匹の SAR 犬が担当できる区域で人間が同じ仕事をするには 30 人が必要となるだろう。

▶ SAR 犬はどんな犬か？
- 特定の犬種に限定されない。
- SAR に適した必須の性質：［1］，［2］，訓練できること。
- その仕事が好きなのは［3］からだ。
- うまくいったらご褒美が必要である。

▶ 2 種類の SAR 犬：空気を嗅ぎ分ける犬と足跡をたどる犬。
- 空気を嗅ぎ分ける犬は鼻を空中に向けて仕事をする。［4］
- 足跡をたどる犬は鼻を地面につけて仕事をする。彼らはいなくなった人が地面に残したにおいの跡をたどる。

6A・B

▶ SAR 犬のトレーナー：
・ 5
・SAR で報酬をもらえる地位はめったにない。

語句

[第１段落]

☐ mission「任務」
☐ law enforcement「法の執行機関，警察や検察」
☐ crime scene「犯罪現場」
☐ weather-related「天候に関連した」
☐ avalanche「雪崩」
☐ collapse「崩れ落ちる」
☐ drown「溺れる，溺れかける」
☐ feature「～を特徴にする」
☐ handler「扱う人」
☐ require「～を必要とする，要する」

[第２段落]

☐ *be* limited to A「A に限られる」
☐ breed「血統，種類」
☐ in general「概して」
☐ herding「牧羊（犬）の」
☐ characteristic「特徴」
☐ suitable for A「A に適した」
☐ elite「エリート，選ばれた者」
☐ demonstrate「～を示す」
☐ endurance「忍耐（力）」
☐ agility「敏捷さ」
☐ trainability「訓練できること」
☐ trait「特性」
☐ curiosity「好奇心」
☐ independence「独立（心）」
☐ focus「集中（力）」
☐ in addition「加えて」
☐ play drive「遊ぶ意欲」

[第３段落]

☐ reward「～に褒美をやる，報いる；褒美」
☐ vary「異なる」
☐ treat「ごちそう」
☐ figure out「考え出す」
☐ motivate「～にやる気を起こさせる」

[第４段落]

☐ primary「主な，基本的な」
☐ classification「分類」
☐ air-scenting「空気のにおいを嗅ぐ」
☐ trailing「足跡をたどること」
☐ tracking「足跡をたどること」
☐ contaminate「～を汚す」
☐ immediately「ただちに，すぐに」

[第５段落]

☐ origin「元，源」
☐ specialize in A「A を専門とする」
☐ remains「遺体」

［最終段落］

□ vast「広大な」　□ on call「呼び出しに応じられる，待機して」

設問解説

問1　[1]・[2]　正解 ②・④

「[1] と [2] に最も適切な選択肢を選びなさい（順不同）」

① 想像力豊かな大胆さ
② 活発さとすばやさ
③ 狩猟の犬種
④ 難しいことを長い間やり続ける能力
⑤ 特別なごちそうが欲しいこと
⑥ 人を見つける仕事に対する欲求

正解は ② と ④。本文第 2 段落第 4，5 文に More important than the breed are the necessary characteristics of dogs suitable for SAR. Considered elite athletes, a SAR dog must demonstrate **endurance**, **agility**, and **trainability**.「犬種よりも重要なのは，犬の SAR に適した必須の性質だ。SAR 犬はエリートの運動選手と思われているが，**忍耐力**や**機敏さ**や**訓練に耐える性質**を示さなくてはいけない」とある。endurance「忍耐力」と ④「難しいことを長い間やり続ける能力」，agility「機敏さ」と ②「活発さとすばやさ」が言い換えとなっているので，② と ④ の 2 つが正解となる。

問2　[3]　正解 ②

「[3] に最も適切な選択肢を選びなさい」

① それが捜索・救助活動に役立つ
② それが彼らが好きな活動と似ている
③ 自分のトレーナーが好きである
④ 彼らは訓練士に世話される必要がある

正解は ②。本文第 3 段落第 1 文に SAR dogs love the job because for them it is playing a game that they love.「SAR 犬は仕事が大好きだ。なぜなら彼らにとって仕事は好きなゲームをすることだからだ」とあり，ここから ② が正解だとわかる。

問3 [4] 正解 ③

「[4] に最も適切な選択肢を選びなさい」

① その犬たちは行方不明の人のにおいがついた物を必要とする。

② その犬たちはしばしば地面に残されたにおいの跡をたどる。

③ その犬たちはときどき遺体を捜すことがある。

④ その犬たちは楽しみのためだけに一生懸命働く。

正解は③。air-scent dogs「空気を嗅ぎ分ける犬」については第5段落に書かれていることに注意したい。第5段落第3文に Airscenting dogs sometimes specialize in searching for human remains, ...「エアセンティング（空気を嗅ぎ分ける）犬は…人間の遺体を捜すのを専門にしている場合もある」とあるので，③が正解。

①，②は trailing dogs のことである。④は第3段落などに書かれている内容に近いが，これは air-scent dogs「空気を嗅ぎ分ける犬」以外の SAR 犬にもあてはまることだから，ここに入れるのは不適当。また，**just** for fun「楽しみのため**だけ**」も言いすぎ。

問4 [5] 正解 ②

「[5] に最も適切な選択肢を選びなさい」

① 彼らの犬を必要としている SAR チームを見つけることが彼らの仕事だ。

② SAR の任務の準備をするためにはたくさんの時間とお金が必要だ。

③ 犬が生まれてすぐ後に彼らは犬を訓練し始める。

④ 彼らはボランティアの大きなネットワークに関わるべきである。

正解は②。trainers については最終段落に主に書かれている。その第1文に，Every SAR dog has a human trainer, or handler, who spends about 1,000 hours, and 30 thousand dollars getting themselves and their dog ready to perform in SAR missions.「SAR 犬にはすべて人間のトレーナー，訓練士がついている。彼らは，犬と自分が SAR の任務を遂行できるようになるために，約 1,000 時間と 30,000 ドルを使う」とあるので，②の内容と一致することがわかる。

④は，should get involved in ...「…に関わるべきだ」が本文に書かれていないことなので不適当。

【練習問題6B－2】

本冊 p.208

解答

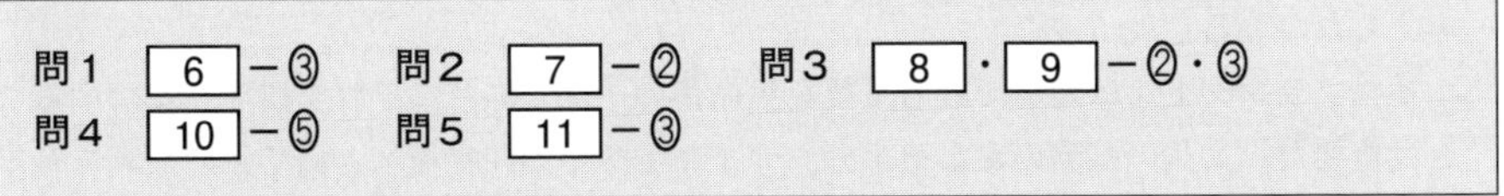

問1 6 －③　問2 7 －②　問3 8 ・ 9 －②・③
問4 10 －⑤　問5 11 －③

出典 "What are Phytoplankton?" Woods Hole Oceanographic Institution

全訳

あなたは国際科学プレゼンテーションコンテストのために準備をしている学生グループにいる。植物プランクトンについてのプレゼンテーションで，あなたの担当部分を作るためにあなたは次の文章を使っている。

植物プランクトンの大部分は，水の中に漂って生きている，極小で単細胞の光合成をする生命体である。陸生植物と同様に，二酸化炭素を吸収し，光エネルギーを使って，炭水化物を作り，酸素を放出する。それはいわば海の一次生産者であり，食物連鎖の基礎となる生命体である。

植物プランクトンは光を必要とするので，水面に近いところで生息しており，そこでは十分な日光が届いて，光合成を促進する。海の中でもこの層，真光層の厚さは水の透明度しだいで変わるが，海の平均的な深さである 4,000 メートル（13,000 フィート）のうち，上部のせいぜい 200 ～ 300 メートル（600 ～ 900 フィート）に限られている。

植物プランクトンは2つのきわめて異なる種類の生命体から成り立っている。大きな方のカテゴリーには原生生物として知られている単細胞の藻が含まれ，これは進化した真核性細胞であり，原生動物と似ている。これらの種類には珪藻（けいそう）も含まれており，海岸近くに最も豊富に生息する。ときに，これらの生命体は，季節の移り変わりや窒素，鉄，リンなどの栄養物が利用できるようになることに応じて，異常発生，つまり突然爆発的に増加する。

もうひとつの植物プランクトン細胞は，藻よりも原始的ではあるがはるかに豊富にある，光合成バクテリア（細菌）である。この小さな細胞の中には直径がほんの1ミクロンしかないものもあり，目には見えないが，海の水をテーブルスプーンに取ると，そこに何十万の数の細胞が存在している。あまりに小さくてどんなネットでも捕らえられないため，これらの生命体は 1970 年代になってようやく知られるようになった。発達した技術によって，見えるようになったのである。今や科学者たちは，これらのバクテリアが海の一次生産力の半分を担っていて，海に最も豊富にいる生命体であることを知っている。このグループにはシアノバクテリアも含まれている。それは地球最古の生命体の１つで，葉緑体として知られる植物細胞における光合成の細胞小器官の起源であると考えられている。

植物プランクトンは地球で最も重要な生命体の一部であり，それを研究し理解することは重要だ。大気の酸素のおよそ半分，つまりすべての陸生植物と同じ量の酸素を毎年作り出している。植物プランクトンはまたほとんどすべての海の食物網の基礎を形成している。手短に言うと，他のほとんどの海洋生物の存在を可能にしているのである。

光合成によって，これらの生命体は大気や海水の中の無機炭素を有機化合物に変形し，それを地球の炭素サイクルの重要な一部にしている。大気の二酸化炭素を吸収しているので，この生命体が死ぬときにはこの大気の炭素が深海に運ばれることになり，気候システムにおいて植物プランクトンは重要な作用を果たす。植物プランクトンの成長がしばしば制限されているのは海の鉄分が不足しているためである。それゆえ，海の広い区域に鉄を与えることで，植物プランクトンの異常発生を促して，大気中の炭素をもっと多く深海に運ぶようにする計画について，多くの人々が議論している。

植物プランクトンは他の海の生物地球化学的循環にとっても重要である。植物プランクトンは他の生命体に必要な成分を吸収し，変形し，再循環させ，海の種の間で成分を循環させるのに役立つ。光合成バクテリアは特に栄養素が少ない外洋において重要である。そこで光合成バクテリアは，他の海洋生物を維持するのに役立つわずかなビタミンや微量栄養素を集めて放出する。

植物プランクトンの中には人間や他の動物に対して直接影響を与えるものもある。ある種の生命体の密集した異常発生は沿岸の水域で酸素を減らすことがあり，魚や貝を窒息させる。別の種は毒を作り出し，その毒にさらされるか，あるいはその毒を蓄積した甲殻類を食べるかした人間やクジラにさえ，病気や死をもたらすことがありうる。このような有害な藻の異常発生（HABs）は毎年水産業や観光地域にかなりの経済的損失をもたらしており，科学者たちはこうした異常発生の原因を理解し，それを予測し防ぐ方法を考案するよう，研究している。

あなたのプレゼンテーション用スライド：

植物プランクトン

1．植物プランクトンはどんなものか

▶
▶
▶
▶ 6

2．2種類の植物プランクトン

▶ 単細胞の藻と珪藻
▶ 7

3．なぜ植物プランクトンは重要なのか

▶ 8
▶ 9

4．植物プランクトンが人間と他の動物に与える直接的影響

▶ある種の生命体の密集した異常発生が湾岸水域の酸素を減らすことがある。
▶ 別の種は毒を作り，人間やクジラにとってさえも病気や死の原因となることがある。

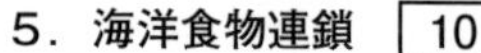

5．海洋食物連鎖 10

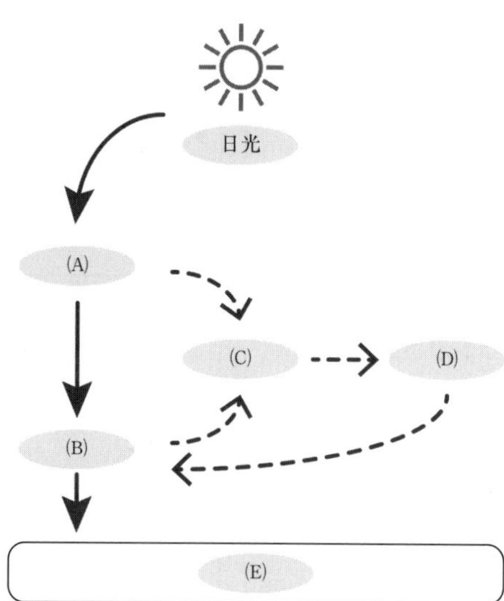

▶ 動物プランクトンは植物プランクトンを食べ，次に動物プランクトンは魚，クジラ，イカ，甲殻類や鳥などのより大きな動物に消費される。

▶ もともとプランクトンによって作られた有機物の一部はバクテリアによって吸収される。

▶ バクテリアの中には動物プランクトンに食べられるものもある。

語句

[第1段落]

- □ phytoplankton「植物プランクトン」
- □ mostly「大部分は」
- □ microscopic「(顕微鏡を使わないと見えないような) 極小の，微細な」
- □ single-celled「単細胞の」
- □ photosynthetic「光合成の」
- □ organism「生命体」
- □ suspended「漂って，浮遊して」
- □ take A up「A を吸収する，吸い上げる」
- □ carbon dioxide「二酸化炭素」
- □ carbohydrate「炭水化物」
- □ release「～を放出する」
- □ oxygen「酸素」
- □ primary「一次的な，最初の」
- □ food chain「食物連鎖」

[第２段落]

□ penetrate「貫通する」
□ power「～を推進する」
□ photosynthesis「光合成」
□ euphotic zone「真光層」
□ vary「変わる」
□ depending on A「A しだいで」
□ water clarity「水の透明度」

[第３段落]

□ consist of A「A から成り立っている」
□ algae「藻」
□ protist「原生生物」 ★単細胞性真核生物で，動植物両方の特徴を持つ。
□ eukaryotic「真核性の」
□ cell「細胞」
□ protozoan「原生動物，単細胞動物」
□ diatom「珪藻（けいそう）」
□ abundant「豊富な」
□ occasionally「ときどき，ときに」
□ bloom「（プランクトンの）異常発生」
□ population explosion「（人口などの）爆発的増加」
□ in response to A「A に反応して」
□ availability「入手［利用］できること」
□ nutrient「栄養物［素］」
□ nitrogen「窒素」
□ phosphorus「リン」

[第４段落]

□ primitive「原始的な」
□ photosynthetic bacteria「光合成バクテリア（細菌）」
□ micron「ミクロン」
□ invisible「目に見えない」
□ hundreds of thousands of A「何十万もの A」
□ cyanobacteria「シアノバクテリア」
□ organelle「細胞小器官」 ★ミトコンドリアのように細胞内部で分化した機能を持つ構造体。
□ chloroplast「葉緑体」

[第５段落]

□ critical「重要な」
□ vital「重要な」
□ generate「～を産む」
□ virtually「ほとんど，実質上」

[第６段落]

□ transform A into B「A を B に変形する」
□ inorganic carbon「無機炭素」
□ organic compound「有機化合物」
□ actor「作用するもの」
□ scarcity「不足，欠乏」
□ as a result「その結果，それゆえ」
□ fertilize「～に肥料を与える」
□ promote「～を促進する」
□ transfer A to B「A を B に移す」

[第７段落]

□ biogeochemical「生物地球化学的な」
□ micronutrient「微量栄養素」
□ scavenge「〈残飯など〉をあさる，集める」
□ sustain「～を維持する」

[最終段落]

□ coastal「沿岸の」
□ suffocate「窒息する」
□ *be* exposed to A「A にさらされる」
□ significant「かなりの，相当な」
□ predict「～を予測する，予言する」
□ waters「水域」
□ toxin「毒」
□ accumulate「～を蓄積する」
□ devise「～を考え出す」

設問解説

問１　[6]　正解 ③

「次の中で，[6] に含まれるべきでは**ない**ものはどれか」

① それらは海面近くに豊富にいる。
② それらはほとんどが単細胞の光合成をする生命体である。
③ それらは小さすぎて生産力がない。
④ それらは光エネルギーを使って炭水化物を作る。
⑤ それらは酸素を放出する。

正解は③。スライド１の [6] には「植物プランクトンはどんなものか」とタイトルがあり，そこに含めてはいけない選択肢を選ぶ問題。③は「生産力がない」が不適切なので，これが正解。第１段落の最後の文に「それはいわば海の一次生産者であり，食物連鎖の基礎となる生命体である」とあり，植物プランクトンは光合成をする productive「生産力がある」ものだと判断できる。

①は第２段落第１文，②は第１段落第１文，④，⑤は第１段落第２文の内容にそれぞれ一致している。

問２　[7]　正解 ②

「[7] にもっとも適切なものは次のうちのどれか」

① 真核性細胞
② 光合成バクテリア
③ 原生生物
④ 原生動物

正解は②。スライド2の「**2種類**の植物プランクトン」のうち，1種類を答えさせる問題。まず第3段落第1文～第3文に Phytoplankton consist of two very different kinds of organisms. The larger category include **single-celled algae** .... These forms include **diatoms** ....「植物プランクトンは2つのきわめて異なる種類の生命体から成り立っている。大きな方のカテゴリーには…単細胞の藻を含む。これらの種類には珪藻も含まれており，…」とあり，この箇所をまとめ，スライド2には▶ Single-celled algae and diatoms「単細胞の藻と珪藻」と書かれている。もう1種類の植物プランクトンについては，第4段落の最初に The **other** type of phytoplankton cells, more primitive but far more abundant than algae, is **photosynthetic bacteria**.「**もうひとつの**植物プランクトン細胞は，藻よりも原始的ではあるがはるかに豊富にある，**光合成バクテリア**である」と書かれているので，②Photosynthetic Bacteria「光合成バクテリア」が正解である。

① Eukaryotic cells「真核性細胞」，③ Protists「原生生物」，④ Protozoans「原生動物」はすべて第3段落で登場している言葉で，これらは第4段落の2つめの種類の植物プランクトンのことではない。

どれも難単語で，その言葉の意味するところが本文で十分に解説されているわけではない。しかし，第3段落第1文の two very different kinds of organisms「2つのきわめて異なる種類の生命体」という表現が，第4段落で The **other** type と受けられていることに注意すれば，第4段落が正解の根拠になると察しが付く（kind = form「種類」の言い換えにも注意したい）。

共通テスト英語リーディングの第6問では，しばしばこのような難単語が登場するが，必ずしもその意味を知らなくても解答はできるように作られている。全体の構成をよく見て設問に取りかかることが重要だ。

問3　8・9　正解②・③

「『なぜ植物プランクトンは重要なのか』のスライドのために，植物プランクトンの2つの特徴を選びなさい（順不同）」　8・9

① その生育は海の鉄分が不足することによってしばしば制限される。
② それらはほとんどすべての海の食物網の基礎を作る。
③ それらはすべての陸生植物と同じ量の酸素を産出する。
④ それらは沿岸の水域の酸素を減らす。
⑤ それらは相当な経済的損失をもたらす毒を放出する。

正解は②と③。第5段落第1文に Phytoplankton are some of Earth's most **critical** organisms and so it is **vital** to study and understand them.「植物プラ

6A・B

ンクトンは地球で最も重要な生命体の一部であり，それを研究し理解することは重要だ」とあるから，ここから後が該当箇所になる。critical も vital も important と同意語だ。

第５段落第２文に They generate about half the atmosphere's oxygen, as much per year as all land plants.「大気の酸素のおよそ半分，つまりすべての陸生植物と同じ量の酸素を毎年作り出している」とあるので，③は正解。

第５段落第３文に Phytoplankton also form the base of virtually every ocean food web.「植物プランクトンはまたほとんどすべての海の食物網の基礎を形成している」とあるので，②は正解。

なお，①は，第６段落後半に書かれている内容と一致するが，これは「なぜ植物プランクトンは重要なのか？」とは直接関係ないので選んではいけない。④，⑤は，最終段落に書かれている内容に近いが，そこには Dense blooms of **some** organisms can lessen oxygen ...「**ある種の**生命体の密集した異常発生は…酸素を減らすことがある」とか，**Other** species produce toxins ...「**別の**種は…毒を作り出す」とあり，植物プランクトンのうちの一部について述べていると考えられるので，「なぜ植物プランクトンは重要なのか」というスライドにはふさわしくない。

問４ 10 正解⑤

「『海洋食物連鎖』のスライドのイラストに欠けているラベルを完成させなさい」 10

① (A) バクテリア　(B) 有機物　(C) より大きな動物
(D) 植物プランクトン　(E) 動物プランクトン

② (A) バクテリア　(B) 動物プランクトン　(C) 有機物
(D) 植物プランクトン　(E) より大きな動物

③ (A) 有機物　(B) 植物プランクトン　(C) 動物プランクトン
(D) バクテリア　(E) より大きな動物

④ (A) 植物プランクトン　(B) 有機物　(C) 動物プランクトン
(D) より大きな動物　(E) バクテリア

⑤ (A) 植物プランクトン　(B) 動物プランクトン　(C) 有機物
(D) バクテリア　(E) より大きな動物

正解は⑤。Marine Food Chain と題したスライドのイラストの下の記述が重要だ。特に zooplankton「動物プランクトン」についてはここでしか述べられていないので要注意だ。

まず，太陽エネルギーを得ている(A)が Phytoplankton「植物プランクトン」であるのは容易に想像できる。次にスライドの下の１つめの▶に Zooplankton eat phytoplankton and in turn are consumed by larger animals such as fish, whales, squid, shellfish and birds.「動物プランクトンは植物プランクトンを食べ，次に動物プランクトンは魚，クジラ，イカ，甲殻類や鳥などのより大きな動物に消費される」とあるので，(B)が Zooplankton「動物プランクトン」だとわかる。Larger animals「より大きな動物」は，(C)か(E)かで迷うかもしれない。しかし，スライドの下の最後の▶に Some bacteria are eaten by zooplankton.「バクテリアの中には動物プランクトンに食べられるものもある」とあることから，(D)が Bacteria「バクテリア」であるとわかる。また，スライドの下の２つめの▶に Some of the organic matter originally produced by plankton is absorbed by bacteria.「もともとプランクトンによって作られた有機物の一部はバクテリアによって吸収される」とあることから，(C)は Organic matter「有機物」だとわかる。これらのことから，(E)は Larger animals「より大きな動物」となり，⑤が正解となる。

問５　11　正解③

「植物プランクトンの異常発生についてどんなことが推察されるか」 11

① 栄養素が少ない外洋において他の海洋生物を支えるのに役立つわずかなビタミンやその他の微量栄養素をそれらは吸収できない。

② もし海に鉄を与えたならば，それらが大気の炭素を深海へと運ぶ量は少なくなるかもしれない。

③ それらは沿岸の水域の酸素を減らすかもしれないし，より大きな動物の病気や死の原因になるかもしれない。

④ それらは地球規模の気候変動を引き起こし，窒素，鉄，リンのような栄養素を手に入れやすくするだろう。

正解は③。最終段落の第２，３文に「ある種の生命体の密集した異常発生は沿岸の水域で酸素を減らすことがあり，魚や貝を窒息させる。別の種は毒を作り出し，その毒にさらされるか，あるいはその毒を蓄積した甲殻類を食べるかした人間やクジラにさえ，病気や死をもたらすことがありうる」とあり，この内容と一致するので③が正解。本文の Dense blooms of **some** organisms や **Other** species に対応して，③の選択肢では may「かもしれない」という助動詞が使われていることに注意したい。

なお，①は，「吸収できない」とは本文に記述がないので不適切。②は，carry less carbon の箇所が本文には記述がないので正解とはならない。④は，phytoplankton blooms「植物プランクトンの異常発生」と global climate change との関係は本文に記述がないので，正解とはならない。

改② 20241005